대한민국 탄생의 원동력

여성항일운동과 페미니즘

대한민국 탄생의 원동력
여성항일운동과 페미니즘

초판 1쇄 인쇄 2020년 8월 10일
초판 1쇄 발행 2020년 8월 15일

글 이성숙
편집 꿈틀 이정아 윤혜영   **디자인** 워터인투와인

펴낸이 이성숙
펴낸곳 WHISRI 여성사연구소   **출판등록** 2020년 7월 28일 제2020-000203호
주소 서울 강남구 도산대로 158 세양에이팩스타워 403호
도서유통 와우라이프   **전화** 010-3013-4997   **팩스** 031-941-9302
전자우편 limca1972@hanmail.net

ISBN 979-11-971400-0-6   93910
ⓒ 이성숙, 2020

• 책 내용의 무단 복제 및 전재를 금합니다.
• 인쇄·제작 및 유통상의 파본 도서는 구입하신 서점에서 바꿔드립니다.
• 책값은 뒤표지에 있습니다.

사진 : 독립기념관, 문화재청, 강원대학교 박물관

대한민국 탄생의 원동력

여성항일운동과 페미니즘

글 이성숙

WHISRI 여성사연구소

| 차례 |

서론 제국주의, 민족주의 그리고 페미니즘 · 008

I. 국난극복에 나서다 ········· 016
　불의에 나서다 · 017
　의병에 출정하다 · 021
　국채보상운동에 나서다 · 026

II. 민족에 충성하다 ········· 032
　1. 태극기 내려지다 ········· 033
　2. 일본순사가 온다 ········· 037
　3. 송죽비밀결사대, 민족혼을 지키다 ········· 044
　4. 대한독립여자선언서 ········· 053
　　식민지 여성 반제국주의 독립전쟁 선언하다 · 053
　　대한독립여자선언서 1919년 2월에 발표하다 · 057
　　누가 작성했는가? · 059
　　세계사적 의미와 위상 · 061

III. 3.1만세운동, 여성의 정치경력 시작 ········· 062
　민족주의 정치시위 · 063
　여학생 정치세력화로 등장 · 066

거리에 태극기 휘날리며 애국가를 부르다 · 067
민족공동체 의식 · 069

IV. 식민지 여성의 꿈과 희망 ················· 073
1. 희망의 정치조직화 ················· 074
2. <대한민국애국부인회>, 20대 여성의 희망과 열정 ········· 077
    사회적 신분은 항일독립군 · 080
    변절과 동지애 · 082
3. <대한애국부인회>, 항일이 진리다 ················· 085
4. <근우회>, 여성들이여 단결하라 ················· 089
    성차별을 폐지하라 · 093
    항일혁명에 동참하라 · 094

V. 식민지 감옥, 정치투쟁 학습장 ················· 099
    정치범으로 수감되다 · 100
1. 서대문 형무소 정치투쟁 훈련소 ················· 105
    성고문과 자궁테러를 견디며 · 107
2. 대구 여감옥, 통치권력과 저항권력의 대결 ················· 109
    거짓말인가 정치적 저항인가 · 113
    탈출에 성공하다 · 117
    여성연대, 희망의 등불이 되다 · 120
3. 평양 여감옥 ················· 125
    감옥개혁에 나서다 · 127
    출산하며 대한독립을 외치다 · 129

VI. 한민족 여성 아리랑 디아스포라 ········· 132

희망으로 가는 아리랑 고개 · 133

1. 러시아 연해주 - 안중근 항일정신을 이어받아 ········· 136

볼셰비키 연대와 레닌의 독립자금 지원 · 138
항일정치활동 · 141
무장투쟁과 간호사 양성 · 143

2. 만주벌판에서 부른 아리랑 ········· 146

민족주의 가정으로 들어오다 · 146
가족의 수난과 희생 · 148
쌀 농사로 가족의 생계를 책임지다 · 153
독립군에게 의식주 제공 · 155
아내의 지지와 후원 · 159

3. 미주지역 - 독립운동의 자금줄 ········· 163

1) 민족을 위한 하와이 신부들의 분투기 · 164

꿈과 현실 · 164
대한부인구제회 : 일본제품 배격과 독립자금 모금 · 171
대한소녀리그 : 세계여성단체와 연대하다 · 175
영남부인회 : 경제활동으로 독립자금 모금하다 · 176

2) 미주지역의 재정지원 · 179

이혜련, 모계중심의 항일민족운동 · 179
대한여자애국단, 독립군 재정지원 산실 · 183
〈대한독립여자선언서〉 낭독하다 · 186
전쟁 물품 지원과 군자금 모금 · 188
한국광복군 창설 재정지원 · 190
이민 2세 여성, 종군하다 · 191

4. 임시정부를 움직인 여걸들·····193
　　김순애 혈연네트워크 · 194
　　신여성 네트워크, 애국부인회 · 197
　　공채판매에 나서다 · 203
　　국민 대표회의 참석 · 205
　　구여성의 밥상차림 정치 · 206
　　어머니의 권위 : 조마리아, 영웅을 낳다 · 209
　　영웅의 아내, 김아려 · 215
　　피난살이를 이끌다 · 219
　　곽낙원, 김구의 정신적 지주 · 222
　　한국애국부인회, 구여성과 신여성의 연대 · 226

VII. 여전사, 항일혁명전쟁을 이끌다·····230
1. 남자현 - 만주벌판을 누빈 의병·····233
2. 안경신 - 임산부 의열단·····240
3. 이화림 - 의열단에서 조선의용군으로·····247
4. 박차정 - 이론가에서 혁명군으로·····265
5. 오광심 - 만주 유격대에서 한국광복군으로·····280
6. 지복영 - 태극기를 휘날리며 행군하다·····289

결론 여성독립운동가들이 대한민국을 탄생시키다 · 298

| 서론 |

제국주의, 민족주의 그리고 페미니즘

이 책은 일제강점기 민족해방과 여성해방운동을 이끌었던 여성들의 꿈과 희망의 정치적 서사이다. 일제강점기 복종은 최고의 미덕으로, 불복종은 최고의 악덕으로 간주되었다. 여성독립운동가들은 미래비전의 원칙과 내면적인 양심에 따라 일본제국주의 권위에 불복종을 선택하였다.

간디의 불복종이 인도를 자유롭게 했듯이, 한국여성의 불복종은 민족의 독립과 여성해방의 시작이라고 믿었다. 따라서 불복종이 대한민국 탄생을 가져왔다. 일제의 식민주의 담론에 취해 잠들어 있는 사람을 깨우고, 여성들을 모아 단체를 조직하였고, 함께 거리로 나가 집단적인 행동을 하고, 함께 일제의 경찰에 끌려갔다. 그들의 목소리는 광야의 울림으로 전세계인의 공감을 불러왔고, 얼마후 환희의 민족해방 합창이 되었다.

이 모든 과정에 여성의 꿈과 희망을 실현하려는 정치적 행위가 녹아

있다. 정치란 무엇인가? '가치를 창조하고, 가치를 표현하고, 집단적인 공유와 의도적인 행위로 공동체 이익을 실현하고, 영향력을 미치는 희망적인 행위'로 개념을 규정한다면[1], 한국여성의 참정권운동은 일제강점기 독립운동에서 본격화되었다.

사실, 20세기는 여성들이 공적영역에서 큰 족적을 남긴 여성의 세기이다. 20세기 초 전세계는 제국과 식민으로 나뉘었고, 페미니즘은 강대국의 제국주의와 약소국 민족주의 경계에서 더욱 발전하였다. 여성참정권은 서구 페미니즘의 위대한 업적이라 한다. 식민지 여성의 참정권은 서구 페미니즘이 가져다 선물로 간주되었다. 이것은 서구 페미니즘 중심의 여성참정권 개념에 불과하다. 식민지 여성의 관점에서 여성참정권은 민족독립운동 참여와 더불어 시작되었다.

페미니즘 관점의 역사는 역사 속 다른 시대, 다른 사회적 문화적 맥락에서 여성의 삶과 경험을 분석하고 해석한다. 어떤 특정한 공적영역의 사건을 사회적 문화적 맥락속에서 바라볼 때 비로소 여성의 존재와 활동이 드러난다. 제 1페미니즘은 제국주의 가부장제와 식민지 가부장제 문화적 맥락 속에서 여성참정권 운동을 가져왔다. 따라서 민족독립운동은 식민지여성에게 정치적으로 불복종의 권리이며 동시에 민족의 구성원으로서 의무이자 책임으로 간주 되었다.

한국여성의 참정권 운동은 1898년 9월 1일 〈여권통문〉에 뿌리를

---

1 비키 렌달, 김민정 외 옮김, 『여성과 정치』, 풀빛, 2000, pp.31~32.

두고 있다. 북촌여성 이소사와 김소사는 여성의 세 가지 권리를 선언하였는데, 첫째, 참정권, 둘째, 직업권, 셋째, 교육권이다. 여성참정권은 천부인권 사상에 기초하였다. 인간은 누구나 자유와 평등을 누릴 권리가 있다. 여성도 남성과 마찬가지로 평등한 인격의 소유자로서 자유와 평등을 누리도록 정치참여를 요구하였다. 18세기 서양에서 시작된 여성인권 주장은 19세기말 20세기 초에 이르러 제1 페미니즘 물결을 이루었다. 여권통문은 제1 페미니즘의 흐름속에 그 맥이 닿아있다. 20세기 초 식민지 여성은 제국주의, 민족주의, 사회주의 그리고 페미니즘이 만들어낸 사회문화적 맥락 속에 놓여있었다. 다양한 이념의 충돌과 갈등 속에서 식민지 여성은 새로운 가치를 실현하고자 정치에 참여하였다. 당시 정치적 주요 아젠다는 민족독립과 여성해방이었다. 식민지 여성의 참정권 운동은 곧 민족해방운동이었다. 식민지 여성의 정치활동 참여는 의무이자 책임이었다. 따라서 제 1페미니즘은 공적영역에서 여성의 정치적 권리와 여성의 책임과 의무를 반영한 것이다. 식민지 여성의 정치활동은 민족의 이름으로 호출되었고, 근대여성의 상징으로 간주되었다. 따라서 한국여성참정권은 서구페미니즘이 가져다준 선물이 아니라 여성독립운동가들이 이루어낸 업적이며 성과이다.

    이 책을 쓰게 된 직접적인 동기는 2015년 광복 70년 기념 국립여성사전시관 〈독립을 향한 여성영웅들의 행진〉 특별기획전을 준비하면서 시작되었다. 당시 필자는 국립여성사전시관 관장(2012~2015)으로 재직하고 있었다. 기존의 여성독립운동사는 항일에 초점을 맞추어 제국주의에 맞서 싸운 여성들의 영웅적인 활동과 헌신을 강조하고 있다. 민족운동사에 '여성'이라는 재료를 하나 더 넣어 휘젓는 것에 불과한 것이다. 그러나 이 책은 단순한 항일이 아니라 제국주의 권력을 훌쩍 뛰어넘어 인류를 위해 새로운 가치를 창조하고 모두를 위한 미래비전을 제시했던 여성들의 여성정치운동사이다.

식민주의 담론은 일본의 우월한 문화를 조선에 전파하기 위해서 혹은 일본의 문화가 일본제국보다 식민지 조선에 더 필요하고 이익이 된다는 것이다. 총독부는 신작로를 건설하고, 철도를 건설하고, 법을 집행하고, 토지를 측량하였다. 이 모든 것이 식민지인들에게 도움이 될 것이라고 주입시켰다. 그러나 식민지인 개개인은 세금, 징집, 천황숭배를 강요받았고, 거부하면 가차 없이 처벌받았다. 식민주의 동화정책은 고통스러운 스트레스였고, 정신적 충격을 주었지만, 스스로를 일본의 국민으로 내면화하였고, 일본말을 썼고, 신사를 참배했다. 일본인보다 더 일본인처럼 생각하고, 말하고, 행동했다. 식민지인들이 제국의 문화를 수용하더라도 제국의 엘리트들은 식민지 엘리트들을 여전히 '우리'의 일부가 아니라 '그들'로 분류했다. 제국은 폭력적인 탄압과 경제적 수탈로 유지되었고, 집단적인 순종을 강요했고, 생각하는 식민지인을 가장 두려워했다. 사고는 불복종을 낳고, 집단적인 불복종은 저항권력이 되어 일제의 통치권력을 무력화시켰다. 따라서 식민지 가부장제 불복종이 대한민국 탄생의 시작이었다.

식민지 가부장제 불복종을 주도했던 여성독립운동가 그들은 누구인가? 평균 연령은 몇 살들이었던가? 어떠한 계기로 혁명가로서 삶을 살게 되었는가? 사랑과 결혼은 혁명운동의 디딤돌인가 걸림돌인가? 가정이 어떻게 민족주의 온상이 되었으며, 가정의 영역에서 독립운동은 어떻게 진행되었는가? 이들의 활동이 과연 민족해방과 여성해방을 쟁취하는데 기여했는가? 이러한 질문은 한민족이 제국의 암울한 동굴에서 갈가리 찢겨졌지만, 일본제국이 무너졌을 때 살아서 걸어 나올 수 있었던 힘의 원동력을 이해하는 데 도움이 된다. 역사 속에서 수많은 민족이 제국의 일부로 동화되어 민족의 문화와 정신은 흔적도 없이 사라져갔거나, 제국에 포획되어 황량한 사막으로 변해 버렸다. 한민족이 식민지를 단기간에 종식시킬 수 있었던 것은 자유와 평등의 가치를 믿고 확신하였기 때문이다. 식민지 한국여성들이 공사영역을 넘나들며, 세계 곳곳을 누비며 희망의 노래를 불렀기 때문이다.

 1장은 여성들이 어떠한 계기로 국난극복에 나섰으며, 구국활동 내용을 살펴본다. 그들의 활동은 사회진출이면서 동시에 원초적인 정치적 행위로 규정하고 있다[2]. 2장은 민족에 충성을 맹세했던 여성들은 누구였으며, 어떻게 충신을 모으고 조직하였는가를 살펴본다. 또한, 여성이 어떻게 민족의 구성원이 되었으며, 제국주의 국가와 전쟁을 선포했던 식민지 여성 그들은 누구이며, 〈대한독립여자선언서〉가 어떻게 작성되었고, 그 내용과 세계사적 의미를 살펴본다. 3장은 3.1만세운동

---

2 박용옥, 『한국근대여성운동사』, 정신문화연구원, 1984, pp.142~143.

이 어떻게 한국여성의 정치경력 시작으로 규정할 수 있는지를 살펴본다. 어떻게 여학생들이 정치세력으로 등장하였으며, 민족공동체 의식이 여성의 정치의식을 어떻게 발전시켰는지를 보여준다. 4장에서는 식민지 여성의 꿈과 희망은 무엇이었으며, 새로운 가치를 어떻게 공유하였고, 어떻게 실현하였는지, 그들의 정치적 능력과 리더십을 담고 있다. 5장은 식민지 감옥이 어떻게 민족주의와 페미니즘 정치투쟁의 학습장이 되었는지를 살펴본다. 6장 한민족 여성의 아리랑 디아스포라를 통해 공간의 정치를 잘 보여준다. 아리랑은 시련을 극복하는 희망의 노래였고, 태극기를 휘날리며 세계 곳곳에서 민족의 해방을 외쳤고, 여성의 해방을 꿈꾸며 여성연대의 가치와 정치력을 보여준다. 7장은 여전사들이 어떻게 탄생이 되었고, 여전사들에게 사랑과 결혼은 무엇을 의미했는지를 보여준다. 의병, 의열단, 의용군, 광복군으로서 정체성을 어떻게 변화시켰으며, 여전사들의 꿈과 희망을 담고 있다.

그러나 이 책에서는 아쉽게도 1930년대 이후 국내에서 반제국주의 민족해방과 여성해방의 정치투쟁을 주도하였던 사회주의와 공산주의들의 활동과 업적을 담아내지 못했다. 독립운동사에서 차지하는 이들의 역사적 업적과 세계사적 의미는 다음 과제로 남겨 놓았다.

사실, 이 책은 '거인들의 어깨 위에 올라탄 것'이다. 여성독립운동가들이 남긴 자서전과 회고록은 자신들이 활동하였던 조직과 단체 활동에 대해서 비교적 상세한 기록을 담고 있다. 사적인 가정의 영역에서 독립운동의 특색을 밝히는 데 도움이 되었다. 무엇보다도 독립운동사에서 주요인물에 대한 자세한 정보를 제공하고 있다. 최은희가 남긴 『한국근대여성사:1905~1945 조국을 찾기까지』는 기자로서, 독립운동가로서 여권운동가로서 직접 보고 느끼고 또 당사자들과 대화를 통해 기록한 것이다. 민족의 수난과 분단의 아픔을 온몸으로 체험한 최은희는 주로 기독교계열의 엘리트 여성운동을 기록하고 있다.

박용옥은 사료의 부족이라는 불모지에 '여성사학'이라는 분야를 개척한 여성사의 선구자이다. 『한국여성항일운동사연구』를 비롯한 박용옥의 수준 높은 여러 연구서는 한국여성사 발전에 기여하였다. 기록을 남길 수 있었던 특권은 주로 엘리트 집안 출신의 여성들에게 있었다. 그래서인지 주로 명망가 집안의 엘리트 여성들의 활동과 업적을 다루고 있다. 반면 윤정란의 여성항일운동사 연구는 그 동안 소외되고 잊혀진 여성들의 독립운동 활동을 발굴하고 조명하였다. 뿐만 아니라, 김구 어머니 곽낙원, 안중근 어머니 조마리아 등 가정의 영역에서 전통적인 여성들이 추진한 독립운동의 특징을 드러냈다. 독립운동가 어머니로서 여성으로서 겪는 갈등과 모순을 여성주체라는 관점에서 서술하고 있다. 최은희는 당대의 생생한 기록을 남겼고, 박용옥은 선구적인 연구업적을 남겼다. 윤정란은 여성항일운동사의 지평을 확대하였다. 이들이 남긴 풍성한 연구업적들이 없었다면 이 책은 완성되지 못했을 것이다.

이 책을 출간하기까지 부족한 필자를 격려하고 도와주신 여러분께 감사의 뜻을 전한다. 지속적인 관심으로 여성사 연구와 저술 활동을 계속할 수 있도록 지원을 아끼지 않았던 남편에게 감사하고 싶다. 또한 자신감을 가질 수 있도록 애정 어린 조언과 격려를 해준 친구이며 학문적 동지인 윤정란 교수에게도 감사의 뜻을 표한다. 국립여성사전시관(2012~2015)에서 열악한 노동조건에도 불구하고 필자와 함께 신념과 열정으로 근무했던 모든 직원들께도 감사드린다. 게으른 필자를 인내심을 갖고 기다리고 격려해주신 이정아 님께도 감사를 전하는 바이다.

마지막으로 일제강점기 국내외에서 민족해방과
여성해방을 외치다 이름 없이 사라져간
수많은 보통의 여성들에게 이 책을 바친다.

2020년 8월 제75주년 광복절을 앞두고

I.
국난극복에 나서다

불의에 나서다

19세기 말 20세기 초 전 세계 여성의 주요한 정치투쟁의 과제는 참정권이었다. 참정권은 제1물결 페미니즘에서 여성해방의 주요 목표였다. 그러나 인도, 베트남, 한국에서 여성의 정치활동은 민족해방운동의 물결에 휩쓸렸다. 식민지 여성의 정치운동은 영국, 프랑스, 일본 등의 식민주의를 종결시키려는 조직을 결성하고 독립을 위해 투쟁하는 형태를 띠었다. 한국 여성의 불의에 대한 분노와 정치의식은 1876년 최초의 근대조약이자 불평등조약인 강화도조약 체결로 일본에 조선침략의 길을 열어주면서 시작되었다. 그 후에도 이중 삼중의 불평등 조약이 여러 나라와 체결되었고 제국주의 침략으로 국가적 위기에 직면하였다. 여성은 가부장제의 무게에 식민지의 부담이 가중되어 이중의 짐을 짊어지게 되었다. 식민지 가부장제 질서는 여성에게 국난극복 참여의 의무를 촉구하였다. 그러나 여성의 국난극복 참여는 사회진출과 더불어 정치 참여의 통로가 되었다. 게다가 하층민 여성들에게 민족의식과 항일투쟁은 가부장적 신분제 질서에 도전하는 계기가 되었다.

서구의 제국주의 국가 여성들은 참정권을 쟁취하기 위해 정치적 투쟁을 펼치고 있었다. 반면 식민지 여성은 민족주의 정치활동을 펼치고 있었다. 1905년 을사늑약으로 일제의 식민지화 길에 들어선 민족은 여성에게 항일투쟁 참여를 촉구하였고, 정치활동 참여의 정당성을 제공하였다. 따라서 '제국의 여성에게 민족은 없다'며 참정권을 외쳤으나 식민지 여성에게 민족은 '짊어지고 가야 할 무거운 애물단지'였다. 식민지 여성의 민족해방 투쟁은 정치 영역으로의 진출이었고, 가부장제 관습과 젠더 역할의 경계를 허무는 역사적 경험이 되었다.

을사늑약은 1905년 11월 17일 밤 이토 히로부미가 헌병대장과 수십 명의 군인을 대동하고 강압으로 체결한 대한제국의 외교권 박탈 사건이었다. 이날 회의에 대한제국의 주요 장관 여덟 명이 참석하였다. 이날 고종은 몸이 아프다는 핑계로 참석하지 않았다. 주요 내용은 대한제국의 외교권을 박탈하여 일본이 권한을 갖는다는 것이다. 외부대신이었던 박제순은 '절대 있을 수 없는 일이지만 임금의 뜻이라면 어쩔 수 없는 일'이라며 승인하였다. 법무대신 이하영은 '이러한 사태가 유감이지만 누구를 원망하고 누구를 탓하겠는가', 학부대신 이완용은 '힘이 강한 일본의 요구를 누가 거부할 수 있겠는가 원만하게 타협하자'는 결론을 내렸다. 내부대신 이지용은 이완용의 의견에 동의한다고 했다. 군부대신 이근택 역시 이완용의 의견에 찬성하였고, 농상공부대신 조중응 역시 이완용 의견에 찬성하였다. 탁지부대신 민영기는 '이 조약은 절대 있을 수 없다'며 거부하였다. 참정대신 한규설은 터무니없는 논의에 앉아 있을 수 없다며 회의장에서 나와 버렸다. 한규설의 퇴장행위에 대해 이토 히로부미는 고종에게 면직할 것을 강요했다. 여덟 명의 장관 중에 두 명만 조약에 반대하였다. 조약은 외부대신 박제순과 일본공사 하야시 사이에 체결되었다. 을사늑약으로 대한제국은 외교권 박탈로 국제사회에서 주권국가로서 위상을 잃었다.

을사늑약에 대한 여성의 최초 정치적 반응은 노비에서 나왔다. 찬비로 알려진 이 여성은 대한제국의 장관 이근택의 노비였다. 이근택이 집안으로 들어서면서 오늘 대한제국 일본제국과 체결한 조약으로 우리 가문은 대대손손 영광을 누릴 것이라며 기뻐했다. 부엌에서 이 소리를 들은 찬비는 '저것은 양반이 아니라 흉악한 역적놈이구나, 더 이상 양반이라고 존경할 수 없다'며, 집을 나와버렸다. 이 찬비는 을사조약에 반대했던 한규설의 딸이 이근택의 아들과 결혼하면서 이근택의 집으로 들어간 노비였다. 집을 나와 주막에서 막걸리 한잔을 하며 민중들에게 우리나라가 일본의 노예가 되었고, 그 노예조약에 당신들이 떠받들고 있는 양반신분의 고관대작들이 도장을 찍었다며 소문을 퍼뜨렸다. 양반에게 더는 나랏일을 맡길 수 없다며 신분제도에 대한 적개심을 드러냈다. 노비의 을사조약 반대는 신분제도에 대한 저항의식으로 이어졌다. 민족의식과 항일의식은 이름 없는 노비들의 신분질서에 대한 정치적 저항의식으로 분출되었다.

 1905년 을사늑약 체결에 반대와 저항은 여성들의 자살행위로 나타났다. 여덟 명의 의로운 여성으로 알려진 '팔의부(八義婦)는 "조약을 파기하라"며 자살했다. 일제의 강압적인 을사늑약에 항거하며 남편들이 자살하거나 투옥되는 사태가 빈발하자 여성들이 잇달아 자살하였다. 팔의부는 이건석의 소실 천씨, 유생 이문화의 소실 한씨, 김석항의 소실 박씨, 유한정의 소실 최씨, 이종대의 아내 조씨, 안한주의 아내 박씨, 이인순의 소실 황씨, 조성찬의 소실 허씨를 말한다. 여덟 명 중에 여섯 명이 소실들이다. 정실 아내의 자살은 '절부', '열녀'라 부르며 충절의 행위로서 열녀문을 세울 정도로 사회적 칭송을 받았다. 소실들의 자살은 정치적 저항행위로서의 상징성으로 평가한다.[1]

　가부장제 사회에서 남편의 죽음은 모든 아내의 삶 또한 송두리째 빼앗기는 것을 의미했다. 어린 과부들의 사회경제적 불안과 고통뿐만 아니라, 특히 소실들의 과부 신세는 가부장제 사회에서 섹슈얼리티 욕망의 대상이 되기도 했다. 성도덕의 문란한 온상지로서 사회적인 적대감과 비난에서 벗어나기 어렵다보니, 자살행위는 곧 자신의 섹슈얼리티 해방하는 투쟁이기도 했다. 정실 아내가 아닌 소실들이 남편을 따라 목숨을 끊는다는 것은 서열상 하층민이더라도 절개가 있는 여성으로서 도덕적 명예와 위상을 인정받기 위한 고도의 정치적 행위였다.

　어린 소실들의 자살행위는 다른 여성들에게 민족의식과 함께 항일의식을 심어주었다. 따라서 여성들의 자살행위는 신분사회에 대한 도전이었으며 동시에 일제의 압제에 대한 정치적 저항행위로 간주되었다. 일제의 강압적인 조약체결로 일본과는 다른 한민족이라는 민족의식이 싹트기 시작했다. 일본에 협력한 양반층에 대한 적대감은 신분제에 대한 도전이 되었다. 항일투쟁 참여를 통해서 평등의식은 더욱 고취되었다. 개인의 인식 차원에서 형성된 신분의식과 항일의식은 항일 의병들을 조직하고 투쟁 활동을 실천에 옮겼다.[2]

1　메리 위스너, 『젠더의 역사』, 노영순 옮김, 역사비평사, 2001, p.195
2　최은희, 『추계 최은희 전집 4, 한국개화여성열전』, 조광, 1991, pp.88~90.

의병에 출정하다

　의병의 항일전투는 여성의 참전을 요구하였다. 전쟁은 권력투쟁의 정치행위이다. 우리나라 최초 여성군인 조직은 여성의병이었다. 여성의병의 역사에서 큰 족적을 남긴 인물은 바로 윤희순(1860~1935)이다. 경기도 양주지역의 유교적 전통이 강한 양반 가문의 윤익상의 큰 딸로 태어났다. 1876년 16세의 나이에 춘천의 명문가이며 고흥류씨 류제원과 결혼하였다. 유교 전통의 가부장제 사회에서 윤희순이 항일의병에 출정하게 된 동기는 시아버지 류홍석과 남편 류제원이 을미의병을 일으키면서 시작되었다. 1895~1896년 을미의병 때 윤희순은 여성들에게 항일의식을 고취하고자 「안사람 의병가」, 「병정노래」 등을 지었고 「왜놈대장 보거라」 격문은 남녀의병의 사기를 북돋웠다.

최초의 여성 의병장 윤희순 초상(강원대학교 박물관)

의병전투는 가문의 모든 구성원의 미래가 달린 전쟁이었다. 윤희순이 두 팔을 걷어붙이고 항일의병활동에 적극적으로 참여한 것은 가부장제 사회에서 양반가문 여성들의 운명이었다. 남성가족의 의병활동을 지원하고자 참여하였지만, 전통적인 여성의 역할이 공적 영역으로 확대되는 결과를 가져왔다. 양반 가문의 엘리트 여성이었던 윤희순은 수많은 이름없는 하층민 여성들을 동원하고 항일의식을 고취시켜 의병전투 참여를 이끌어냈다. 양반이라는 높은 신분을 이용해서 그녀가 창작한 노래를 보급하고 여성들에게 민족의식을 심어주었다. 「안사람 의병가」는 여성의 전쟁참여를 촉구하는 노래다.

전문은 다음과 같다.

우리나라 의병들은 나라찾기 힘쓰는데
우리들은 무얼할까 의병들을 도와주세
내집없는 의병대를 뒷바라질 하여보세
우리들로 뭉쳐지면 나라찾기 운동이요
왜놈들을 잡는거니 의복버선 손질하여
만져주세 의병들이 오시거든 따뜻하고
아늑하게 만져주세 우리조선 아낙네들
나라없이 어이살며 힘을모아 도와주세
만세만세 만만세요 우리의병 만세로다

전통적인 여성의 집안일이 사적 영역을 넘어 공적 영역으로까지 확대되었다. 가족을 보살피는 마음으로 의병들에게 음식과 옷을 제공하고 가족처럼 여길 것을 강조하고 있다. 의병전투에서 여성들은 어머니 아내 딸로서 참전하였고, 의병들에게 음식과 의복, 전투물자를 공급하는 역할을 맡았다.

의병들이 춘천과 제천을 오가며 일본군과 맞서 유격 게릴라 전투를 벌이고 있는데 1907년 헤이그 밀사사건으로 고종 퇴위와 대한제국 국방권이 강제로 해산되었다. 시아버지 류홍석은 춘천 일대의 유림을 중심으로 의병 6백여 명을 이끌고 서울 진격을 목표로 하였다. 동네 여성 30여 명이 탄약 제조소를 설치하여 탄약을 직접 만들었다. 여성은 의병 군조직의 일원으로서 군사훈련을 받았고 무기 생산에 앞장섰다.

같은 마을의 의암댁 전주이씨(1875~1951), 최골댁 원주원씨(1874~1932)와 함께 남자로 변장하고 춘천과 제천을 오가며 일본군 동태를 살피는 등 정보를 수집하였다. 친일협력자인 춘천 경찰서장을 찾아가 "나라가 망해가는데 의병에 참여하지 않은 너는 사내 대장부도 아니다, 사내 대장부라면 오늘 받은 월급 몽땅 내놓으라"며 총으로 협박하여 월급을 빼앗아 의병전투 비용으로 충당하였다.

윤희순을 비롯한 이름없는 수많은 춘천댁인 '턱골댁, 벌골댁, 정문댁, 최골댁, 의암댁, 용문댁, 소리댁'은 윤희순과 마찬가지로 고흥 류씨 집안으로 시집온 여성들이고, 시아버지, 시작은아버지, 시동생, 사돈 등의 혈연은 의병조직을 탄탄하게 강화했고 여성의 참전으로 오늘날

우리가 기억하는 의병의 역사를 만들어냈다.³

윤희순의 의병활동은 역설적이게도 위계질서와 성별차이가 엄격한 유교적 가부장제 사회가 만들어낸 부산물이다. 가장의 의병활동은 모든 가족을 의병활동으로 이끌었다. 춘천 일대에서 유학의 전통이 깊은 지체놓은 양반가문의 종부라는 윤희순의 사회적 지위와 신분은 주변 동네 이름 없는 여성의 의병활동 참여를 끌어내는 정치적 리더십으로 작용했다.

1910년 일제가 나라를 강제로 강점하자 더는 국내에 머물면서 항일투쟁을 전개할 수 없게 되었다. 윤희순은 1911년 망국의 한을 삼키며 시부모와 남편을 따라 중국 만주로 망명하였다. 80여 명의 대가족이 한꺼번에 만주로 이주하였다. 일본경찰의 감시를 피해 대가족이 조용히 이주한다는 것은 보통 어려운 일이 아니었다. 무사히 만주에 도착했으나 대가족의 식량조달이 큰 문제였다. 시아버지와 남편을 비롯한 남성들은 항일무장 투쟁으로 집을 거의 떠나 있었다. 윤희순이 류씨 집안의 여자 식솔들을 거느리고 황무지 개간에 나섰다. 대가족이라 황무지 개간에 노동력이 풍족하였고 한인들의 줄지은 망명으로 만주지역에 쌀농사 문명이 전파되었다. 만주지역의 벼농사는 윤희순 가족을 비롯한 독립운동가들의 이주와 함께 본격적으로 시작되었다. 또한 대가족 구조는 자녀 양육과 가사노동의 분담으로 나이 든 여성의 항일독립

---

3 박미현, 「강원여성의 항일독립운동과 리더십」, 『젠더리뷰 가을호 이슈브리프』, 2015, pp.50~51.

운동 참여를 용이하게 만들었다.

　망국민의 좌절과 고통으로 시아버지 유홍석이 1913년 만주에서 세상을 떠나고, 1915년 남편 유제원마저 독립투쟁으로 고생하다 사망하였다. 과부가 된 윤희순은 시아버지, 남편의 그늘에서 벗어나 보다 자율적이고 독립적으로 항일독립투쟁을 펼쳤다. 과부들은 원하건 원치 않건 삶의 의미를 찾아서 혹은 생계문제를 해결하기 위해 공적 영역으로 진출해야 했다. 윤희순은 남성가족의 명예를 지키고 미완의 독립운동을 완성해야 한다는 사명감을 가졌다. 두 아들이 시아버지와 남편의 항일구국 정신을 계승하고, 항일투쟁의 지도자로 성장하도록 훈육하였다. 1926년에는 조선독립단 가족부대, 조선독립단 학교를 설립하여 만주에 거주하고 있는 한인들에게 민족의식과 항일투쟁 정신을 고취하였다.

　윤희순은 항일의병전투와 여성독립운동사에서 독보적인 존재로 자리매김하고 있다. 「안사람 의병가」는 우리나라 최초 여성군인가로서 일반민중 여성들의 의병참여를 이끌어내는데 유용하고, 배우기 쉬운 노래였다. 시아버지와 남편이 죽은 이후 독립운동을 계승하여 가문의 숙원사업으로 완성시켰다. 게다가 일반 민중여성들이 참여한 결과 오늘날 항일 의병투쟁사의 모습을 만들어냈다.

　가부장제 사회에서 여성의 항일구국활동 참여는 바로 가족을 지키는 것이며, 효를 실행하는 것이었다. 그 가족을 지키기 위해 공적 영역으로 진출하였다. 남성가족들 때문에 항일운동 참여하였지만, 항일운동을 통해 여성의 재능과 능력을 발견하였고 삶에 대한 자긍심과 자부심 또한 충만하였다. 자신들의 능력과 노력으로 민족의 비극이 곧 종식될 것이며, 민족의 자유와 함께 여성도 자유로워질 것이라 믿었다. 미래 또한 자신들이 원하는 방식으로 변화시킬 수 있다는 희망으로 가득 찼다. 항일운동에 참여한 여성들은 스스로의 노력으로 미래를 만들 수 있다는 희망을 품고 있었다. 그 희망 때문에 일제의 끊임없는 방해에도 불구하고 독립운동가들의 풍찬노숙을 견뎌내게 했다.

국채보상운동에 나서다

국난극복을 위한 여성의 금모으기 운동 역사는 국채보상운동에서 시작되었다. 1907년 2월 중순 대구에서 국채보상운동이 시작되었다. 국가채무 1천 3백만 원을 모금하기 위해 남성들이 금연 운동을 전개하였다면, 여성들은 패물모금운동을 펼쳤다. 역사는 이를 가리켜 국채보상운동이라 부른다. 국채보상운동에 참여한 대부분의 여성은 기혼여성이거나 직업을 가진 여성들이었고, 이들은 여성단체를 조직하여 국권회복운동을 펼쳤다. 이는 여성의 사회진출과 남녀평등권을 실천하는 발판이 되었다.[4] 국가채무 모금운동인 국채보상운동 참여를 통해서 다양한 계층의 여성들이 여성이라는 정체성을 갖게 되었고 민족의 구성원으로 인정받았다.

---

4 박용옥, 『한국근대여성운동사』, 정신문화연구원, 1984, pp.142~143.

대한제국이 일본에 1천 3백만 원이라는 거액의 채무를 지게 된 것은 1905년 을사늑약의 결과이다. 을사늑약으로 일본통감부가 설치되고, 통감부 운영 경비와 일본인 관리 급여지급은 모두 대한제국 정부가 부담하게 되었다. 일본 흥업은행이 대한제국정부 관세를 담보로 1천만 원을 차관해주었고, 일본 제일은행이 대한제국 화폐정리 자금으로 3백만 원을 빌려주었다. 그러나 대한제국은 돈을 제대로 써보지도 못하고 차용증서만 써주었을 뿐인데 대한제국이 짊어진 채무는 총 1천 3백만 원이었다. 거액의 외채상환이 불가능해지자, 국권이 일본으로 넘어갈 형국이었다. 이에 국가채무를 상환하여 국권을 회복하자는 국채보상운동이 촉발되었다.

1907년 2월 중순 대구의 광문사 사장 김광제와 부사장 서상돈이 국채보상취지서를 발표하여 국채보상운동을 시작하였다. 발기인은 서상돈, 김광제, 박해령 등 16명으로 국민대회를 개최하고 모금 사무소를 설치·운영하였다. 2천만 민중이 3개월간 담배를 끊어 돈을 모아 국권을 회복하자는 것이다. 황성신문, 대한매일신보, 제국신문, 만세보 등 각종 신문에서 국채보상운동의 취지 후원 호소문이 전국적으로 확산되었다. 운동이 시작된 이후 3개월 만에 230만 원 이상 모였다.

여성국채보상운동 역시 대구에서 먼저 시작되었다. 이는 가족들의 영향을 받았기 때문이다. 서상돈 집안의 여성 등 7명이 '남일동 패물폐지 부인회'를 조직하였다. 애지중지 여기던 반지·팔지·목걸이 등 패물을 국채보상 의연금으로 선뜻 내놓았다.

패물 및 현금 기부운동은 여성정치참여의 전형적인 방법이었다. 전통적으로 여성 패물은 시어머니 혹은 친정어머니로부터 물려받은 귀중한 경제적 자산이다. 그뿐만 아니라 패물은 사회경제적 신분을 상징하는 여성의 자존심이었다. 패물을 기부하는 행위는 남편이나 아들의 정치적 신념을 지원하는 것이다.

남일동 취지문은 나라를 위하는 마음에는 남녀가 따로 없으며, 패물 기부를 강조하였다. 발기인으로 정운갑 모 서씨(서채봉) 은지환 일불 두냥, 서병규 처 정씨(정경주) 은장도 일불 아홉냥, 정윤화 처 김씨(김달준) 은지환 일불 한냥 두돈, 서학균 처 정씨(정말경) 은지환 일불 두냥, 서덕균 처 이씨(이덕수) 은지환 일불 한냥 닷돈, 서석균 처 최씨(최실경) 은지환 일불 한량 닷돈, 김수원의 처 배씨 연화봉 일개 두냥 두돈이다. 이들 발기인은 남편의 처로 자신의 정체성과 신분을 밝혔으나 2000년대 여성사가 발전하면서 대구 남일동 패물폐지 부인회 발기인의 이름을 찾아냈다. 참가여성 7인 중에 김수원의 처 배씨를 제외하고 나머지 모든 여성의 이름은 서채봉, 정경주, 김달준, 정말경, 최실경, 이덕수로 확인되었다. 남일동 여성들은 거리행진을 하거나 가까운 일가친척을 찾아다니며 국채보상운동 참여를 독려하였다.[5]

대구에 이어서 서울여성들도 국채보상부인회를 조직하였다. 전 평리원 판사 김규홍의 부인 신씨, 이준의 부인 이일정이 중심이 되어 북

---

5 최은희, 『한국근대여성사 (상): 1905~1945 조국을 찾기까지』, 조광, 1991, pp.262~263.

촌지역의 기혼여성들을 조직하여 패물 모금에 나섰다. 이일정은 우리나라 최초 상점을 열었던 사업가였다. 서울 대안동 44통 4호 김규홍의 부인 신씨가 자신의 집을 서울지역 여성국채보상본부 사무실로 삼아 취지문을 발표하였다. 대구 남일동 부인회와 달리 서울 부인회는 자신들의 이름을 공식적으로 밝히는 기혼 여성도 간혹 있었다.

이일정의 남편 이준은 국채보상연합회의소 초대 소장을 맡았다. 이준이 헤이그 밀사로 파견되기 전까지 전국을 순회하면서 여성들의 국채보상참여를 독려하였다. 많은 여성이 거리로 나가 여성취지문을 큰 소리로 낭독하거나 모금운동을 펼쳤다.

신문은 여성들의 활동을 홍보하거나 지원하였고 서울에서는 부인 감찬회와 탈환회가 결성되기도 했다. 부산에서 좌천리 부인회 감찬 의연회를 조직하였다. 황해도 진남포 삼화항에서는 조마리아(안중근의 어머니)가 '삼화항 패물폐지부인회'를 조직하여 의연금 모집에 앞장섰다. 조마리아의 큰 며느리 김아려를 비롯한 집안의 여성들이 패물폐지운동에 적극적으로 동참하였다.

또한 다양한 신분과 계층의 여성들이 국채보상운동에 참여하였다. 여성국채보상운동사에서 기생 앵무의 활동은 유명하다. 앵무는 당시 큰돈인 1백 원을 의연금으로 내놨다. 신문에서는 그녀의 거액 기부를 대서특필로 다루었다. 앵무는 국채보상 참여에 귀천이 따로 없으며, 국민된 의무이다. 앞으로도 계속 기부에 참여할 것이라 했다. 기생의 거액 기부는 하층민 남성들에게도 영향을 주었을 뿐만 아니라, 서울 평양

진주 등지 기생들의 국채보상운동 참여를 이끌어냈다. '하찮은' 신분의 기생들의 기부에 감동을 받은 고종이 금연을 선언하고 국채보상운동 참여를 선언하자 고위관리들의 참여가 줄을 이었다. 새로운 국면을 맞이한 국채보상운동은 실질적으로 전국적인 애국운동으로 확산되었다.

이렇듯 국채보상운동은 여성에게 근대 국가의식과 민족의식을 심어주었을 뿐만 아니라 여성정치의식을 발전시켰다.

국채보상운동이 전국적으로 성공을 거두게 되자 일본 통감부와 경무청은 탄압을 시작했다. 국채보상운동 본부인 대한매일신보 사장 베델과 총무 양기탁이 의연금의 일부를 빼돌렸다는 헛소문을 퍼트려 국권회복운동을 무력화하였다. 일제는 헤이그 밀사 파견을 핑계로 고종을 강제로 퇴위시키고 군대를 해산하는 등 대한제국의 국방권을 박탈하였다. 1910년 한일강제합병으로 국권을 회복하지 못하고 애써 모은 의연금은 총독부에 압수되었다.[6]

그러나 국채보상운동은 여성항일운동사뿐만 아니라 정치참여 행위로서 큰 족적을 남겼다. 여성들은 어머니, 아내, 딸로서의 가족 신분에서 벗어나 개인의 정체성을 지니고 사회로 진출하여 정치활동을 펼치며, 국가의 일원으로 사회적 역할과 책임을 다하는 위상을 갖게 되었다. 무엇보다도 개별적인 여성들이 자신들의 이름을 걸고 단체를 조직하였고, 조직을 통해 효율적이고 전국적인 규모로 기부활동을 전개했

---

6   최은희, 『한국근대여성사 (상): 1905~1945 조국을 찾기까지』, 조광, 1991, p.271.

다. 국채보상운동에 참여하게된 계기는 다양하였다. 양반 가문의 여성들이 가족으로부터 직접적인 영향을 받아 가족의 문제를 자신의 문제로 인식하였다면, 기생과 주모 등 실질적으로 경제활동을 하고 있던 여성들은 신문이나 지인을 통해 참여하게 되었다. 최하층의 사회적 신분으로 분류된 기생들과 주모들은 국채보상운동 참여를 통해 국가의 일원으로서 사회적 위상을 인정 받았다. 지역에 따라 신분에 따라 여성들의 기부내용은 다양하였다. 양반부인들은 패물 기부로, 일반서민의 가정주부들은 밥과 반찬을 절반으로 줄여 현물을 기부하였고, 주막의 주모와 기생, 상점을 운영하던 여성들은 현금을 기부하였다. 여성국채보상운동은 농촌지역보다 도시와 항구도시에 거주하는 여성들 중심으로 전개되었다. 도시와 항구지역은 근대문물에 직접 노출되었고, 이들 지역 여성들은 근대적인 정치의식이 일찍 일깨워졌기 때문이다.

특히 여성국채보상운동이 전국적으로 확산될 수 있었던 것은 신문과 언론의 역할이 컸다. 신문의 홍보와 언론의 지원으로 여성의 국권회복 관심과 참여는 널리 알려졌다. 언론의 대대적인 홍보는 멀리 일본의 유학생들에게도 영향을 주어 용돈을 절약해서 참여했다. 우리나라의 여성국채보상운동 참여에 대한 언론의 홍보는 멀리 식민지 인도 여성들에게도 알려졌다. 1930년대 간디가 이끈 인도독립운동에 인도 여성들의 패물 및 현금기부 운동 참여는 바로 우리나라 여성들의 독립운동사에서 물려받은 세계 여성사적 유산이라 평가할 수 있다.

II
민족에 충성하다

1. 태극기 내려지다

　1910년 8월 29일 공적영역에서 태극기가 사라졌다. 태극기는 안방 장롱 깊숙이 들어갔다. 민족주의가 공적영역이 아닌 사적영역 가정 안으로 들어갔다. 태극기는 1883년 외교무대에서 근대적인 국가의 상징이었다. 국기는 근대 국가의 독립성과 자주성을 담고 있는 인격체로 간주되었다. 국기로서 태극기 최초 사용은 일본 수신사로 박영효, 민영익, 김옥균 등 18명이 인천에서 '메이지 마루'를 타고 고베로 향하면서 시작되었다. 이 배는 1천 1백 톤급의 기선으로 영국에서 건조되어 일본정부가 구매한 것이며, 일본정부는 선장으로 영국인 제임스를 고용했다. 이 배에는 일본공사 하나부사와 주한 영국총영사 애스턴도 함께 타고 있었다. 제임스 선장이 박영효 일행을 찾아와 당신네 국기를 빌려주면 높이 게양하겠다고 제의했다. 고배항에는 세계 각국의 배들이 정박하고 있는데 조선의 국기를 게양하면 외국 사신들이 조선의 사신들을 쉽게 알아볼 것이라 했다.

　사실 수신사 일행이 일본으로 출발하기 전에 국기 제정 논의를 한 적이 있다. '필요한 경우에 적당히 만들어 사용하라'는 고종의 윤허를 받은 상태였다. 수신사 일행은 메이지 마루 선상에서 태극 8괘 도안을 그렸다. 제임스 선장은 세계 각국의 국기를 많이 보았으나 귀국의 국기 도안만큼 훌륭한 국기를 본 적이 없다며 감탄했다. 제임스는 태극 주변의 8괘 배열이 너무 복잡하니, 네 귀퉁이에 4괘만 배치하는 것이 더 좋겠다고 했다.

1883년 8월 20일 메이지 마루는 고베항에 도착하였고, 수신사 일행은 니시무라야 호텔에 머물면서 처음으로 태극기를 게양했다. 8월 22일 박영효는 고종에게 우리나라 국기를 만든 전 과정을 자세히 설명하는 편지와 함께 가장 작은 크기의 태극기 표본을 동봉하여 보냈다.

이렇게 만들어진 태극기는 1910년 8월 29일 경술국치 조약이 발표되면서 공적 영역에서 완전히 사라졌다. 망국의 내각 총리대신 이완용, 내부대신 박제순, 학부대신 이용직, 농상공부대신 조중응, 탁지부대신 고영희, 궁내부대신 민병석, 시종무관 이병무가 합병안에 서명하였고 오로지 학부대신 이용직이 거부하였다. 당시 발표된 조약문은 왕실과 고위관리의 망국 행위를 잘 보여주고 있다.

조약문은 다음과 같다.

일본 황제와 대한제국 황제는 양국의 특수하고도 친밀한 관계를 고려하여 상호행복을 증진하고 동양평화를 영구히 하고자 대한제국을 일본제국에 병합함이 최선책이라고 합의하였다. 이에 양국 간에 병합조약을 체결하기로 결정하고 일본국 황제는 통감 데라우치를, 대한제국 황제는 내각총리대신 이완용을 각기 전권위원으로 임명하였고, 전권위원이 합동 협의하여 다음과 같이 제 조약을 협의한다.

1. 대한제국 황제는 일체의 통치권을 완전히 그리고 영구히 일본 황제에게 양도한다.

2. 일본 황제는 양도를 수락하고 대한제국을 일본제국에 완전히 병합을 허락한다.
3. 일본 황제는 한국 황제, 태황제, 황태자 및 그 후비와 후예들이 각각의 지위를 유지하는데 필요한 자금을 제공한다.
4. 일본 황제는 한국 황족 및 그 후예들에게도 필요한 명예와 자금을 공급한다.
5. 일본 황제는 훈공이 있는 한국인 관리들에게 귀족의 작위를 수여하고 또 은사금을 지급한다.
6. 일본정부는 병합의 결과 한국에서 시행하는 법규를 잘 준수하는 한국인의 신체 및 재산을 보호 해주며 또한 그들의 복리 증진을 도모한다.
7. 일본정부는 새 제도를 충실하게 존중하고 우수한 자격이 있는 한국인을 일본제국의 관리로 등용한다.
8. 본 조약은 일본 황제와 한국 황제의 재가를 거친 것으로 공포일로부터 시행한다.

위를 증거로 양국 전권위원은 본 조약에 기명 조인한 것이다.

메이지 43년 8월 22일 통감자작 데라우치 마사다케 (인)
융희 4년 8월 22일 내각총리대신 이완용 (인)

1910년 8월 29일 전국의 성문과 마을 곳곳에 임금의 날인이 찍힌 포고문이 나붙었다. 태극기가 가장 먼저 내려지고 대신 일장기가 올랐다. 한국은 제국주의 일본의 식민지가 되었다. 일본은 대한제국을 조선이라 개칭하고, 조선총독부를 설치하여 초대 총독에 데라우치를 임명했다.

세상이 바뀌었다. 경술국치 이후 경상북도 예천에 사는 사람이 남긴 기록이다. "면장이 지시하기를 이제부터는 가가호호 태양기를 세우라고 한다. 태양기란 다름 아닌 일본기다. 태극기는 내려지고 소위 일장기가 한반도에 나부끼게 되었다. 그러고 나서 세금을 독촉했다."[1] 태극기는 언제 햇빛을 볼 수 있을지 기약도 없이 세절 네절 접혀서 가정의 장롱 깊숙이 들어가 부엌의 구들장 밑 어두운 곳에 숨겨졌다. 대신 마을마다 일장기가 내걸렸다. 지나가는 행인들은 멈춰서 일장기에 존경을 표하는 경례를 해야 하고 순사가 이를 감시하였다.

1910년 9월 1일 한국황실 예우에 대한 의식이 거행되었다. 한국의 황제는 창덕궁 이왕으로 책봉, 세습되며, 합병 조약에 따라 왕족 관료 등 76명에게 일본 천황이 주는 작위가 수여되었다. 이 중 14명은 민족 독립운동에 가담하여 작위가 박탈되었다. 김석진은 작위를 거부하고 자결했다. 을사오적 중 이완용은 후작, 이지영은 백작, 박제순, 권중현, 이근택은 자작 작위을 받았다. 갑신정변의 주역이었던 박영효는 후작,

---

1 김삼웅, 『이회영 평전』, 책보세, 2011(4쇄), p.61.

일진회를 만들어 합병청원서를 냈던 송병준은 백작 작위를 받았다. 일제는 대외적으로 조선의 양반과 사대부들이 친일통치를 환영한다며 배일사상과 항일활동을 찾아볼 수 없다고 했다. 고위관리와 양반들에 대한 철저한 감시와 함께 특별대우 조치를 내렸다. 조선의 양반들과 지식인들이 일본의 식민통치를 열렬히 환영한다는 뉴스가 전 세계로 퍼져갔다.

2. 일본순사가 온다

1910년 10월 1일 본격적인 일제 무단통치가 시작되었다. 성곽의 문은 파괴되고 관청의 청사는 모조리 허물어졌다. 길을 넓혀 신작로를 만드느라 집과 마당이 둘로 나뉘었다. 파내어진 구들장이 흙 쓰레기더미에 나와 있었고 옛 골목길은 쓰레기장이 되었다. 공사현장에서는 일본어로 소리소리 지르며 명령이 날아들고 동원된 조선인들은 미친 듯이 일을 하고 있었다. 일본 제품을 판매하려는 고함과 일본인의 딸깍거리는 게다 소리가 뒤엉켜 모든 거리가 시끄러웠다. 행상인과 거지들, 쫓겨난 농사꾼이며 파면당한 벼슬아치, 피난민들이 이곳저곳으로 헤매며 거리는 방랑객들로 가득 찼다.[2]

매일매일 일제의 식민통치를 환영한다는 각계각층의 인터뷰 기사

---

2 이미륵, 『압록강은 흐른다』, 정규화 옮김, 범우사, 2006(5쇄), p.91.

가 쏟아져 나왔다. 고위관리직에서 빈민층에 이르기까지 환영한다는 뉴스 일색이었다. 순사들은 긴 칼을 차고 마을 곳곳을 돌아다니며, 사람들을 불안과 두려움 속으로 몰아넣었다. 조용한 마을에 일본 순사들이 아침저녁으로 가택을 무단 침입하거나, 가족들을 마당에 일렬로 세워 나이와 직업을 물었다. 이제 안방조차 안전한 공간이 아니었다. 수상한 자를 숨겼다는 이유로 여성들을 발가벗겨 채찍을 가하기도 했다. 이 땅의 주인은 이제 일본이라는 사실을 뼛속 깊이 각인시켰다. 공포와 두려움으로 숨죽이며 생활하도록 일본인과 눈도 마주치지 못하게 했고, 인간으로서의 자존감을 상실시켜 비굴한 노예로 만들었다.[3]

　1911년 6월 총독부는 산림령을 공포하여 토지 및 산림조사를 착수하였고, 토지대장과 지적도를 만들었다. 측량기를 가지고 전국의 구석구석을 돌아다니며 '김서방네 땅이냐, 이서방네 땅이냐'며 직접 묻고 다녔다. '해마다 우리가 부쳐 먹기는 하지만 농사꾼이 무슨 돈으로 땅을 샀겠습니까? 다 나라님 땅이지요'하고 대답하면, '알겠소, 당신의 땅이 아니라는 것이지요? 오늘부터 이 땅은 총독부의 소유가 됐소'라며 조사관은 그 땅의 지번과 지목을 기록해 총독부 땅으로 소유권을 이전 확정시켰다. 만약 본인의 땅이라고 주장하면 '언제, 어떻게, 누구에게서, 얼마에 구입했느냐'며 꼬치꼬치 캐물었다. 상세한 내역이 담긴 토지문서를 제출하지 않으면 사기죄를 적용해서 처벌하였다. 조선총독부의

3　이미륵, 『압록강은 흐른다』, 정규화 옮김, 범우사, 2006(5쇄), p.91.

토지조사로 농민들은 조상 대대로 경작해 오던 문전옥답의 생명줄을 하루아침에 모조리 빼앗겼다. 동양척식회사로 넘어간 땅문서는 일본인에게 1인당 3백 원의 영농자금 지원과 함께 소작권이 넘어갔다. 조선의 농민은 갑자기 소작하던 땅을 빼앗기고 부랑자가 되거나 멀리 만주로, 서간도로, 북간도로 이주해갔다.

조선 땅의 주인은 일본이었고 한국인은 소작인이거나 범죄인이 되었다. 경술국치 조약이 잘못되었다 하거나, 토지조사를 거부하면 남녀노소를 막론하고 발가벗겨서 나무에 매달았다. 마을의 어른으로 알려진 노인들에게 의도적으로 망신을 주어 마을 어른으로서의 권위를 박탈하였다. 망국의 현실에 분노하는 자, 모른척하는 자, 친일로 한몫 잡아보겠다는 자들로 혼탁하게 변화하고 있었다. 매천 황현을 비롯한 우국지사들은 울분을 이기지 못해 자결하였지만 일제의 언론 통제로 알려지지 않은 채, 일제의 식민지 통치 권력에 눌려 잊혀져 갔다. 일본의 통치행위를 선전하지 않은 신문 등 언론기관은 폐쇄되었고, 외부의 공기가 새어 들어오거나 내부의 공기가 바깥으로 나가지 못하는 완전한 진공 상태가 되었다. 완전히 폐쇄되고 밀폐된 공간이 된 조선에서는 모든 것이 검열의 대상이 되었다.

1911년 8월 교육령을 발표하여 각 학교의 교원을 일본인으로 교체하고 한국어와 한국역사교육을 금지했다. 한국민족문화의 전통과 자주성을 무시하고 태초부터 일본의 속국이었다며 역사를 왜곡했다. '침묵은 금'이라는 속담은 불의에 침묵하게 만들었다. 일본의 통치에 저항하거나 반항하는 행위는 교육받지 못한 야만적 행위로 낙인찍었다. 친일교육은 일제통치에 침묵하거나 순종적인 인간을 양성하였다. 교사가 갖는 권위 때문에 학생들은 교사가 하는 말에 의심하거나 회의를 품기보다 온전한 진실로 받아들였다. 친일교육을 받은 학생들은 훗날 '총명한데 그것이 전부이다'라는 말이 생겨날 정도로 불의와 변혁에 무관심하였다. 일제의 식민통치는 힘의 논리에 따른 정론이며 일본 천왕에 충성하는 식민지인을 양성하였다.

일제의 통치행위는 또한 복장을 이용하여 한국인에게 위압감과 공포감을 주었다. 공적 영역에서 누구에게나 눈에 쉽게 띄는 의복은 정치적 사회적 변화를 알리는 가장 효과적인 상징이었다.[4] 일제에 저항하는 의복과 친일하는 의복으로 나뉘는데 이것은 고도의 정치적 표현이었다. 친일하는 사람들은 일본의 옷을 솔선수범해서 입었다. 흰색의 한복은 한국의 전통을 상징하며 일제에 대한 저항의 의미를 지녔다. 그러나 일제는 흰옷 입은 사람들을 통치하기 위해 경무 총감에서부터 도지사, 군수, 각급 학교 교장, 보통학교 훈도까지 경찰들과 똑같은 검정색 복장에 금줄을 두른 뒤, 긴 칼을 차고 거리를 활보하게 했다.

한국인에게 그 지역 최고 어른의 풍채는 흰 두루마기에 갓을 쓰고 뒷짐을 지거나, 점잖게 수염을 만지며 걸어다니는 모습이다. 그런데 짧은 머리에 번쩍거리는 금줄 테두리를 한 검정색 옷과 모자를 쓴 순사가

---

4 이성숙, 『여성사란 무엇인가』, 여성사연구소, 2017, p.160.

언제든지 목숨을 뺏을 수 있는 긴 칼을 차고 온 동네를 휘젓고 다녔다. 마주칠까 봐 두려웠고 무서워서 피해 다녔다. 일제 관리의 복장은 근대의 상징으로 승자의 복식이었다. 일본 순사의 복식이 지닌 무자비한 권위가 얼마나 무서웠으면, 우리의 할머니와 어머니들은 떼쓰며 울고 있는 아이를 달래기 위해 '쉿! 일본 순사가 저기 온다'하며 달랬다고 한다. 그러면 그 아이가 울음을 뚝 그쳤다고 한다. 일본 순사가 언제든지 집안으로 들어와 어떤 행패를 부릴지 모르는 두려움과 공포 속에서 살았던 것이다.

일제에 대한 공포와 식민지의 고통은 점차 두려움을 모르는 강인한 민족정신과 항일독립투쟁 의지를 단련시켰다. 국내외에서 반일의식이 고조되어 조직적으로 강화되었고 항일투쟁 활동이 곳곳에서 분출되었다. 일제의 통치에 복종하지 않기 위해 모국을 떠나기도 했다. 망명 행렬에는 여성들도 포함되어 있었다. 남편이 못다 한 독립운동 과업을 완수하기 위해, 혹은 아들의 망명 과업을 지원하기 위해, 혹은 여필종부에 따라 만리타국 만주와 노령 그리고 중국으로 망명하였다. 그들은 일제의 압제를 피해 고국을 떠나 독립운동기지를 건설하였다. '순사가 온다'는 말에 놀라 울음을 그친 아이들은 자라면서 저 멀리 국경 넘어 항일무장 영웅들이 있다는 소식을 들었다. 안중근과 같은 두려움 없는 영웅들이 민족의 자유와 독립을 위해 싸우고 있으며, 순사들도 이 땅에서 곧 쫓겨날 것이라 믿고 마음 든든해했다. 해외 독립운동 소식은 아이들뿐만 아니라 숨죽이고 있는 어른들에게 희망의 등불이었다.

1910년 12월 일제는 안중근의 동생 안명근을 불법적인 군자금을 모금한다는 이유로 체포하였다. 이를 빌미로 신민회와 연관된 것으로 조작하여 지식인들을 대대적으로 숙청하였다. 1911년 1월 안악군을 중심으로 지식층과 기독교인 160여 명이 체포 구금되었다. 이른바 안악사건으로 독립군 기지를 만들어 국권회복을 도모했다는 이유로 양기탁, 이동휘, 이승훈, 김구를 비롯한 신민회 간부 수십 명을 검거하고 양기탁 보안법 사건으로 재판을 종결하였다. 뒤이어 7월에 데라우치 총독암살 미수사건을 조작하여 윤치호, 이승훈 등 6백여 명을 검거하고, 혹독한 고문으로 목숨을 뺏거나 정신이상자로 만들었다. 이 사건으로 신민회가 해체되었으며, 국내 반일 민족운동은 큰 타격을 입었다. 역사는 반일 지식인 단체인 신민회 해체 사건을 105인 사건이라 한다.

　일제는 민족독립운동 활동상황을 철저하게 숨겼다. '치안 및 보안법 위반'이라는 죄목을 만들어 한국인의 자유와 인권을 박탈하였다. 거리에는 긴 칼을 찬 순사들과 밀정들로 가득 찼고, 이들과 눈을 마주치는 것조차 위험했다. 고개를 들고 다니기만 해도 사건을 만들어 쥐도 새도 모르게 붙들어갔다. 지서로 끌려간 사람들은 혹독한 고문으로 정신이상자나 불구자가 되었다. 신체에 대한 고문과 탄압은 심리적인 굴욕감을 주었을 뿐만 아니라 인간으로서의 자존감을 상실하게 만들었다. 심리적 불안감에 시달리며 자존감을 잃은 식민지인은 스스로를 열등한 존재로 내면화하였다. '우리를 지켜주던 왕실이 힘이 없으니, 새로운 왕이 나타날 때까지 숨죽이며 기다려야 한다'고 생각하거나, 일제의 통치를 새로운 왕조가 들어선 것쯤으로 여기는 사람들도 있었다. 정치적 사회적 격변기에는 강력한 임금이 나타나기를 기다리며, 사태의 추이를 관망하자는 분위기가 지배적이었다. '모난 돌이 정 맞는다'는 속담이 있듯이, 유별나게 따지지 말고 새로운 정치사회질서에 맞춰 살자며, 허무주의 지식인들은 이방원의 〈하여가〉를 읊기도 했다.

이런들 어떠하며,
저런들 어떠하리,
만수산 드렁칡이 얽혀서
우리도 이같이 얽혀서
백 년까지 누리리라.[5]

이방원의 〈하여가〉에 도전하는 충신의 노래인 정목주의 〈단심가〉가 역사 속에서 호출되었다. 새로운 조선왕조에 협력해서 한평생 잘살아 보자고 제안했던 이방원의 〈하여가〉에 대한 답가인 〈단심가〉는 한민족 역사에 길이 빛나는 충절의 노래다. 이 시기 정몽주의 〈단심가〉를 부르며 민족 독립정신을 지켜낸 여성들이 있었다. 민족의 독립의식을 고취하여 민족정신과 항일 투쟁정신을 일깨우기 위해 비밀정치단체를 조직하였다.

---

5 이방원, 〈하여가〉

3. 송죽비밀결사대, 민족혼을 지키다

여성의 항일정치조직은 1913년에 결성된 송죽비밀결사대이다. 송죽결사대는 1913년 미국의 장로회 선교사들이 설립한 평양의 숭의여학교 출신 교사 세 명이 모여 민족혼을 살리고자 결의한 것이다. 이제 울분과 비탄에서 벗어나 민족의 독립을 쟁취하고자 비밀정치조직을 만들었다. 평양 숭현여학교 교사 김경희, 숭의여학교 황에스터, 교회부인회 지도자 안정석이 주축이 되어 송죽비밀결사대를 조직하였다. 섣불리 나섰다가 쥐도 새도 모르게 일본경찰에 잡혀가 목숨을 잃을지도 모르기 때문에 비밀조직을 결성하였다. 김경희는 평양의 학교를 중심으로, 황에스터는 서울지역을 중심으로 안정석은 교회를 중심으로 여성 항일정치의식을 확산시켰다. 송죽비밀결사대의 회원들은 서로를 확인하는 방법으로 정몽주의 〈단심가〉를 읊었다.

이 몸이 죽고 죽어,

일 백번 고쳐 죽어

백골이 진토 되어

넋이라도 있고 없고,

임 향한 일편단심이야

가실 줄이 있으랴.

〈단심가〉의 정신을 이어받아 충성을 상징하는 소나무와 절개를 상징하는 대나무를 합해 송죽비밀결사대라 명명했다. 송죽비밀결사대 초대 회장 김경희는 일제의 감시를 피하기 위해 여러 개의 한자어로 표기되는 이름을 사용했다. 평양숭의여학교 1회 졸업생으로서 모교에 재직하면서 학생들에게 민족독립정신을 고취하였다. 1915년 세계지리 수업시간에 '하얼빈'을 가리키며 안중근이 이곳에서 이토 히로부미를 사살하였으며, '우리나라가 독립하면 가장 먼저 하얼빈에 안중근의 동상을 세워 애국심을 이어가자'고 했다. 지리시간에 언급한 이 내용은 누군가에 의해 밀고되었다. 경찰서에 끌려가 혹독한 고문을 당했으며 급기야 파직당했다. 1919년 3월 1일 만세운동에 참여한 후 일본경찰에 쫓기는 신세가 되자 상해로 망명하였다. 상해에서 대한민국임시정부 수립에 참여하였고 1919년 7월 비밀리에 평양으로 돌아와 〈평양애국부인회〉를 조직하였다. 여성항일조직가 김경희는 1919년 9월 19일에 평양에서 고문 후유증과 결핵으로 사망하였다.

　　김경희(1887~1919)는 당시 학생이었던 박현숙을 송죽비밀결사대 회원으로 발탁하였다. 선발기준은 투철한 민족의식과 애국심이었고, 선발된 학생들의 비밀유지 서약을 받았다. 황신덕, 채광덕, 이마대, 송복신 등 20여 명이 송죽결사대로 활동하였다. 모임 장소는 김경희의 기숙사 방이었고 회원들이 모이면 누가 먼저라 할 것 없이 정몽주의 〈단심가〉를 읊으면서 서로의 신념과 마음을 확인하였다.

　　초기 송죽비밀결사대는 20명으로 구성되었고, 소위 '송형제'라 불리는 송자매들이었다. 송자매들이 졸업 후 교사가 되어 고향으로 돌아가거나 다른 지역으로 교사발령이 나면 그곳 학생들을 중심으로 지역 결사대를 조직하였다. 송자매 회원인 교사 한 명이 20명으로 구성된 죽자매를 조직하였다. 죽자매는 송자매의 하부 조직이었다. 죽자매가 또 다른 20명의 세 번째 죽자매를 조직하기도 했다. 따라서 죽자매이면서 동시에 송자매가 될 수 있었다. 무엇보다도 엄격한 비밀유지와 점조직 형태로 결성되었기 때문에 누가 죽자매이고 누가 송자매인지 알 수 없는 가운데 전국적인 조직망으로 확산되었다. 송자매는 한 명의 죽자매와 일대일의 대면만 가능하였고 전체 회원을 알 수 없었다. 단지 정몽주의 〈단심가〉를 읊으며 구국의 결의를 함께하는 동지일 뿐 회원의 신상에 관해 알려고도 말하지도 않았다. 심지어 가족과 남편에게도 비밀로 하였다.

1916년 송죽결사대 회원들이 졸업하면서 송죽회는 전국적인 비밀조직으로 확장되었다. 숭의여학교 학생들은 졸업 후 대부분 교사가 되어 각각의 지역으로 흩어졌다. 각 지역의 재직 학교를 중심으로 학생들을 비밀리에 선발하여 죽자매를 조직하였다. 그 지역을 특성을 살려 이문회·유신회·공주회·기도동지회 등을 조직하였다.

김경희의 학생이었던 박현숙은 졸업하고 전주 송죽회 대표자가 되었다. 전주 기전여학교 교사로 재직하면서 비밀리에 임영신, 오자현, 송귀내를 선발하였다. 이들은 매일 저녁 기전여학교 뒤 송림에서 만나 공주회를 조직하였다. 황신덕은 평양의 송죽회 대표자를, 채광덕은 황주, 최자혜는 목포, 박경애는 사리원, 서매몰은 부산, 정애경은 해주, 황성동은 의주, 최매지는 진남포 대표를 맡았다. 졸업생들이 일본으로 유학을 떠나면 일본 대표자가 되어 송죽결사대를 조직하였고, 미국으로 유학을 가면 미국 송죽결사대 대표가 되었다. 송죽회 조직이 확대되면서 여성항일정치조직은 또한 해외로 확산되었다.

송죽결사대 회원이 되기 위해서는 1명의 추천이 필요하였다. 회원 전원이 찬성해야만 회원으로 승인되었다. 송죽결사대 명단은 주로 가명이나 암호로 기재되었고 명단 기록은 회장이 관리하였다. 송죽결사대의 총본부는 역시 평양이었고 1명의 회장이 조직 전체를 관리하였다. 1대 회장 김경희, 2대 회장 황애덕, 3대 회장은 박현숙이었다. 각 지역에서 활동하던 송자매들은 매월 평양에서 모임을 가졌고 회비 납부 현황과 활동내용을 보고하였다.

뜨개질과 자수는 동서고금을 막론하고 경제수단이며, 여성성의 상징이었다. 사적 영역에 머물면서 뜨개질과 자수로 생계를 꾸리는 것이 여성들의 최고 가치이며 미덕으로 간주하였다. 근대 여학교에서도 자수와 뜨개질은 필수 교육과정에 포함되었을 정도로 여성노동력의 최고 가치로 평가되었다. 여학생들은 뜨개질과 자수로 학비를 벌거나 용돈을 마련하였다.

송죽비밀결사대 회원들 역시 뜨개질과 자수로 만든 수예품을 팔아서 회비를 마련하였다. 회비 납부는 바로 민족에 대한 충성이었다. 회비는 매월 30전이었다. 회비는 주로 독립운동을 지원하거나, 망명 애국지사의 가족을 돕거나, 민족독립의식 함양을 위한 교육프로그램 운영에 사용되었다. 해외로 망명한 애국지사들의 국내에 남아있는 아내와 자녀들의 생계를 지원하거나, 해외에서 들어오는 밀사들에게 여비와 체류를 돌보는 데 사용되었다. 따라서 송죽회 회비 납부는 여성으로서 민족주의 행위에 대한 충성이며, 민족 항일독립운동에 참여하는 정치적 행위였다.

1919년 9월 임시정부는 제1대 송죽결사대 회장이었던 김경희 추도사에서 송죽비밀결사대가 독립운동자금으로 600여 원을 지원했다고 밝혔다.

송죽회 여학생들은 수업시간에 배운 뜨개질과 수예품을 팔아 회비를 마련하였다. 당시 학생들이 손쉽게 만들 수 있는 수예용품은 주로 성경책 주머니, 회중시계집, 도장집, 베갯모 등이었다. 숭의여학교 자수시간에 배운 '굴레 만들기'는 회비 30전 마련에 효과적이었다.

굴레는 머리카락이 짧은 4.5세 어린아이가 겨울에 방한용으로 머리에 두르는 쓰개로 일종의 방한 모자이다. 특히 추운 평안도지역 어린아이는 방한용 모자가 필요용품이었다. 평양의 부잣집 어머니들은 어린 딸아이들의 굴레를 살 때 숭의여학교 학생들이 만든 굴레를 찾았다. 숭의여학교 학생이 만든 굴레는 예쁘고 고급스러운 것으로 유명하였다.[6] 형형색색의 비단실로 아름다운 모란꽃이 살아있는 듯했고, 한자 수〔壽〕복〔福〕글자를 수로 놓았고, 이마 부분에는 둥근 옥을 달거나

---

6 최은희, 『한국근대여성사 (상): 1905~1945 조국을 찾기까지』, 조광, 1991, p.373.

굵은 구슬을 매단 고급장식품이었다. 굴레는 또한 외국인 선교사들이 본국의 가족과 친척들에게 보내는 크리스마스 선물로도 인기가 많았다. 굴레는 완성하는데 시간이 오래 걸릴 뿐만 아니라 자수 솜씨도 뛰어나야 완성도 높은 작품이 되었다. 아름다운 자수가 놓인 훌륭한 굴레는 일 년 등록금과 맞먹을 정도로 비싼 가격에 판매되었다. 여름방학이나 겨울방학 동안 숭의여학교 학생들은 굴레를 만들어 등록금을 마련하느라 바빴는데 송죽결사대 회원 여학생들은 굴레를 만드는 것이 곧 민족의 독립운동에 참여하는 것으로 여기며 뿌듯해 했다. 그 밖에 장갑, 토시, 양말, 조끼, 도시락 주머니, 목도리, 스웨터를 만들어 팔았다. 뜨개질과 자수는 여학생들이 다 함께 모여 사적 공간에서 행하는 공적인 경제활동이며, 송죽결사대에게 공적인 정치적 행위이기도 했다.

그러나 뭐니뭐니해도 가장 많은 수익을 주는 것은 떡 장사였다. 떡은 많은 수익을 남길 뿐만 아니라 당일 다 판매하지 못했을 경우 저녁 끼니로 대체할 수 있었다. 그러나 큰 수익에도 불구하고 떡 장사는 많은 시간이 필요하고 거리에서 팔아야 하므로 학생들이 자주 할 수는 없었다. 특별 모금을 위한 연중행사로 진행되었다. 이와 같이 자수와 떡 판매를 통해서 항일 민족의식을 공유하였고 민족독립운동이라는 정치 행위를 실천하였다.

송죽결사대 회원들은 '새벽은 반드시 온다'는 희망으로 자수와 뜨개질을 하였다. 회비 30전은 당시 국수 한 그릇이 10전이었고, 소고기

한 근이 120전이었던 가치를 고려하면 큰 액수는 아니었지만 일제의 감시와 탄압이 심한 식민지 상황에서 여학생들의 정치적 연대를 상징하는 금액이었다.

송죽회의 활동은 주로 민족혼을 일깨워 항일독립의식을 고취하는 것이었다. 회비는 항일독립의식 확산을 위한 다양한 행사를 준비하는 데 사용되었다. 송죽회라는 조직의 명칭을 밝히지 않고 개인적인 친분을 쌓아가며 행사로 진행되었다.

매주 토요일 오후 토론회, 웅변회, 연극회, 음악회 등을 개최하여 그 지역의 유력한 인사들을 초대하였다. 공연내용은 주로 성경과 역사 속 인물들의 영웅적인 구국 활동에 관한 것이었다. 고구려 시대 을지문덕의 살수대첩 이야기, 임진왜란 때 이순신의 거북선 이야기 등이다. 구약성서에 나오는 고대 애굽(이집트)에서 4백 30년 동안 노예생활을 하다 이스라엘 백성들을 이끌고 탈출한 모세의 이야기가 인기 있었다. 애굽에서 고통받던 이스라엘 민족과 일본의 학대를 받고 있는 한민족의 처지가 비슷할 것으로 이해하였다.

여학생들에게 가장 인기 있었던 연극공연은 영국과의 백년전쟁 (1339~1453)에서 프랑스를 구한 잔 다르크(1412~1431) 이야기와 1854년 크리미아 전쟁에서 종군 간호사였던 플로렌스 나이팅게일 (1820~1910) 이야기였다. 잔 다르크는 16세의 어린 나이에 프랑스를 구원한 구국의 영웅이었고, 나이팅게일은 부모의 반대에도 불구하고 가출하여 간호사라는 자신의 직업을 찾았다. 간호사로서 전쟁에 참전하여 대영제국의 부상당한 군인들을 치료한 나이팅게일은 '백의의 천사'라는 이미지와 함께 여성의 적십자 운동을 일으켰다. 국난극복에 참여한 서양 여성들의 용감한 행동과 영웅적인 구국활동 이야기는 여학생들에게 항일 애국정신을 불어넣었다.

다른 한편, 송죽결사대는 교회부인회를 조직하여 여성계몽운동에도 역점을 두었다. 여성계몽운동은 곧 여성들을 전도하는 것이었다. 여성들의 교회 참석은 세상일에 눈을 뜨는 계몽운동과정이었다. 교회 가는 날은 집안일에서 해방되는 날이며 동시에 집안에서 벗어나 세상을 구경하고 이해하는 기회로 간주되었다.

대표적인 정치활동은 일본제품을 배격하고 국산품 애용운동을 펼쳤다. 일본제품은 주로 비싼 가격에 팔렸기 때문에 사치품으로 분류하여 국산품을 애용하고 전통적인 한복착용을 장려하였다. 그러나 흰옷은 쉽게 더러워지기 때문에 색감을 들여 입자는 색복운동을 펼치기도 했다.

또한 송죽회는 인재양성을 위해 해외유학생들에게 장학금을 지원하였다. 평양 남산현교회 부인회의 재정담당이며 전도부인이었던 홍유례는 해외유학생들에게 장학금을 보냈다는 이유로 여러 차례 경찰서에 끌려가 심문을 받기도 했다. 기홀병원에서 전도부인 일을 하고 있던 윤심덕 어머니와 〈대한애국부인회〉 김세지는 송죽비밀결사대 활동을

기반으로 1919년 대한애국부인회를 조직하기도 했다.[7]

이처럼 송죽비밀결사대는 우리나라 여성들이 최초로 조직한 민족혼을 지키는 정치단체였다. 그들은 대개 기독교 여성이면서 동시에 여학교 교육을 받은 전문직에 종사하는 신여성들이었다. 교사라는 직업은 여성들에게 사회진출을 허락한 직종이었다. 여학교를 다니면서 교사들의 영향을 받아 송죽회라는 단체에 가입하게 되었고, 학교를 중심으로 민족의식이 고취되었다. 평양의 숭의여학교에서 시작했으나 졸업생들이 전국적으로 흩어지면서 송죽회는 전국적으로 여성항일조직을 만들었다.

그러나 송죽회는 조직의 폐쇄성으로 일부 엘리트 여성 중심의 비밀단체 수준에 머물렀다. 민족의식이 투철한 소수 엘리트 학생들을 선발해서 이들을 대상으로 활동을 하다보니 다수의 학생은 항일정치의식과 여성의 정치세력화에 배제되었고 항일여성정치운동의 대중화를 가져오는 데 실패했다. 엄격한 비밀 유지로 송죽회가 여성의 항일민족독립운동사에서 차지하는 위상을 제대로 파악하기 어렵다. 송죽회 조직의 폐쇄성은 일제의 식민지 탄압의 결과이지만 동시에 그 폐쇄성으로 동지들 간의 강력한 결속과 신뢰의 중요성을 깨닫게 되었다. 비밀유지에 따른 조직의 폐쇄성과 소수 엘리트 중심의 송죽회 활동은 일제의 경찰과 밀정들의 감시망을 피하고 지속적으로 항일민족운동을 전개하는

---

7   최은희, 『한국근대여성사 (상): 1905~1945 조국을 찾기까지』, 조광, 1991, pp.376~377.

데 도움이 되었다. 조직의 운영관리는 곧 여성의 정치적 리더십을 훈련하는 학습장이었다.

전국 곳곳에서 송죽회 출신의 여성지도자들이 지역여성들의 계몽운동과 더불어 여성의 사회진출과 항일정치운동 참여를 이끌었다. 송죽회가 심어놓은 민족의식은 1919년 3·1 만세운동이라는 전국적인 규모에서 그 성과를 보여주었다. 여학생들의 대규모 만세운동 참여는 곧 송죽비밀결사대의 민족의식이 작용한 것이다. 송죽회의 조직과 활동은 여성항일정치운동 뿌리가 되었다. 송죽회 운동을 통해서 여성들의 정치적 리더십 또한 개발되었다. 1919년 3·1만세 이후 여성들의 항일민족운동을 목표로 하는 정치단체가 곳곳에서 조직되었다. 1919년 이후 상해임시정부가 수립된 후 독립자금 모금을 위해 결성된 평양의 〈대한애국부인회〉 조직은 송죽회가 키운 열매였다.[8]

4. 대한독립여자선언서
식민지 여성, 반제국주의 독립전쟁 선언하다

1919년 2월 만주 길림에서 민족의 자유와 독립을 외치는 〈대한독립여자선언서〉가 발표되었다. 〈대한독립여자선언서〉는 식민지 여성들이 제국주의 국가를 상대로 민족의 독립투쟁을 선언한 최초의 정치 선

---

8   박용옥, 『한국근대여성운동사 연구』, 정신문화연구원, 1984, p.173.

언서라는 점에서 민족운동사뿐만 아니라 세계여성사에서도 큰 의미를 지닌다.

선언서에 서명한 김인종, 김숙경, 김옥경, 고순경, 김숙원, 최영자, 박봉희, 이정숙 등이 누구인지 알 수 없으나 어릴 때 아버지를 따라 이주했거나 혹은 남편과 함께 만주 혹은 노령지역으로 이주한 항일투쟁가로 추정된다.[9] 〈대한독립여자선언서〉의 내용은 다음과 같다.

대한독립여자선언서

슬푸고 억울하다 우리대한동포시여 우리나라 이 반만년 문명역사와 이천만 신성민족으로 삼천리 강토를 족히 자존할 만하거늘 침략적 야심으로 세계의 공법공리를 무시하는 저 일본이 추세적 만성으로 조국의 흥망이해를 불고하는 역적을 협동하야 압박수단으로 형식에 불과한 합방을 성립하고 제반음독한 정치하에 우리 이천만 형제자매가 노예와 희생이 되어 천고에 씻지 못할 수욕을 받고 모진 목숨이 죽지 못하야 스스로 멸망할 함정에 가처서 하로가 일년가흔 지리한 세월이 십여년을 지나스니 그 동안 무한한 고

---

9 박용옥, 「대한독립여자선언서 연구 : 대한독립선언서와의 관련성 검토」, 『한국민족운동사 연구』, 한국민족운동사 학회 14권, 1996, pp.147~184.

통은 다 말할 것 업시 우리동포의 마음속에 품은 비수로써 징거할 바로다.

필부함원에 오월비상이라 하엿거늘 하물며 수천만 창생의 억울 불편한 애소를 지공무사하신 상제께서 통촉하심이 업스리요 고금에 업는 구주대전란의 결국에 민본적주의로 만국이 평화를 추장하는 금일을 당하야 감사하신 남자사회에서 처처에 독립을 선언하고 독립만세를 한소리에 엄동설한의 반도강산이 양춘화풍을 만나 만물이 소생할 시기가 이르럿스니 아모조록 용력위에 일층의 용력을 더하고 열성중에 일도의 열성을 더하야 유시유종하시믈 혈성으로 기도하는 바오며 우리도 비록 규중에 생활하야 지식이 몽매하고 신체가 연약한 아녀자의 무리나 국민됨은 일반이오 양심은 한가지라 용력이 절등하고 지식이 고명한 영웅달사도 뜻을 달하지 못하고 억울이 이세상을 마친 자 허다하것마는 비록 지극히 몽매한 필부하도 성력이 극도에 달하면 밧시 원하는 것을 일우난 것는 쇼쇼한 텬리라 우리여자사회에서도 동서를 물혼하고 후생의 모범될 만한 숙녀현원이 허다하것마는 특별히 금일에 우리의 본바들 선생을 들어 말하면 서양 사파달이라는 나라에 사리라하는 부인은 농가에 출생으로 아들 여덟을 나아 국가에 바쳤더니 전장에 나가 승전을 하엿스나 불행이 여덟 아들이 다 전망한지라 부인은 그 참혹한 소식을 듯고 조곰도 슬퍼하지 안이하고 춤추며 노래하여

가라대 사파달 사파달아 내너를 위하야 여덟 아들을 나았다 하며 의태리에 메리야라 하는 부인은 청누출신으로 의태리가 타국의 절제하에 잇슴을 분개히 녁여 재정방침을 연구하며 청년사상르 고취하야 백절불회하는 지기와 신출귀몰하는 수단으로 마침내 독립전쟁을 개시하얏스나 불행하여 열열한 뜻을 다 일우지 못하고 이 세상을 영별할때에 감은 눈을 다시 뜨고 제군 제군아 국가 국가하는 비장한 유언에 삼군의 격려한 피가 일시에 끌어 죽기로써 맹셔하야 의태리의 독립이 그날로 되엿스며 우리나라 임난때에 진주에 논개씨와 평양에 화월씨는 또한 화류계 출신으로 용력이 무쌍한 적장 청정과 소섭을 죽여 국가를 다시 붓든 공이 두분 선생의 힘이라 하야도 과언이 안이니 우리도 이러한 급한때를 당하야 겁나의 구습을 파괴하고 용감한 정신을 분발하야 이러한 여러선생을 본바다 의리의 전신갑주를 입고 신력의 방패화 열성의 비수를 잡고 유진무퇴하는 신을 신고 일심으로 이러나면 지극히 자비하신 하나님이 하감힛고 우리나라 충혼열백이 명명중에 도으시고 세계만국의 공논이 업지 아니할 거시니 우리는 아모 자저할 것도 옵도다 사라서 독립기하에 할발한 신국민이 되어 보고 죽어서 구천지하에 이러한 여러선생을 조차 수괴함이 업시 즐겁게 묘시는 거시 우리의 제일의무가 아닌가 간장에서 솟는 눈물과 충곡에서 나오는 단심으로써 우리사랑하는 대한 동포에게 엎드려 고하오니 동포 동포여

때는 두 번이르지 안이하고 일을 지나면 못하나니 속히 분발할지
어다 동포 동포시여 대한독립만세

기원 사천이백오십이년 이월 김인종 김숙경

김옥경 고순경 김숙원 최영자 박봉희 리정숙

대한독립여자선언서 1919년 2월 발표하다

〈대한독립여자선언서〉는 기원 4252년 2월에 발표되었다. 이는 우리나라 최초 독립선언서로 알려진 〈대한독립선언서〉 일명 무오독립선언서 발표일자 단군기원 4252년 2월과 동일하다. 따라서 널리 알려진 단기 4252년 3월로 표기된 〈기미독립선언서〉보다 그리고 2·8 독립선언서보다 앞서 발표되었다. 대한독립여자선언서가 1919년 2월 즉 단기 4252년 2월은 음력이기 때문에 3월이라고 주장하는 이들도 있다. 〈기미독립선언서〉 역시 단기 4252년 3월이라 표기되어 있으나, 날짜는 기재되어 있지 않다. 기미독립선언서 발표일을 음력으로 환산하면 양력 4월이지만 3·1독립선언서라 부른다. 〈대한독립여자선언서〉에 기원 4252년으로 기재한 것은 한민족의 유구한 역사와 주체적인 민족문화 정신을 의미하는 것이었으며, 양력 2월로 명시한 것은 서양의 제국주의 국가들에게 대한독립의 의지를 널리 알리고 설득하는 데 유리하다고 판단한 것이다. 게다가 〈대한독립여자선언서〉에 참여한 여성들은 서력에 익숙한 기독교도들이었고 만주와 노령지역에서 민족독립운

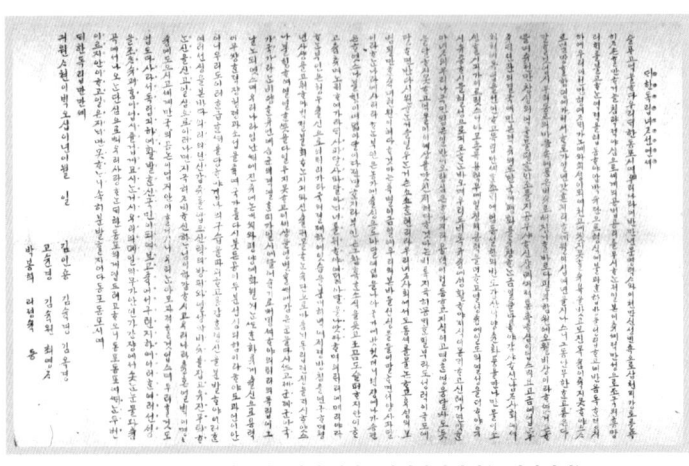
1919년 2월에 발표된 8인의 대한독립여자선언서(독립기념관)

동에 참여하면서 세계 각국의 지원와 연대 속에서 민족독립이 가능하다고 판단하였다. 따라서 〈대한독립여자선언서〉 역시 양력 2월 1일로 발표된 것이다. 무엇보다도 당시 스무개 이상의 독립선언서와 청원서가 발표되었는데, 이들의 목적은 서력 혹은 양력을 쓰고 있던 파리강화회의 참석한 제국주의 국가들에게 대한독립 의지와 일제 만행을 알리는 것이었다.

〈대한독립여자선언서〉라는 제목에서 보여주고 있듯이, 이는 여성의 선언서라는 젠더 정체성을 강조하고 있다. 여성도 민족의 어엿한 구성원임을 천명하고 있다. 이들은 국제정세와 민족자결주의 원칙에 따라 〈대한독립여자선언서〉를 발표하였다. 민족의 독립과 자유는 여성의 역할과 희생 없이 이룩할 수 없다고 밝히고 있다. 당시 파리강화회의에서 민족의 자결권이 큰 호응을 얻고 있었다. 아들을 전쟁에 보내야 하는 어머니의 고통과 희생이 없었다면 위대한 고대 그리스 역사는 없었을 것이며 일반 여성의 전쟁자금 지원과 국가의식 없다면 위대한 로마제국은 없다. 임진왜란 때에 진주의 논개와 평양의 화월이 목숨을 건 구국활동을 하지 않았다면 왜놈을 물리칠 수 없었다. 여자가 한을 품으면 오뉴월에도 서리가 내리듯이 여자가 품은 망국의 한은 독립을 쟁취할 것이라 단언하고 있다.

누가 작성했는가?

여성들의 독립선언서는 1,335자 모두 순 한글로 작성되어 있다. 당시 발표된 다른 독립선언서 및 청원서들은 국한문 혼용체로 쓰여 있다. 또한 〈대한독립여자선언서〉는 3·1 독립선언서나 2·8 독립선언서보다 훨씬 더 신랄하고 직설적으로 일제의 야만성과 무단침략을 규탄하고 있다.

선언서의 형식과 내용은 1919년 2월 길림에서 발표된 무오독립선언서로 알려진 대한독립선언서 글씨체와 형식면에서 비슷할 뿐만 아니라 발표시기도 동일하다. 따라서 〈대한독립여자선언서〉에 서명한 여성들의 주요활동 근거지는 만주와 연해주 지역인 것으로 추정되지만 선언 장소는 길림으로 되어 있다. 길림은 1907년부터 망명한 의병들과 항일무장독립투쟁의 중심지였다.

〈대한독립여자선언서〉는 만주와 연해주, 국내와 일본은 물론 멀리 미국에까지 배포되었다. 1919년 이후 미주지역 여성애국단체들의 공

식행사에서 늘 〈3·1독립선언서〉와 함께 나란히 낭독되었다.[10]

1945년 해방 이후 오랫동안 〈대한독립여자선언서〉는 역사 속으로 사라졌다. 1983년 11월 3일 도산 안창호의 장녀 안수산의 미국 자택에서 가로 49cm 세로 31cm 크기의 여성 민족혁명선언서가 발견되었다. 박용옥의 발굴연구가 없었다면, 대한독립여자선언서의 역사적 가치와 위상에도 불구하고, 수많은 여성들의 업적과 역할이 역사 속으로 사라졌듯이 이 또한 사라질 뻔했다.[11]

〈대한독립여자선언서〉가 발표된 지 100년이 되었으나 아직도 누가 작성했고 선언서 발표의 배경은 무엇이었으며 정확한 발표장소와 일자에 대해서도 의견이 분분하다. 서명한 그 여덟 여성들은 누구인지 어떠한 배경에서 서명하게 되었는지, 서명하기까지 엄청난 용기가 필요했을 것으로 추정된다. 대체로 이름은 가명이었을 것으로 추정된다. 당시 기준으로 독립운동가는 두서너 개의 가명을 갖고 있었기 때문이다. 〈대한독립여자선언서〉 연구를 통해 항일독립운동사에서 젠더관계가 밝혀질 것이다. 독립운동사에 대한 전체적인 조망을 위해서도 조속한 후속 연구가 진행되기를 제안한다.

---

10 박용옥, 「대한독립여자선언서 연구 : 대한독립선언서와의 관련성 검토」, 『한국민족운동사 연구』, 한국민족운동사 학회 14권, 1996, p.36.
11 『광복70년 특별기획전 도록: 독립을 향한 여성 영웅들의 행진』, 국립여성사전시관, 2015, p.21.

세계사적 의미와 위상

〈대한독립여자선언서〉는 세계 최초 식민지 여성이 민족의 독립과 자유를 선언한 반제국주의 선언서이다. 인도와 베트남이 그 오랜 세월 동안 영국, 프랑스 제국주의 식민지로 고통과 탄압을 받아왔지만, 일반 대중 여성들이 민족 해방투쟁에 본격적으로 참여하기 시작한 것은 1930년대에 이르러서이다. 게다가 우리의 〈대한독립여자선언서〉와 같은 정치적 선언서는 어디에서도 찾아볼 수 없다. 따라서 〈대한독립여자선언서〉는 민족독립운동사뿐만 아니라 세계여성사에서도 큰 의미를 지닌 선언서이다.

〈대한독립여자선언서〉가 지닌 역사적 의미는 바로 식민지 여성에게 일찍이 '개인적인 것은 곧 정치적인 것'이라는 20세기 최고의 성과 페미니즘 슬로을 담고 있다. 20세기 초 제국주의와 민족주의 간 투쟁의 시기에 제국주의 국가의 여성들은 참정권 투쟁으로 제1페미니즘 물결의 정점을 이루었다면, 식민지 여성들에게 가정과 가족의 안녕을 지켜줄 민족의 독립이 우선이었다. 식민지 여성에게 참정권 운동은 바로 민족독립운동이었고 민족운동이 바로 세계적인 제1페미니즘 운동맥락 속에서 전개된 참정권운동이었다. 수많은 식민지 여성이 제국주의 국가를 상대로 민족의 자유와 국가의 독립을 위해 적극적으로 참여했지만, 여성의 이름으로 발표한 정치적 선언서는 없다. 따라서 〈대한독립여자선언서〉는 역사적 가치가 높은 여성의 기록문화유산이다.

III

3·1만세운동, 여성의 정치경력 시작

민족주의 정치시위

1919년 3월 대한독립을 외치는 평화적인 가두시위가 전국 곳곳으로 들불처럼 확산되었다. 다양한 연령, 종교, 계층 등 남녀노소 전 민중이 폭발적으로 참여하였다. 3·1만세운동 시위가 평화적으로 진행된 것은 수많은 여성의 적극적인 참여가 있었기 때문이다. 여성들이 주도하였기에 비폭력 만세운동으로 진행될 수 있었고, 대한독립만세운동이 평화적으로 전개되었기 때문에 수많은 여성 또한 공적 영역에서 정치적인 가두시위에 참여할 수 있었다.

우리는 일본과 다르다는 민족 공동체 의식은 여성들이 1910년 이후 10년간 일제의 차별적 탄압을 목도하면서 시작되었다. 민족의 영웅들이 저 멀리 국경 넘어 만주와 연해주에서 일본과 싸우고 있다는 소식은 전설처럼 간간이 들려왔고, 만세운동 시위 참여가 곧 영웅들의 독립투쟁에 함께하는 것으로 인식하였다.[1]

게다가 미국의 윌슨 대통령이 주창한 민족자결주의 원칙의 국제정세는 곧 민족독립의 기회로 보았다. 이에 발맞춰 〈대한독립여자선언서〉가 발표되었고 곳곳에서 다양한 대한독립선언서와 대한독립청원서가 발표되었다. 각종 선언서는 일반 민중들에게 독립만세운동 시위 참여가 민족의 구성원으로서 적극적인 의무라는 책임감을 심어주었다.

민족의식이 집단적인 정치 행위로 폭발한 사건은 망국의 임금 고종

---

1 이미륵, 『압록강은 흐른다』, 정규화 옮김, 범우사, 2006(5쇄), p.92.

의 죽음이었다. 1919년 1월 21일 밤 덕수궁에서 식혜를 마신 후 고종이 갑작스럽게 사망하였다. 일본의 계획적인 독살이라는 소문이 퍼지면서 지난 10년간 숨죽이며 살아오던 일반 민중들의 분노가 폭발했다. 장례에 참석하기 위해 전국의 수많은 유림과 민중이 서울로 모여들었다.

지난 10년간 일제의 식민지 탄압은 민족의식과 조직적인 정치의식을 강화시켰다. 여성들도 사적 영역에 머물기보다 국난 극복을 위해 공적 영역으로 진출하여 항일정치활동이 정당화되었다. 마치 담쟁이가 단단한 돌담을 타고 올라가는 것처럼 여성들이 식민지 가부장제 장벽을 넘어 정치적 공간으로의 진출과 정치참여를 학습하였다. 여성들의 민족의식과 정치의식은 어머니, 고모, 언니, 등 여성가족으로부터 영향력을 받았다. 위계질서가 엄격한 대가족 제도는 여성에게 억압과 위축의 장이기도 하지만 동시에 복잡하게 얽힌 권력관계 속에서 섬세한 정치력을 확장하는 공간이기도 했다. 윗세대 가족의 민족의식이 아랫세대로 내려오면서 항일투쟁의식으로 발전되었고, 용감한 정치지도자로서 성장할 수 있었다.

가령 김마리아(1892~1944)는 도쿄여자학원에서 유학 중이었으나 여성 항일운동가의 정치경력은 3·1만세운동 참여에서 시작되었다. 그녀의 독립의식과 용감한 항일투쟁의식은 바로 고모들의 영향이 컸다. 혈연 연대를 통해 그녀는 일제의 감시를 잘 피해다닐 수 있었고 독립운동지도자로 성장하였다. 2·8 동경유학생 선언문 10여 장을 일본여성의 전통 의복인 기모노 허리띠에 숨겨 부산항에 도착했을 때 고모인 김순애가 기다리고 있었다. 김순애(1889~1976)는 당시 김규식과 결혼한 지 채 일주일이 안 된 신혼이었으나 남편이 파리강화회의 한국대표로 참석하였다. 파리강화회의 활동을 국내에 널리 알려 독립자금을 모금하고자 상해에서 국내로 들어왔다.

김마리아는 고모 김순애, 고모부 서병호와 함께 광주로 출발했다. 광주에는 수피아여학교 교사 김함라, 막내 고모 김필례가 살고 있었다. 그곳에서 독립선언문과 파리강화회의에서 독립운동 소식 등을 알렸다. 다음 행선지 대구에 도착해서 애국지사들과 비밀회합을 가진 후, 평안도와 황해도를 거쳐 서울로 향했다. 곳곳에서 선언문을 배포하였고 민족자결주의 및 국제정세를 알렸다.

또한 일본 동경여자의학전문학교에 유학하던 황에스터는 2월 8일 동경유학생 독립선언식에 참석한 이후 경찰에 연행되었다가 그날 밤 풀려나자 곧바로 국내로 들어왔다. 황에스터의 민족의식은 어머니 홍유례로부터 직접적인 영향을 받았고 송죽회 활동을 통해 정치의식이 강화되었다. 부산에 도착한 황에스터는 곧바로 평양으로 향했다. 평양에 도착해서 송죽회 회원들에게 파리강화회의 한국대표 파견상황을 알렸다. 파리강화회의에 여성대표로 하란사 파견을 논의하였으나 그녀는 이미 북경으로 떠나고 없었다. 그 대신 미국 유학을 준비 중이던 신마실라를 파리강화회의 여성대표로 파견하기로 결정하고 여비를 준비하였다.

이처럼 엘리트 지식인 여성들은 국제정세관련 소식을 국내 일반 민중들에게 전달하였다. 파리강화회의 한국대표 참석은 곧 독립될 것이라는 믿음과 희망을 가져다주었다. 국내외 소식을 전달하면서 남성 중심의 독립운동이 전개되고 있음을 인식하자 여성소외 현상은 여성의식을 고취시켰다. 그 결과 파리강화회의 여성대표 파견이 결정된 것이다.

여학생 정치세력화로 등장

여성의식과 민족의식은 전국적으로 퍼져 있었고, 여학생 항일독립의식으로 충만하였다. 여학생들은 대규모 3·1만세운동을 주도하거나 일반여성들까지 대규모 시위참여를 이끌어냈다. 지역에 따라 다양한 운동 양상을 보였지만 주로 10대 여학생들이 오일장 장터와 번화가에서 대한독립만세를 크게 외치며 지나가는 사람들의 이목을 집중시켰다. 이를 본 남자들은 '연약한 아녀자들이 나라를 찾겠다며 만세운동에 저렇게 외치고 있는데 사나이 대장부인 내가 못할 것이 뭐냐'며 만세시위에 적극적으로 동참하였다.

대규모 민족운동 가두시위에 놀란 일제는 확산을 막기 위해 휴교령을 내렸다. 학생들은 고향으로 독립선언서를 가지고 돌아갔으며, 독립선언서 낭독으로 지역주민들의 가슴에 불을 지폈다. 휴교령은 만세운동 시위를 전국적으로 확산시키는 결과를 가져왔다. 대도시에서 시작된 만세운동은 점차 시골지역으로까지 확산되었다. 심지어 서울 근교 진관사 비구니들도 태극기를 만들거나 시위에 참여했으며 저 멀리 금

강산과 지리산 스님들도 대한독립만세를 외쳤다.[2]

여학생들은 태극기를 만들고 독립선언문을 복사 배포하는 데 앞장섰다. 하나의 주요한 정치세력으로서 만세운동 가두시위에 참여하였다. 1911년부터 1920년까지 67개의 사립여학교가 설립 운영되고 있었으며 사립여학교는 당시 공립여학교의 세 배나 많았다. 학교에 다니면서 교사 혹은 친구들로부터 여성의식과 민족의식 영향을 받았고, 엘리트 여성으로서 사회적 책임과 의무를 인식하고 있었다. 여학교 졸업 후 교사로서 혹은 전도부인으로서 여성 계몽운동가로서 사회진출을 하였고 만세운동이 터지자 곳곳에서 하나의 여성집단으로서 정치세력의 주역으로 활동하였다.

거리에 태극기 휘날리며 애국가를 부르다

33인의 민족 대표자들이 발표한 독립선언서는 주로 여학생들이 배포하였다. 방물장수로 변장해서 집집마다 선언서를 배포하기도 하였다. 당시 유행성 결막염으로 시각장애인이 많았는데, 개성의 유명한 여전도사 심명철은 시각장애를 이용해서 일제의 감시를 피해 다니며 독립선언서를 배포했다. 독립선언서는 교회와 학교에 비치된 등사기로 복사하였다. 독립선언서에 그려져 있는 태극기를 견본으로 밤새 태극기

---

2 님 웨일즈. 김산, 『아리랑: 조선인 혁명가 김산의 불꽃 같은 삶』, 송영인 옮김, 동녘, 2018(26쇄), pp. 93~94.

를 만들었다. 기숙사 광목 커튼으로 수십 개의 태극기를 만들기도 했다. 네 개의 귀를 맞춰 자른 후 먹으로 4괘를 그려 넣고, 중앙에 사발 그릇을 엎어놓고 둥근 태극을 만들어 태극기 모양을 갖추었다. 태극기를 처음 보는 학생들도 있었지만 태극기를 만들면서 민족정신을 일깨우고 민족에 충성을 건의했다.

 3월 1일 이후 전국 곳곳에서 다양한 모양의 태극기가 등장하였다. 태극기는 주로 한밤중에 여학생들이 만들었고 그 다음 날 만세시위에 들고 나갔다. 공공장소에서 일장기 대신 태극기가 걸리기도 했고 태극기를 보며 민족의식이 고취되어 눈물을 흘리는 사람들도 있었다. 1882년부터 1910년 경술국치까지 국기의 역할을 하였으나 일제의 강점과 동시에 공개장소에서 볼 수 없었던 태극기가 다시 등장하자 그동안 숨죽여 부르던 애국가도 당당하게 부르기 시작했다. 누가 먼저라 할 것 없이 스코틀랜드 민요 〈올드랭 사인〉의 멜로디에 가사를 입혀 불렀다. 만세시위 참여자들은 밤새 만든 태극기를 흔들며 "조선사람 조선으로 길이 보존하세"를 부르며 민족의식과 항일독립의식을 고취하였다. 만세시위가 일상화되면서 태극기는 민족의 상징으로, 애국가 제창은 '우리는 하나'라는 민족 공동체 의식을 강화시켰다. 독립선언서, 태극기, 애국가, 그리고 여학생의 참여로 평화적이고 민주적인 3·1만세운동이 전국에서 동시에 들불처럼 일어났다.

민족공동체 의식

3·1만세운동은 기존의 소수 엘리트 중심의 항일정치운동에서 벗어난, 완전히 다른 형태의 집단적인 민족주의 정치시위였다. 여학생, 기생 그리고 지식인 여성뿐만 아니라 일반민중 여성 등 다양한 계층과 연령의 여성들이 가두시위에 참여했고, 그들의 공통점은 민족독립이었다. 식민지 상황은 여성 정치의식을 고취시켰을 뿐만 아니라 여성의 삶을 정치 영역으로까지 확대시켰다. 여성들은 딸로서 아내로서 어머니로서의 가족의 울타리를 넘어 하나의 정치세력으로 성장하였다. 그렇게 3·1만세운동은 여성들이 봉건사회를 타파하고 근대사회로의 역사이행을 촉진하는데 기여하였다.

또한 성별, 종교, 지역의 장벽을 넘어 모든 한인을 하나로 묶어 민족이라는 공동체의식을 확인하는 분기점이 되었다. '우리 한인은 일본인과 다르다'는 공동의 민족의식을 확인하였고 '여성도 우리 민족'이라는 공동의식을 갖게 되었다. 즉 자신들을 민족이라는 공동주체로서 능동

3·1만세운동 무렵의 태극기 진관사 소장(문화재청)

적으로 인식하였고, 혈족의 일원을 넘어 거대한 민족의 일원이 될 수 있다는 주체성을 갖게 되었다. 한민족의 구성원으로서 민족의 정체성과 주체적인 민족의 구성원으로서 가두시위에 능동적으로 참여하여 대한의 독립을 쟁취하자는 뚜렷한 목표의식을 공유하였다.[3]

1919년 3월부터 5월까지 전국에 2백만 명 이상이 만세시위에 참여했다. 민족의 독립을 위하여 평화적으로 시위에 참여하자는 말이 곳곳에 울려 퍼졌다.

평화적인 대규모 시위운동과 그 격렬함에 충격을 받은 일제는 총칼을 동원하여 30만 명을 체포 구금하였다. 교회와 병원은 유치장으로 변했고 시위현장에서는 마구잡이로 살해가 벌어졌다. 당시 평화적인 시위참여자에 대한 처벌규정이 없었기 때문에 시위현장 살인은 합법적이었다. 7천여 명이 시위현장에서 살해되었고 수많은 부상자가 발생했다. 광주의 수피아여학교 윤형숙이 일본 헌병이 휘두르는 칼에 태극기를 흔들고 있던 팔이 잘려나갔다. 이 참혹한 장면은 신문을 통해서 전 세계로 퍼져나갔다.

3·1만세운동은 다른 식민지 국가 민족독립운동의 촉진제가 되었다. 특히 중국 5.4운동에 직접적인 영향을 주었다. 인도와 베트남 민족독립운동사의 방향을 바꾸는 데 기여하기도 했다. 인도의 대표적인 독립

---

3   양현혜, 「3·1운동 100주년 통일 시대의 '민족' 공동의 기억」, 『3·1운동, 여성 그리고 이화』, 이화여자대학교 한국여성연구원, 2019, p.76.

운동가 네루(1889~1964)는 감옥에서 3·1만세운동에 대규모 소녀들이 참여했다는 소식을 듣고 부러워했다. 네루는 "한국의 어린 소녀들처럼 인도여성들도 독립운동에 많이 참여한다면, 곧 식민지가 종식될 것"이라 했다. 간디는 다양한 계층의 인도여성들에게 민족독립운동 참여를 이끌어내려는 전략으로 불복종운동과 영국상품 배척운동을 펼쳤다. 또한 당시 프랑스 식민지였던 베트남에서는 '여성들의 애국활동이 곧 부모에 대한 효'라고 알려졌다. 1920년대가 되면서 베트남 엘리트 여성 중심으로 프랑스 제국주의에 대항하는 민족독립운동이 전개되었다.

이처럼 인도와 베트남을 비롯한 식민지 여성에게 민족의 문제는 가족의 문제였고, 가족의 문제는 곧 여성 자신의 문제였다.[4] 여성의 민족운동 참여는 전통적인 역할인 동시에 근대적인 여성의 역할을 의미했다. 식민지 가부장제의 엄격한 공사 영역 분리담론에도 불구하고 여성들은 공사 영역을 넘나들면서 공적영역으로 진출하였다. 민족독립운동 참여를 통해서 식민지 여성의 사회진출과 정치참여의 길이 열렸다. 여성의 항일정치운동 참여는 바로 근대적인 인간의 자유와 정신의 숭고함을 실현하려는 여성들의 정치 경력 시작이었다. 여성들의 만세운동시위는 한국사회가 전근대에서 근대사회로 이행하는 계기가 되었다. 근대 여성으로서 민족의 구성원으로 자리매김하였고, 더 이상 딸로서 아내로서의 가족 구성원이 아니라 여성이라는 집단적 정체성을 가지고

---

4 Suruchi Thapar-Bjorkert, 『Women in the Indiam National Movement』, Sage, 2006, p.73.

정치 세력으로 등장하였다. 역설적이게도 여성의 민족의식과 페미니즘 의식은 식민지 가부장제라는 절망적이고 압도적인 이중의 권력이 만들어낸 결과이다. 식민지 여성의 참정권 운동은 바로 민족운동이었고 민족운동 참여를 통해 여성정치참여의 길을 열었다.

IV.
식민지 여성의 꿈과 희망

1. 희망의 정치조직화

　거국적인 3·1만세운동 시위는 민족의 독립과 자유라는 본질적인 목적을 획득하지 못했다. 그 실패의 요인으로 크게 두 가지를 지적할 수 있다. 첫째, 통일된 조직과 정치력을 지닌 강력한 지도자가 없었다는 것과 둘째, 국제사회의 지원 연대가 없었기 때문이었다. 3·1만세운동의 직접적이고 긍정적인 결과로서 바로 일제 식민지 무단통치에서 문화적 통치로의 변화를 가져왔다고 평가하고 있지만, 이는 제국주의 발톱을 숨긴 가면에 불과한 것이다. 3·1만세운동의 가장 커다란 성과는 국내외 항일독립 투쟁을 총괄하는 임시정부가 설립되었다는 것과 여성들도 가족 구성원에서 벗어나 민족의 구성원으로서 정치세력화 하였다.

　3·1만세운동 시위참여를 통해 여성들은 민족독립에 대한 의지와 사회의 중요한 정치세력으로 능력을 증명하였다. 항일독립이 민족의 미래이며 여성의 정치권력 획득의 길이라고 확신하였다. 동시에 일본 제국주의 거대 권력에 대항하기 위해서는 대응할 만한 힘과 조직을 갖추지 않으면 비극적인 유혈과 쓸데없는 죽음만 가져온다는 사실 또한 뼈저리게 인식하게 되었다. 민족의 독립과 자유가 곧 세계 근대역사의 진리라고 확신하였고 여성에게 항일민족주의를 위한 정치참여가 정의로운 소명이었다. 민족독립을 향한 개인의 투쟁은 미약하지만, 같은 목적을 지향하는 여성들의 조직은 하나의 항일 정치세력으로서의 권력이었다. 항일독립투쟁을 목적으로 한 단체를 조직하는 것은 개인의 힘을 확대하는 것인 동시에 여성정치 세력을 강화하는 것이었다. 여성단체는 여

성 개인의 목적을 효율적으로 그리고 조직적으로 펼치는 데 유리할 뿐만 아니라 조직의 항일운동 전략과 전술은 개인의 목적에 부합하였다. 항일정치조직은 여성 개인의 이해관계를 대변하였다. 동시에 개인의 사회적 정체성은 단체의 정치적 목적과 동일하였다.

여성단체의 정치적 목적은 곧 대한민국임시정부 수립지원이었다. 1919년 4월 11일 정식으로 민주공화제의 대한민국임시정부가 상해에서 수립되었다. 수천 년 한민족의 역사에서 최초의 민주공화국이었다. 상해는 제국주의 열강들과 식민지 민족운동가들이 모여 각축을 펼치고 있는 국제도시였기 때문에 독립운동의 중심기능을 수행하는 데 유리하였다. 임시정부 내각에 만주와 연해주 그리고 미주지역에서 활동했던 독립운동 지도자들이 대거 참여하였다.

임시정부 헌법은 여성의 정치참여를 명시하고 있었다. 여성의 정치참여는 당시 세계 여성운동의 주요 의제였다. 제국주의 국가에서 여성 참정권 획득을 주장했다면, 식민지 여성에게 정치참여의 길은 곧 민족해방운동 참여였다. 따라서 20세기 초 여성 참정권 운동은 영미 제국주의 국가에서 시작된 것이 아니라 전 세계적인 보편적 의제였다.

여성의 정치세력으로서 조직적인 민족독립 운동을 펼치기 위해 여성단체가 결성되었다. 3·1만세운동 이후 1945년 해방이 될 때까지 국내외에서 약 65개의 크고 작은 여성단체들이 결성되었다. 식민지 여성들의 정치 활동의 우선적인 목적은 바로 민족의 독립이었다.

1919년 4월 초 정신여학교 출신을 중심으로 〈혈성단애국부인회〉가 결성되었다. 비슷한 시기에 경성여자고등보통학교 출신들이 〈대조선독립애국부인회〉를 조직하였다. 이들 두 단체는 3·1만세운동 이후 일제의 경찰에 끌려간 애국지사와 그 유가족들을 돌보는 것이 목적이었다.

    항일투쟁을 위한 직접적이고 실질적 여성 개인의 정치적 행위는 여성단체 가입이었다. 어떤 여성들이었는가? 이들은 기독교와 여학교 출신이라는 공통의 배경을 지니고 있었다. 또한 3·1만세운동에 참여한 경험이 있었다. 교사, 간호사 등 전문직에 종사하고 있던 20대 여성이 주류를 이루었고 경제적으로 독립한 전문직 엘리트 여성들이었다. 3·1만세운동 사건으로 투옥된 애국지사들에게 사식을 넣어주고 가족들에게 생활비 지원을 목적으로 단체를 조직하였다. 상해임시정부 참여방식으로 회비와 생활용품 판매 수익금을 모아 상해임시정부에 자금을 송금하기도 했다. 상해임시정부는 두 여성단체의 헌신과 열정에 찬사를 보냈으며, 대한민국애국부인회 수신으로 감사장과 함께 여성대표 파견을 요청하였다. 이때 여성대표로 김원경이 파견되었다.[1] 김원경의 임시정부의 참여는 여성들의 공식적인 정치조직의 참여활동을 의미하였다.

---

1   최은희, 『추계 최은희 전집 3, 한국근대여성사』, 조광, 1991, p.19.

2. 〈대한민국애국부인회〉, 20대 여성의 희망과 열정

1919년 8월 5일 김마리아와 황에스터가 서대문형무소에서 출옥하였다. 장선희(1893~1970)는 이들을 만나 항일여성단체 조직을 새롭게 정비할 것을 요청하였다. 김마리아와 황에스터는 3·1만세운동 주동자로 3월에 투옥되어 서대문형무소에서 복역하였다. 출옥한 김마리아는 정신여학교 교내에 있는 미국인 선교사 영어교사 미스띤(천미례) 주택 2층에 머물렀는데 9월 학기부터 교사로 채용되었다. 정신여학교 김마리아를 중심으로 구국의식이 투철한 여성들이 모여들었다. 1919년 10월 19일 김마리아와 황에스터의 위로연을 공식적으로 발표하였다. 사실은 대한민국애국부인회 창립식이었다. 김마리아, 장선희, 황에스터, 이정숙, 백신영, 유인경, 김영순, 이혜경, 유보경, 정근신, 오현주, 오현관, 이성환, 홍은희, 이희경, 신의경 등 16명의 여성지도자들이 모였다. 기존의 〈혈성단애국부인회〉와 〈대조선독립애국부인회〉를 해체하고 〈대한민국애국부인회〉로 통합 창립하였다. 〈대한민국애국부인회〉 명칭은 상해임시정부가 명명한 이름을 그대로 수용한 것이다.[2] 이로써 〈대한민국애국부인회〉는 상해임시정부 지원을 목적으로 한 국내 여성의 정치단체였다.

〈대한민국애국부인회〉는 민족의 독립에 대한 식민지 엘리트 여성의 희망과 열정이 결집된 것이다. 대부분 20대의 젊은 기독교 엘리트

---

2 최은희, 『추계 최은희 전집 3, 한국근대여성사』, 조광, 1991, pp.23~24.

여성이며, 서울지역에 거주하며 전문직에 종사하는 교사와 간호사들이었다. 세브란스병원 간호사 이정숙(22세), 정신여학교 교사 장선희(24세), 정신여학교 교사 김영순(25세), 유인경(25세), 정신여학교 교사 김마리아(26세), 평안남도 황애덕 (26세), 함경도 교사 이혜경(28세), 경기도 교사 신의경(23세) 부산 전도사 백신영(31세)이었다. 이들은 조직에 가담하기 전에 일찍이 민족의식이 투철한 여성들이었다. 3·1만세운동 시위에 참여하여 투옥되거나 감옥에서 고문을 당하였다. 감옥생활에서의 시련을 통해서 항일의식이 더욱 강화되었다. 가부장제와 식민지라는 이중의 무게를 짊어지고 있었지만, 국가와 민족의 구성원으로서 근대여성이라는 정체성을 전면에 내세웠다.

제국주의 열강의 여성이 자아실현을 위한 여성의 권리를 주장했다면, 식민지 여성은 근대여성으로서 국가에 대한 책임과 의무를 강조하였다. 취지문에서 다음과 같이 밝히고 있다.

"아! 우리 부인도 국민 중의 한 분자이다. 인권을 찾고 국권을 회복할 최대의 목표를 향하여 우리에게는 다만 전진만 있을 뿐이요, 추호의 후퇴를 허용할 수 없다. 공고한 단결을 도모할 것이니 모두 찬성하여 주시기를 희망하는 바이다."[3]

식민지 여성에게 민족독립운동 참여는 역사적 책무이며 의무였다. 제국의 여성들에게 참정권이 인권이었다면, 식민지 여성에게 인권은

---

3   최은희, 『추계 최은희 전집 3, 한국근대여성사』, 조광, 1991, pp.27~28.

민족의 독립이었다.

〈대한민국애국부인회〉

회장 : 김마리아	적십자부장 : 이정숙
부회장 : 김혜경	결사부장 : 백신영 이성완
총무부장 : 황애시덕	교제부장 : 오현주
재무부장 : 장선희	서기 : 김영순, 신의경

〈혈성애국부인회〉 회장이었던 오현주가 교제부장직을 사퇴하고 대신 친언니 오현관을 추천하였다. 〈대한민국애국부인회〉 본부는 서울이었으나 전국 각 지역에 지부를 두고 있었다. 회원들의 월 회비는 1원이었으나 회비 3분의 1은 본부 운영비로, 3분의 1은 지부조직의 활성화를 위해 사용되었다. 나머지 3분의 1은 상해임시정부에 보냈다. 재정부장 장선희는 어둠이 깔린 매일 저녁 정신여학교 기숙사를 몰래 빠져나와 비녀로 쪽진 아낙네로 변장하여 유지들의 집을 찾아다니며 독립자금을 모금하러 다녔다. 회원들의 자수제품과 참기름 등 생활용품을 팔아 한푼 두푼 독립자금을 모았다. 이렇게 해서 그 짧은 시간에 6천 원이라는 거금을 모아 임시정부에 송금하였다. 주로 귀금속 혹은 수예작품을 독립자금으로 기부하였다. 여성의 패물 및 소액 기부행위는 20세기 식민지 여성이 민족의 일원으로서 민족독립운동에 참여하는 보편적인 방법이었다. 일반 대중의 여성이 참여할 수 있는 대표적인 정치활동 참여방식이었다.

사회적 신분은 항일독립군

〈대한민국애국부인회〉 임원과 회원 신임장은 근대여성의 정체성을 보여주고 있다. 임명장은 여성에게 가족 구성원에서 벗어나 이제 사회적 구성원으로서의 역사적 역할과 책임을 부여하는 증서였다. 임명장은 종이가 아니라 천으로 만들었다. 식민지 시대에 항일독립군이라는 신분을 나타내는 신임장을 늘 몸에 지니고 다니는 것 자체가 대단한 용기였다. 그뿐만 아니라 여성들의 바느질 솜씨와 생활의 지혜는 일본경찰의 감시와 불시검문에도 눈에 띄지 않는 방법을 고안해 냈다. 저고리 등판 속감을 뜯어 그 안쪽에 신임장을 바늘로 기워서 붙인 후 저고리 속감을 다시 꿰매면 저고리를 벗어도 눈에 띄지 않았다. 신임장은 늘 몸에 지니고 다니면서 동지들이 신분확인을 요청할 때마다 보여주어야 했다. 그 정도로 항일운동은 조심스러움과 동시에 대단한 용기가 필요했다. 신임장은 무엇보다도 독립에 대한 희망과 용기, 그리고 혼자가 아닌 *끈끈한 동지애를 확인하는 증서*가 되었다.

또한 〈대한민국애국부인회〉는 인장을 만들어 조직의 권위와 신뢰를 높이는 데 주력하였다. 인장 디자인은 부회장 이혜경이 맡았다. 사실 오래 전부터 인장 혹은 직인은 개인 혹은 관직의 권위와 법적인 신분을 상징하는 도구이다. 인장은 여성으로서뿐만 아니라 단체로서 법적인 책임을 지며 사회적 신분을 드러내는 상징이다. 게다가 일제 식민지 시대에 '대한민국'이라는 국가명을 인장에 새기는 것은 일본제국주의 권력에 대한 정치적 불복종이다. 또한 항일여성조직이라는 정체성을 뚜렷이 천명한 것이다. 인장은 오래된 전통과 역사를 담은 태극 문양을 본떠 만들었다. 태극 음양의 둥근 모양에 그 밖으로 다시 둥근 원을 그렸다. 원과 원 사이에 한쪽은 영문으로 다른 한쪽은 한글로 〈대한민국애국부인회본부인〉이라고 글자를 배치했다. 애석하게도 붉은색의 인주로 태극 음양의 다른 색상을 나타낼 수 없었다. 역사와 전통문화를 담은 아름다운 인장을 디자인했으나 이를 직접 만들어 줄 기술자가 없었다. '대한민국'이라는 단어를 새기는 것을 꺼려했다. 고심 끝에 연동예배당 근처 기독교인이며 시계 수리점 주인인 이원모를 찾아가서 부탁했다. 이원모는 며칠 뒤에 찾아오라며 시계점 문을 닫고 가족들도 모르게 〈대한민국애국부인회〉 본부 인장과 경상북도 인장 두 개 만들었다. 이혜경은 완성된 도장을 받아들고 "우리는 구국의 동지요, 우리의 소원이 속히 이루어지길…"이라며 이원모에게 머리 숙여 감사의 인사를 건넸다.

〈대한민국애국부인회〉는 전국의 13개 도청소재지에 지부를 두었다. 도지부 아래 군지부를 설치하였다. 경기도 도지부장에 신의경, 경상북도 지부장에 김희경을 선임하였다. 다른 지역은 빠른 시일 내로 선임하기로 결의하였다. 주로 도시지역에 집중되어 있었지만 전국적인 조직망의 확대는 민족의 독립이 소수 엘리트 여성의 주요 관심사가 아니라 일반 여성들의 보편적인 관심사가 되었다는 의미이다. 〈대한민국애국부인회〉는 전국의 수많은 일반 여성들에게도 희망의 등불이었다. 〈대한민국애국부인회〉의 전국적인 조직은 일반 여성들을 항일독립운동에 끌어들이는 데 성공했다. 또한 결사부와 적십자부를 두었는데 이는 국내 여성들이 항일무장투쟁을 위한 전시체제를 선언한 것이다.[4]

변절과 동지애

　항일여성단체로서 체계적인 조직활동이 본격적으로 전개될 무렵 동료의 배신으로 민족운동 여성지도자의 수난이 시작되었다. 배신자는 바로 오현주였다. 오현주는 〈혈성부인회〉 회장을 역임할 정도로 항일의식이 투철하였으며 임시정부로부터 감사장까지 받았다. 남편 강낙원 역시 상해로 망명하여 독립운동에 참여하고 있는 인물로 알려졌다.

　항일독립운동사에서 동지의 배신행위는 치명적이었다. 배신은 개인의 일탈행위인가, 사회적 정치적인 요인인가? 분명한 것은 제국주의 불의의 권력이 정의롭지 못한 개인의 배신행위를 낳았고 수많은 사람들을 사지로 몰아넣었다. 1919년 11월 중순 오현주가 김마리아와 장선희를 찾아왔다. 상해임시정부에서 밀사가 왔는데 회장 김마리아와 재무부장 장선희를 만나고 싶다는 것이다. 멀리 상해에서 찾아왔다고 하니 김마리아는 기다릴 것 없이 "지금 만나러 갑시다"라고 말했다.

　김마리아와 장선희가 도착하자 전등불이 갑자기 꺼졌다. 비밀 유지를 위한 것이라 생각하고 별다른 의심을 하지 않았다. 어둠 속의 남자는 자신이 누구인지 만남의 목적도 밝히지 않았다. 대뜸 〈대한민국애

4　박용옥, 『한국여성항일운동사연구』, 지식산업사, 1997, p.215.

국부인회〉 조직과 구성원에 대해 물었다. "박덩굴이 지붕에 널리 퍼져 아무리 박이 많이 열렸다 해도 영양을 공급하는 뿌리의 역할이 중요하지"라며, 알 수 없는 얘기를 했다. 뭔가 이상하다는 낌새를 느낀 김마리아는 장선희의 입을 막으며 어떠한 말도 하지 못하게 했다. 장선희 역시 김마리아의 무릎을 꼬집으며 그냥 돌아가자는 신호를 보냈다. 아무 말 없이 방문을 열고 나오자, 그 남자가 '정탐하는 능력이 부족하군.'이라고 했지만, 아무 대꾸도 하지 않고 나왔다. 그날 밤 한숨도 자지 못하고 꼬박 날을 샜다. 나중에 알게 된 사실이지만 이 남자는 오현주 남편 강낙원이 보낸 고등계 형사 유근수 였다. 유근수는 〈대한민국애국부인회〉 조직에 대해 잘 알고 있었으나 김마리아와 장선희를 만나 확인했던 것이다.

오현주의 배신은 이미 〈대한민국애국부인회〉 교제부장직에서 물러나면서부터 시작되었다. 〈혈성애국부인회〉 회장을 맡았던 오현주가 교제부장직 선임에 불만을 가졌거나 김마리아가 회장직을 맡은 것에 대한 질투의 감정도 있을 수 있지만, 그녀는 남편과 자식을 지키고자 동료들을 배신했다.

오현주 남편 강낙원은 3·1만세운동 직후 상해로 망명하였다. 독립운동에 가담하려 했으나 국제정세를 보아하니 민족의 독립이 언제 이루어질지 확신할 수 없었고, 미래가 불투명한 식민지 상황에서 독립운동가로서의 삶을 살아가기가 두려웠다. 상해생활을 청산하고 귀국한 강낙원은 일본 경찰의 감시와 박해에 시달렸다. 일제는 배신과 밀고를 강요하였다. 자신의 자유를 보장받으려면 다른 두 명의 애국지사를 팔아넘겨야 했다. 일제의 감시에서 갑자기 자유로워진 자들은 모두 배반자들이었다는 얘기다. 두 명 이상 체포될 때까지 경찰 두 명이 강낙원을 늘 따라다녔다. 강낙원은 〈대한민국애국부인회〉 회장 김마리아와 재정담당 장선희가 체포되고 난 후 자유로워졌다.[5]

오현주의 배신으로 1919년 11월 28일 〈대한민국애국부인회〉가 무너졌다. 믿었던 동료의 배신과 밀고행위로 동료간의 믿음과 신뢰가 무너졌다. 인간성에 대한 믿음과 신뢰의 상실은 일제강점기 내내 암 조직처럼 한국사회 전반에 걸쳐 영향을 미쳤다. 의심과 두려움은 한국인의 인간성으로 변질되어 갔다. 배반과 밀고만이 식민지인이 살길이라고 부추겼다. 급기야 일제는 신뢰할 수 없는 부도덕한 인간을 식민지 조선인의 특징으로 기정사실로 해 국제적으로 낙인찍었다.

게다가 오현주 배신은 식민지 가부장제 사회에서 민족독립운동 젠더관계를 보여주고 있다. 남편의 독립운동 관련 사실을 아내가 일제의 경찰에 직접 밀고한 사례는 찾기 어렵다. 의열단 출신이었던 이화림은 남편이 노골적으로 반대하자 독립운동을 계속하기 위해 이혼하기도 했다. 남편과 가족의 지지와 지원 없이 기혼여성이 독립운동에 참여하는 것이 얼마나 어려웠는지 보여주는 사례이다. 반면 남편이 민족주의 항일운동가라면 아내가 밀고한 사실은 드물다. 오히려 열렬한 지지자

---

5 최은희, 『추계 최은희 전집 3, 한국근대여성사』, 조광, 1991, pp.30~32.

가 되었다. 식민지 가부장제 사회에서 남편을 비롯한 가족의 지지와 지원 없이는 기혼 여성이 독립운동가로서 살아가기 어려웠다. 여성독립운동가들은 독립운동 집안 출신이 아니면 미혼, 과부, 독신들이 많은 이유이기도 하다. 그 이후 오현주는 일생을 교회 장로로서 기도하며 살았다 한다.

3. 〈대한애국부인회〉, 항일이 진리다

1919년 6월 하순경 평양의 장로교 한영신, 김경희, 안정석, 조익신, 김용복, 최영보 등이 〈대한애국부인회〉를 조직하였다. 여성의 민족독립사상 고취, 군자금 모집, 독립운동가 보호 및 유가족 생활 지원을 목적으로 결성되었다. 거의 비슷한 시기에 평양의 감리교 이성실, 손진실, 박승일, 최신덕 등이 상해임시정부 원조 및 적극적인 독립투쟁을 목표로 또 하나의 〈애국부인회〉를 결성하였다. 두 단체의 취지와 목적이 비슷하니 통합하여 더 큰 구국활동을 펼치자는 제안이 들어왔다.

그리하여 1919년 11월 평양의 신양리 김경희 집에서 두 단체의 대표들이 모여 〈대한애국부인회〉를 통합 결성하였다.[6] 이 조직의 뿌리는 송죽비밀결사대 회원들이었다. 김경희는 3·1만세운동 이후 상해로 망명했다가 건강이 악화하여 귀국하였다. 항일독립운동을 효과적으로

---

6 최은희, 『추계 최은희 전집 3, 한국근대여성사』, 조광, 1991, p.137.

펼치기 위해 하나로 통합된 연합단체이지만 지부의 역할이 강조되었다. 서울의 대한민국애국부인회가 본부 중심이었다면, 평양의 대한애국부인회는 지부가 자율적으로 자금을 모금하여 상해임시정부에 직접 송금하였다. 연합본부의 지도자들이 일제의 경찰에 검거되더라도 지부 중심으로 운영되면 항일 민족독립 활동이 지속적으로 가능하다는 판단에서였다.

〈대한애국부인회〉는 장로교와 감리교를 중심으로 항일투쟁 의식이 투철한 기독교 엘리트 여성들이 모였다. 본부를 평양에 두고 평양남북도의 주요 도시지역에 지부를 두었다. 교회 중심으로 회원을 모집하고 회원끼리 횡적 연락을 금지함으로써 비밀이 보장되었고 본부와 지부 간의 연락도 문서가 아니라 구두로 진행되었다. 중앙연락사무소는 평양기독병원 지하실이었고, 이곳은 숭실전문학교 미국인 선교사 모리스 집이었다. 〈대한애국부인회〉 연합회와 지부 조직도는 다음과 같다.

총재 : 오신도 (61세)

회장 : 안정석 (38세)

부회장 : 한영신(34세)

재무 : 조익선 정월라, 부재무 : 김세지 김보원

교통부 : 최순덕 이성실, 적십자부 : 홍활란

서기 : 최명실, 부서기 : 주광명

평의원 : 김신희 강경심 박몽애

임시정부 연락원 담당 : 김정모 김순일 박세환

서울의 〈대한민국애국부인회〉 임원들보다 연령이 다소 높았으며 주로 교회 일을 보는 전도부인이 많았다. 여성들을 대상으로 찾아다니며 전도활동을 하면서 항일민족의식을 고취시켰다. 주로 도시 중심의 교회 여성들이 참여하였다.

위에서 나타난 이름들의 특징들을 살펴보면, 오늘날의 이름보다 더 젠더가 구분되지 않는다. 당시 여성이 이름을 갖는다는 것 자체가 상당한 위상을 의미했는데 이름은 주로 남성들이 사용했기 때문인지, 당시 여성의 이름도 남성적인 것으로 지은 것으로 보인다. 이후 식민지 근대 사회를 거치면서 공적 영역에서 불리는 이름이 남성의 이름과 구분되기 시작한 것으로 보인다. 또한 일본 여성의 이름 대부분에 '코'자를 붙였는데 이것이 식민지 여성들에게도 영향을 미친 것으로 보인다.

〈대한애국부인회〉는 취지문에서 "오늘의 시세에 남자들에게만 독립운동을 맡길 것이 아니며, 부인들이라고 수수방관한다는 것은 동포된 의무에 어긋날 뿐 아니라 전선에서 희생되는 남자들에게 부끄러운 일이므로 애국부인회를 조직하여 조선독립을 위해 노력"할 것을 촉구하고 있다. 민족의 구성원으로서 민족에 대한 여성의 의무와 책임을 강조한 것이다.

〈대한애국부인회〉는 독립자금 2천 417원을 상해임시정부에 송금하였다. 자금모금은 금가락지와 은가락지 등 패물 기부를 통해서 이루어졌다. 또 다른 방식은 생활용품 판매 수익금이다. 주요 물품은 털배자와 월자이다. 털배자는 추운 겨울에 널리 입고 다닌 털조끼와 비슷하다. 월자는 가체 혹은 다래라고 부르는데, 머리숱을 풍성하게 보이기 위해 덧넣었던 딴머리다. 월자는 평양 여성들의 머리 모양 장식품이었다.

〈대한애국부인회〉 연합본부 부회장 한영신은 당시 33세의 장로교 부인이었는데, 평안남북도를 두루 다니며 지부설립 계획을 알리고 여성들에게 전도하면서 독립자금을 모금하였다. 할머니로 분장하여 비밀리에 자금을 모금하였는데 여름 원두막에서 임시정부 연락원을 만나 독립자금을 건네기도 했다. 한영신은 여성이 교회에 참석하는 것이 곧 여성해방으로 가는 첫걸음이라 했다. 교회 참석은 일시적이지만 집안일에서 벗어나는 것으로, 여성자유의 시작은 교회 가는 것이며 교회가 민족의식을 깨우는 상징적 공간이라 했다.

〈대한애국부인회〉 평양지부 감리교 부회장이었던 박현숙은 3·1만세운동 참여로 옥살이하였고, 출옥하자마자 대한애국부인회를 이끌었다. 가까운 지인들과 제자들을 찾아다니며 항일운동에 여성의 독립자금참여를 독려하였다. 평양지부는 1920년 5월 이후 두 차례에 걸쳐 상해임시정부에 2천 원을 극비리에 전달하였다.

진남포 지부장은 감리교 최매지는 이화학당을 나와 일본 오사카 삿포로여학교를 졸업한 엘리트 여성이었다. 진남포 삼숭소학교 교사로 재직하면서 3·1만세운동에 참여하였다. 대한애국부인회 진남포 지부장으로서 생활용품 판매수익금으로 독립자금을 모았다.

이처럼 〈대한애국부인회〉는 임시정부 국내 자금줄이었다.[7] 그뿐만 아니라 여성 개인의 신앙심과 가족의 안녕을 기원하는 교회활동 영역에서 벗어나 민족의 구성원으로서 정체성을 갖는 데 기여하였다. 교회활동을 구국운동의 하나로 승화시켰다.

항일여성단체 운동세력이 대단위로 확대될수록 일제의 감시망 또한 강화되었다. 1920년 10월 15일 강서군 증산 지회장 송성겸이 임시정부 연락원 김순일에게 독립자금을 전달하려다 일본 형사에 체포되었다. 송성겸은 당시 40대의 열성적인 전도부인이며 회원모집과 함께 독립자금 모금에 앞장섰다. 그러나 혹독한 고문에 못 이겨 〈대한애국부인회〉 임원들 명단을 불었다.

1920년 11월 4일 평양의 대한애국부인회 지도자들이 대거 검거되고 평양검찰로 압송된 여성이 무려 180여 명이 되었다.[8]

4. 〈근우회〉, 여성들이여 단결하라

1927년 4월 16일 8시 〈근우회〉가 조직되었다. 미국, 중국, 일본 러시아, 필리핀 등 해외에서 유학 중이던 여성 60여 명이 견지동 조선일보 옥상에 모여 단체발족을 결의하였다. 4월 16일 〈근우회〉는 우리나

---

7   박용옥, 『한국여성항일운동사연구』, 지식산업사, 1997, pp.215~216.
8   최은희, 『추계 최은희 전집 3, 한국근대여성사』, 조광, 1991, p.145.

라 '여성의 날'로 기념하였다. 당시 세계 여성의 날 3월 8일을 기념하는 것은 일제의 방해로 거행되기 어려웠다. 항일투쟁 여성지도자들은 투옥과 고문 그리고 혹독한 감옥생활로 정신적 육체적으로 더욱 단련되었다. 무엇보다도 여성의식이 강화되었다. 이제 여성들은 민족해방과 여성해방이라는 두 마리의 토끼를 겨냥하였다.

1927년 4월 26일 오후 8시 종로 중앙유치원에서 〈근우회〉 발기총회가 개최되었는데, 〈근우회〉라는 명칭은 유각경의 제안으로 확정되었다. 〈근우회〉 설립 취지문에 '인류 역사상 처음으로 세계 자매들이 분연히 일어나 모든 불합리한 억압의 요소를 분쇄하고 있다. 이 역사적 세계적 혁명에 동참하자. 그동안 분산되어 온 여성운동을 하나로 통일하기 위해 단결하지 않으면 아니된다.'라고 밝혔다.

"일어나라! 오너라! 단결하자! 분투하자! 조선의 자매들아! 미래는 우리의 것이다."[9]

내용의 취지문이 전국으로 알려지자 엘리트 여성들과 일반 여성들이 종로 YMCA로 몰려들었다. 해방이라는 단어는 여성해방뿐만 아니라 민족해방도 의미하였다. 1927년 5월 27일 저녁 7시 종로 YMCA 강당에서 창립총회가 개최되었고, '여성들이여, 각성하라, 단결하라 그리고 저항하라'는 기치를 내걸었다.[10] 전국의 여성 150여 명이 가슴에

---

9 최은희, 『추계 최은희 전집 3, 한국근대여성사』, 조광, 1991, p.223.
10 박용옥 『한국여성항일운동사연구사』, 지식산업사, 1997, p.274.

녹색 휘장을 달고 입장하였고, 방청석에는 지역, 종교, 연령, 이념을 기리지 않고 전국의 다양한 계층의 여성 천여 명이 한자리에 모였다. 유각경의 사회로 창립총회가 시작되었다. 향후 〈근우회〉를 이끌어갈 집행위원 21명을 선출하였고 여섯 개의 조직이 구성되었다.

    서무부: 박경식, 조원숙, 차사백

    재무부: 김선, 최은희, 방신영, 우봉준

    선전조직부: 박신우, 유각경, 정칠성, 정종명

    교양부: 황신덕, 김동준, 김영순, 박원희

    조사부: 김활란, 홍애시덕, 이현경

    정치연구부: 유영준, 이덕요, 현덕신

인적구성을 먼저 살펴보면 첫째, YWCA에서 활동한 김활란(1899), 유각경(1892), 방신영(1890), 김선, 김영순, 홍애시덕(1892)은 여성문맹퇴치, 농촌여성계몽, 부업지도, 금주운동, 사회도덕개혁운동을 이끌었던 기독교 페미니스트였다. 둘째, 사회주의 계열의 페미니스트로 1924년 5월 10일 결성된 〈조선여성동우회〉 지도자들이 포함되었다. 이현경, 박신우, 박원희(1898), 조원숙, 정칠성(1897), 정종명(1896), 우봉운(1899), 황신덕(1898), 유영준(1892), 이덕요 등인데, 이들은 여성의식과 계급의식이 투철하였다. 근대여성의 시작은 패션과 단발이라고 인식하였고 신여성의 패션을 주도하기도 했다. 동우회 계열의 여성은 다양한 이력의 계층들이었다. 특히 정칠성은 근대적인 인물의 본보기였다. 봉건적인 가부장제도 속에서 기생 출신이 자력으로 일본 유학까지 다녀온 근대 신여성의 상징적인 인물이었다.

21명은 거의 〈근우회〉 발기 및 창립을 준비했던 인물들이며 정종명, 김영순을 제외하고 해외 유학을 다녀왔으며 전문직에 종사하고 있었다. 이들의 연령은 정확하게 알 수 없으나 대체로 1890년대 후반에 태어났으며, 1927년 〈근우회〉 발족 당시 젊고 혈기왕성한 20대 후반과 30대 초반의 근대교육의 혜택을 받은 엘리트 신여성들이었다. 대부분 서울에 거주하고 있었으며, 유영준, 이덕요, 현덕신이 의사였고, 최은희, 박경식, 황신덕은 기자였다. 교사 및 교수는 차사백, 방신영, 김선, 김활란, 김영순, 홍애시덕이다. 여성단체 활동가는 이현경, 유각경, 박신우, 박원희, 조원숙, 정칠성, 정종명, 우봉운이며 정종명은 간호사이다.

여성단체 활동가 비율이 가장 높은데 이들은 주로 사회주의 계열의 여성지도자들이었다. 기독교 계열은 해외 유학파가 많았는데 이들은 기독교 학교의 교수 및 교사 등 전문직에 종사하고 있었다.

〈근우회〉의 본부 사무실은 서울 공평동 13번지 기와 평가옥 1동을 빌려 사용하였고 회관을 짓고자 했으나 1931년 해체될 때까지 결국 본관 건물을 짓지 못하였다. 연락처는 광화문국 15번이었는데 견지동 장춘재의 집 15번을 빌린 것이다. 사무실에는 여성 인권과 권익증진을 위한 〈근우회〉라는 공식적인 간판을 내걸었다.

성차별을 폐지하라

〈근우회〉는 체계적이고 통일된 목표를 향해 근대적인 여성운동을 본격적으로 전개했다. 10대 강령을 발표했는데 〈근우회〉의 목표와 활동방향을 제시하고 있다.

1) 교육의 성차별 철폐 및 여자의 보통교육 확장

2) 여성에 대한 사회적 법률적 일체의 차별 철폐

3) 일체의 봉건적 인습과 미신 타파

4) 조혼 폐지 및 결혼의 자유

5) 인신매매 및 공창 폐지

6) 농촌 부인의 경제적 이익 옹호

7) 부인 노동의 임금차별 철폐 및 산전 산후의 임금지불

8) 부인 및 소녀공의 위험노동 및 야간작업 폐지

9) 언론·출판 결사의 자유

10) 노동자·농민 의료기관 및 탁아소 설립

이와 같이 〈근우회〉는 식민지, 봉건적, 가부장제 그리고 계급문제 혁명을 전면에 내세웠다. 토론회 및 강연회 개최 등을 통해 여성 대중을 끌어들였다. 회원 가입은 18세 이상의 조선 여성으로서, 기존 회원 2인 이상의 추천을 받아 집행위원회의 승인을 받아야 했다. 입회비는 1원이며, 회비는 매월 20전 이상이다.

1930년 말 지회 수는 61개였으며 회원 수는 3,749명에 달했다. 전국의 지회 중에서 경남지역의 회원 수가 623명으로 가장 많았다. 도쿄, 오사카, 만주, 필리핀 등 해외지회도 있었다. 전업주부가 가장 많았으며, 전문직, 학생, 도시노동자 그리고 농촌여성 순이었다. 지회는 주로 중소도시 및 항구도시를 중심으로 설립되었으며, 교통이 편리한 기차역에서 가까운 도시를 중심으로 설립되었다. 사회도덕개혁을 통해 일반 여성들의 〈근우회〉 조직화에 성공하였다. 〈근우회〉의 재정은 주로 회비로 충당되었지만 〈근우회〉 자체적으로 매듭단추를 만들어 판매하거나 〈근우회〉 광고지, 기관지 판매 수익으로 재정을 마련하였다. 1929년 5월 10일에는 중앙집행위원 정칠성이 〈근우회〉 월간 기관지 창간호를 발간하여 〈근우회〉의 설립 목적과 활동 내용을 홍보하였고, 이는 재정 마련에 도움이 되었다.

항일혁명에 동참하라

〈근우회〉의 항일민족주의 운동은 주로 조사부의 활동으로 추진되었다. 주요 방식은 여학생들을 항일민족운동 참여로 이끌었다. 1927년부터 1931년까지 항일민족주의 운동은 학생들의 동맹휴학, 노동자 파업, 소작농의 쟁의 형태로 전개되었다. 항일운동의 원인은 일제의 식민지 차별교육이었고, 도시의 노동자와 농촌의 소작농 역시 민족적 차별과 학대를 받았다. 학생들의 동맹휴학은 광주학생운동으로 확산되었고, 이러한 저항운동에 〈근우회〉 지도자들은 다양한 방식으로 지원하였다. 허정숙, 박차정 등 〈근우회〉 지도부가 학생들의 동맹휴학에 대한 철저한 조사를 통해 퇴학당한 학생들을 복학시키는 데 노력하였으며, 노동자와 소작농민의 저항운동도 지원하였다.

〈근우회〉는 항일정신이 투철한 지도자들이 많았기 때문에 민족적 문제가 발생했을 때 주저하지 않고 적극적으로 지원하였다. 먼저 숙명여고보의 동맹휴업은 일제식민지 여성교육에 대한 학생들의 저항이었다. 숙명여고보 교사 20여 명 중에 한국인 교사는 고작 5명에 불과했다. 기숙사 사감도 한국 풍습을 전혀 모르는 일본인이었다. 일본인 교사는 민족적 우월감으로 학생들에게 모멸감과 열등감을 주었다. 한복은 일본의 기모노 예절보다 정숙하지 못한 것이라고 폄하하였다. 이에 맞서 1927년 5월 27일 숙명여고보 학생들은 6개 항목을 요구하였다.

첫째, 일본인 사감을 면직시킬 것
둘째, 일본인 교무주임을 사퇴시킬 것
셋째, 학생에 대한 처우를 개선할 것
넷째, 재봉선생을 조선인으로 교체할 것
다섯째, 조선인 교원 채용을 증가할 것
여섯째, 교원의 대우를 개선할 것

6개 항목은 항일민족의식을 강조하는 것이었다. 6월 11일 〈근우회〉 집행위원 조사위원 현덕신, 황신덕, 김선, 심은숙은 숙명여고보 동맹휴학 진상조사를 실시하였고 식민지 총독부 교육차별정책을 고발하였다.

1929년 11월 3일 광주학생운동은 한국인에 대한 일본인의 멸시와 폭력에서 시작되었다. 〈근우회〉 지도자들은 광주학생들의 고문 자격으로서 적극적으로 개입하여 조사를 진행하였다. 광주학생운동 주모자 80여 명이 체포되었는데 이 중에 〈근우회〉 지도부인 정종명, 박경식, 허정숙, 유덕희, 박차정이 포함되었다. 특히 허정숙은 여학생시위운동의 조직적인 활동지시를 내린 것으로 징역 1년을 받고 서대문형무소에 수감되었다. 당시 허정숙은 임신 6개월이었고 출산 후 다시 구금되었다. 단순한 학생운동을 항일민족운동으로 확대시켰다는 혐의로 〈근우회〉 지도자들이 체포되어 징역을 살았다.

〈근우회〉는 한민족 역사상 최초로 뚜렷한 여성해방의식과 항일민족주의 의식을 담은 여성단체였다. 그러나 일제의 탄압으로 〈근우회〉 지도자들이 대거 체포 구금되었다. 허정숙, 정칠성, 박호진, 박차정은 광주학생운동 관련으로, 강정희는 공산주의 운동으로 체포되었다. 일제는 1929년부터 〈근우회〉를 해체시키기 위해 지회 활동을 우선적으로 탄압하기 시작했다. 전국의 지회는 감시와 탄압으로 크게 위축되었다.

일제는 〈근우회〉 중앙의 조직력과 지도력을 와해하기 위해 분열을 조장하였다. 종교적 차이와 이념적 차이를 내세워 분란을 조장하였다. 민족주의, 사회주의, 공산주의라는 이념 차이를 강조하여 여성연대를 와해시켰다. 기독교 계열의 유각경, 김활란, 최은희 등이 〈근우회〉에서 가장 먼저 탈퇴하여 독자적으로 문맹퇴치와 생활개선, 농촌계몽운동을 통해서 사회도덕개혁운동을 펼쳤다. 다른 한편 사회주의 계열의 여성지도자들은 〈근우회〉에 남아 계급의식과 여성주체의식, 그리고 경제적 독립을 더욱 강조하였다. 또한 민족의 독립을 위해 소련의 지원이 절대적으로 필요하다고 판단했기 때문에 소련 중심의 코민테른의 원칙을 수용했다. 당시 소련은 세계 각국 사회주의자들의 고향이었고, 사회주의 지도자로서 국제적 위상을 갖고 있었다. 일제는 기독교 계열의 여성과 사회주의 계열 여성들의 분열을 조장하기 위해 소련 중심의 코민테른 원칙을 이용하였다. 지도자들의 체포로 〈근우회〉 조직은 약화되었고 결국 해체되었다.

〈근우회〉는 여성의식과 민족의식을 강화하고 통일된 여성조직이었다. 〈근우회〉 활동은 반식민운동이며, 반봉건투쟁이며 가부장제 굴레로부터 벗어나는 운동이었다. 근대여성으로서 정치적 경제적 사회적 권리를 실현하고자 조직된 여성단체였다. 이처럼 뚜렷한 목적의식 아래 체계적인 조직을 가지고 통일적으로 추진되었다.[11] 〈근우회〉 활동으로 말미암아 여성들은 국가와 남성으로부터 수혜를 받는 집단이 아니라 여성 자신이 스스로 삶을 개척하고 역사의 발전에 적극 참여하는 주체적인 사회집단으로서 등장하였다. 식민지 가부장제로부터 벗어나

---

11 박용옥, 『한국여성항일운동사연구』, 지식산업사, 1997, p.286.

기 위해 적극적으로 여성해방 투쟁과 항일무장 투쟁에 참여하였다. 국내 여성들과의 연대뿐만 아니라 세계 여성들과의 연대를 통해 민족해방과 여성해방의 비법을 찾고자 1905년 이후에 태어난 젊은 20대 여성들, 박차정, 허정숙 등 수많은 여성들이 해외로 진출하였다.[12] 여성해방과 민족해방투쟁은 국내를 넘어 해외에서 새로운 방향을 모색하였다.

---

12 박미경, 『조선의용대 부녀복무단장, 박차정』, 호밀밭, 2019, p.47.

V.

식민지 감옥,
정치투쟁 학습장

정치범으로 수감되다

여성의 투옥과 감옥생활은 항일운동사에서 여성의 투쟁과 역할을 가장 잘 보여주는 역사적 사례이다. 3·1만세운동에서 엘리트 여성뿐만 아니라 일반민중 여성들도 온몸으로 저항하였다. 일제의 식민화 과정에서 초기에는 정신적 의식적 차원의 항일저항이 이루어졌으나 1919년 3·1만세운동부터 여성들은 거리에서, 장터에서 집단적인 가두시위에 참여하였다. 여성들의 적극적인 가두시위는 일제의 식민지 통치와 권위에 대한 도전이었다. 만세시위 참여자 체포와 구금은 식민지 총독부의 막강한 권력을 보여주기 위함이며 동시에 여성의 항일민족주의 정치세력화에 대한 일제의 두려움을 보여준 것이다. 그러나 일제의 의도와 달리 감옥에서 여성들은 순종적인 식민지인이 아니라 항일 투사로 변신하였다.

일제는 1908년부터 본격적인 식민통치를 위해 서울, 대구, 평양에 식민지 감옥을 설치하였다. 항일정치세력이 증가하자 일제는 전국의 주요 도시를 중심으로 16개의 감옥을 증설 운영했다. 항일세력이 계속 확산되자, 1937년경 일반형무소 25개와 소년형무소 3개소 등 모두 28개의 감옥이 증설 운영되었다.[1]

감옥은 정치 사상범으로 가득찼다. 죄목은 민족주의 운동과 독립

---

1 박경목, 「일제강점기 서대문형무소 여수감자 현황과 특징」, 『한국근현대사연구』, 2014년 봄호 제68집, pp.43~103. 참조

운동 관련이었다. 일제는 감옥에 갇힌 독립운동가들의 신상에 대해 비교적 자세한 기록을 남겼다. 서대문형무소 수형기록카드 181개는 여성 수감자들에 대한 기록이다. 수형기록카드는 가로 15cm 세로 10cm 정도의 크기에 앞면에는 사진이 부착되었고, 뒷면에는 이름, 본적, 출생지, 거주지, 수감날짜, 형량, 수감감옥 등의 항목이 기재되었다. 수감사진의 배경은 경찰서와 감옥 담벼락이었다. 체포될 당시 찍은 사진과 심한 고문을 당한 후 형무소에서 찍은 사진은 구분된다. 체포 당시 찍은 사진은 다소 밝은 당당한 모습을 보여준다. 얼굴이 퉁퉁 부어 나이가 들어 보이는 사진은 심한 고문과 구타를 당한 뒤 찍은 것으로 보인다.

감옥은 성별에 따라 구분하여 수감하였는데, 여성독립운동가들이 수감되었던 감옥은 서대문형무소, 평양형무소, 대구형무소였다. 서울, 평양, 대구에는 3심까지의 항소법원이 있었기 때문이다.

서대문형무소는 여성독립가들이 구타와 폭력으로 순국하거나 지옥의 삶을 견뎌낸 대표적인 식민지 감옥이었다. 서대문형무소는 전국의 형무소 가운데 가장 규모가 크고 간수도 많았으며 수감자도 가장 많았다.

여성들이 수감되었던 구역은 남성 수감구역과 별도로 분리되어 있었고 수용옥사는 총 2개 동이었다. 1919년 당시 2.65평 규모의 큰 감방 8개와 1.23평의 작은 감방 2개가 있었다. 따라서 1평당 3명이나 수용되는 높은 밀도로 가두었다. 식민지 말기로 가면서 수감자는 지속해서 증가하였다. 감옥의 열악함은 식민지 사회의 민족차별정책 문제로 제기되기도 했다. 2.65평의 크기에 평균 8명이 수감되었고 좁은 공간과 불결한 환경에서 생지옥을 견뎌내야 했다.

1919년 당시 수감자들의 연령대는 10대와 20대가 가장 많았다. 1900년대와 1910년대생이 전체 수감자의 81%를 차지하였다. 1900년대생은 주로 1919년 3·1만세운동 시위참여로 수감되었고, 3·1만세운동 1주년기념 만세운동 참여로 수감되었다. 1930년대에 광주학생운동을 지지하고자 서울 여학생만세운동이 일어났는데 이와 관련하여 대거 수감되었다. 1910년대와 1920년대생들은 1930~1940년대 근우회, 조선공산당운동, 노동운동 및 학생운동에 참여하였다. 직업은 주로 학생이었으나 간호사, 교사, 노동자, 직물상, 농업 등 다양한 직종의 여성들이 다양한 방식으로 저항하다 수감되었다.

1938년 국가총동원령이 제정된 후 1880년대생부터 1890년대생들이 많았는데, 이는 신사참배 거부와 총동원법 위반으로 연장자들이 많았다. 신사참배 거부와 불복종의 죄는 8개월에서 1년 이상이었다. 일제 말기가 될수록 강도 높은 형량이 구형되었다.

여성수감자 대부분의 죄목은 사상범 또는 정치범이었다. 1920년대는 치안유지법 위반이 99명이었고, 보안법 위반 48명, 출판법 위반이 1명이었다. 국가총동원법 위반이 17명이었다. 1920년대와 1930년대는 치안유지법 위반 및 보안법 위반 등으로 학생들이 많았고, 형량은 6개월에서 1년이었다. 주모자는 2년형이 구형되었다.

1919년부터 4월부터 1944년 8월까지 최소 6만 5천여 명이 수감되

없는데, 거주지역과 출신지역은 서울 경기가 가장 많았다. 죄수번호는 남녀 구분이 없었다. 1920년대 1만여 명이었고, 1930년대는 3만여 명이 수감되었다. 1940년에서 1945년까지 2만여 명이 수감되었다. 이는 해가 거듭될수록 독립운동가에 대한 감시와 탄압이 심해졌다는 것이며 동시에 식민지 통치권력이 불안하다는 것이다.

 1920년 4월에는 배화여학교 학생들이 가장 많았고, 1927년에는 근우회 사건으로, 1930년은 동덕여고보, 숙명여고보, 이화여고보 등 서울시내 여학생만세운동으로 수감자가 많았다. 1930년대는 노동운동과 조선공산당, 북풍회, 근우회 관련 수감인원이 많았다. 1940년대는 신사참배 거부 국가총동원법 위반죄로 수감되었다. 오늘날까지 남아있는 181개의 서대문형무소 수형기록에 따르면, 가장 먼저 수감된 여성들은 1919년 4월 1일에 3·1만세운동 참여로 어윤희, 김순호, 이신도, 노순경, 임명애 등이 수감되었다. 그리고 가장 마지막 수감번호는 백선옥인데, 1944년 8월 17일 총동원령을 위반해 수감되었다. 1920년 어윤희에서 1944년 백선옥에 이르기까지 1만 6천여 명이 서대문형무소에서 민족독립운동죄로 징역을 살았다.[2]

 일제가 가장 두려워했던 것은 말과 의식 차원의 항일운동보다 온몸으로 시위에 참여하는, 행동하는 항일여성들이었다. 여성의 고유 영역

---

2 박경목, 「일제강점기 서대문형무소 여수감자 현황과 특징」, 『한국근현대사연구』, 2014년 봄호 제68집, p.70.

은 가정이었는데, 이들이 자신의 영역에 머물지 않고 공적 영역인 거리로 아져 나와 집단적으로 항일만세운동에 동참한 것이다. 항일만세운동 참여는 여성의 정치경력의 시작이었다. 체포와 구금의 탄압 속에서 더욱 단단해졌다. 일제는 체포와 구속이 행동하는 항일정치투쟁 확산 방지를 위해 가장 효율적인 통치수단이라고 믿었다. 그러나 여성들은 항일투쟁가로 변신하였다.

일제는 평화적인 가두시위 운동을 탄압하기 위해 7개의 법령을 만들어 대대적인 체포에 착수했다. 3·1만세운동의 평화적인 시위에 놀란 일제의 식민지 총독부는 더욱 촘촘한 법조항을 만들어 철저하게 민족주의 운동을 금지하였다. 시위를 주도하거나, 모임에서 많은 사람을 만나거나, 단체를 조직하거나, 전단을 만들어 배포하거나, 국산품애용운동을 하거나, 금서를 소지 유포하거나, 태극기를 만들어 소지하거나, 파업을 선동할 경우 모두 금고형을 내렸다.

따라서 모든 형태의 민족주의 활동은 법조항 위반행위에 해당되었다. 식민지 법질서 위반 혐의는 언제든지 누구를 막론하고 즉각적인 체포와 구금이 가능하였다. 구금 기간은 3일에서 길게는 몇 년이었으며, 인생에서 청춘의 중요한 시기를 척박한 감옥에서 보내거나 혹독한 성고문으로 일생을 트라우마에 시달려야 했다. 단순 참가자들은 체포 구금되어 구타와 폭력을 당하며 3일 정도 구류를 살다가 석방되었다.

시위를 주도하거나 선동하였다고 판단되는 여성들은 금고형을 받았으나 사형을 당하지는 않았다. 사형을 선고할 법 규정을 찾지 못했기 때문이다. 체포된 여성들은 '우리는 조선의 독립을 위해서 시위에 참여하였을 뿐, 일본에 대항하여 싸운 것이 아니다'라고 외쳤다. 당시 조선의 법률에 따르면 사형을 시킬 수 없었다. 살인을 저질렀을 경우에만 사형을 시킬 수 있었다. 그래서 일제는 평화적인 가두시위 참여자들에 대해 무차별 학살을 자행했는데 약 7천여 명이 가두시위 현장에서 살해되었다.

1. 서대문 형무소, 정치투쟁 훈련소

대대적인 학살과 체포가 민족주의 활동 중단을 가져올 것이라는 총독부의 기대와는 달리 항일민족주의 운동의지는 더욱 확고해졌다. 여성에 대한 일본 경찰의 구타와 폭력은 식민지 민중들의 공분을 사기에 충분하였다. 서대문형무소는 민족의 수난과 여성 수난의 상징적 장소에서 나아가 항일민족 정치투쟁의 훈련장이 되었고, 여성의식이 싹트는 온상지가 되었다.

서대문형무소는 3·1만세운동 시위를 주도했다는 혐의로 항일독립운동가들의 집합소가 되었다. 서울의 김마리아, 황에스터 등이 수감됐고, 저 멀리 함경도 명천 화대장터 만세시위를 주도했다는 이유로 체포된 동풍신은 함흥형무소에서 서대문형무소로 이송됐다. 유관순은 공주형무소에서 이송됐는데 고향의 아우내 장터에서 만세시위 주도 혐의로 1심에서 중형을 받았다. 2심을 받기 위해 서울 서대문형무소로 이송되어 왔다. 혹독한 고문과 무참한 구타로 1920년 9월 28일 서대문형무소 여옥사에서 순국하였다.[3] 그러나 수행기록에는 1921년 1월 2일 출소한 것으로 기재되어 있다. 다행히 잘 알려진 인물이기에 감옥에서 타살된 것이 확인되었지만 잘 알려지지 않은 인물이라면 1921년 1월 2일 출소한 것으로 알려졌을 것이다.[4]

충청도에 유관순이 있었다면, 함경도 명천에는 동풍신이 있었다. 동풍신은 16세의 나이에 화대에서 만세를 부르다 죽은 아버지를 이어 만세운동에 참여했다.[5] 일제는 소녀들을 사형을 시키고 싶었으나, '일본과 싸우는 것이 아니라 우리는 단지 조선의 독립을 향한 만세를 외쳤을 뿐'이라는 항변에 사형을 시킬 수 없었다. 단지 혹독한 고문으로 어린 10대 소녀들의 삶을 송두리째 난도질하거나 생명을 빼앗았다.

서대문형무소의 8호 감방에 20여 명이 한꺼번에 수감되었다. 전도부인 어윤희, 호수돈여학교 사감 신관빈, 여전도사이며 시각장애인이었던 심명철, 개성만세운동 주모자 권애라, 수원기생 김향화, 만삭의 몸으로 투옥되어 이곳에서 출산한 구세군 임명애 그리고 유관순이었다.[6]

이같이 임산부에서 과부, 시각장애인에 이르기까지 다양한 지역,

---

3 송혜영, 『조화벽과 유관순』, 달아실, 2019, p.146.
4 박경목, 「일제강점기 서대문형무소 여수감자 현황자 특징」『한국근현대사 연구』, 2014. 봄. 68, p.52.
5 최은희, 『한국근대여성사 : 1905~1945 조국을 찾기까지』, 조광, 2003, pp.297~299.
6 송혜영, 『조희백과 유관순』, 달마실, 2019, pp.145~146.

다양한 연령의 여성들이 좁은 공간에 함께 수감되었다. 이들은 혼자가 아님을 안도하면서 서로를 위로했고 고통을 공유하였다. 이들의 공통점은 바로 민족의 독립을 열망하였으나, 감방에서 혹독한 감시와 처벌로 온몸이 고통으로 지쳐있었다는 것이다. 이들은 신체적인 고통과 더불어 정신적으로 수치심과 모멸감에 시달려야 했다.

성고문과 자궁테러를 견디며

20세기 초 인도와 베트남을 비롯한 식민지 여성들이 민족주의 활동으로 체포 구금되었다. 감옥에서 여성들은 공통적으로 정신적 조롱뿐만 아니라 육체적 폭력, 특히 성고문에 시달렸다. 제국주의 심문관들은 '가정에서 얌전하게 살림하며 남편에게 복종하고 자식을 키워야지, 어디 감히 바깥세상으로 나와 민족을 운운하거나 독립을 외쳐!'라며 옷을 벗겨 알몸으로 조리돌림 시켰다. 서대문형무소에서도 알몸으로 기어 다니게 하거나 성적 모멸감과 인격살인을 가했다.

개성만세운동을 주도했다는 이유로 투옥된 어윤희는 어느 날 취조관이 옷을 강제로 벗기려 하자, "내 몸에 손대지 마라, 내 몸이 그렇게 보고 싶다면 내가 직접 벗겠다. 자 실컷 봐라, 당신네 어머니, 여동생, 당신 아내의 몸도 나와 똑같으니라." 어윤희의 너무나 당당한 대응에 놀란 것은 취조관이었다. 취조관은 '옷을 빨리 입으라'며 돌려주었다.[7] 옷

---

7   송혜영, 『조화벽과 유관순』, 달아실, 2019, pp.144~148.

을 벗겨 수치심과 모멸감을 주려 했으나 실패한 것이다.

민족의 수난이 곧 여성 자궁의 수난으로 이어졌다. 독립운동가 어머니는 자식을 낳아 항일민족정신이 투철한 항일독립군으로 키울 것이라는 사실을 잘 알고 있었다. 최초의 교사인 어머니가 독립운동가라면 자식은 반드시 항일민족 투쟁가가 될 것이다. 미래 항일독립군 탄생을 미리 막기 위해 일제가 고안한 최고의 식민통치 전략은 바로 여성독립운동가들의 자궁을 파괴하는 것이었다. 여성의 자궁과 몸은 민족의 미래이며 정신이었다. 따라서 일제의 자궁 테러는 한민족의 미래를 말살하는 것이었다. 성고문과 자궁 테러 후유증으로 이후 김마리아를 비롯한 수많은 여성들이 임신과 출산을 못 하게 되었다. 여성독립운동가 다음 세대라 할 수 있는 1910년생인 박차정 역시 근우회 사건으로 서대문형무소에서 성고문을 받았고 심한 후유증으로 임신을 못 하였다.[8] 육체가 산산조각이 나고 고통이 심할수록 민족독립의지는 더욱 강화되었다.

혹독한 고문에도 불구하고 불굴의 항일정신은 더욱 확고해졌고 단련되었다. 육체적 고통과 절망 속에서도 민족독립을 향한 희망의 싹을 키워낸 인간 정신의 숭고함은 우리 민족투쟁사의 큰 줄기를 이루었다. 감옥에서 지낸 여성들만의 공간과 공동생활은 여성의식을 일깨웠고, 여성으로서 공감대를 형성하는 연대의 장으로 만들었다. 임신한 여성

---

8 박미경, 『조선의용대 부녀복무단장, 박차정』, 호밀밭, 2019, p.40.

은 동료의 도움으로 출산의 고통을 극복하고 어린 자식을 감옥에서 키울 수 있었다. 혹독한 성고문과 절망적인 수감생활에도 불구하고 출산을 하고 아이를 키우는 것은 여성의 생존이며, 민족의 생존이었다. 감옥에서의 살아남기 위한 생존은 여성 개인의 지속적인 삶을 지탱하는 것일 뿐만 아니라 민족의 미래를 의미했다.

2. 대구 여감옥, 통치권력과 저항권력의 기대결

서대문형무소에서의 혹독한 고문과 감옥생활을 통해 여성들은 민족독립과 여성의식이 더욱 강화되었다. 육체의 고통을 이겨낸 수감생활 경험은 항일정치투쟁의 전략적 변화뿐만 아니라 여성의 삶 전체에 큰 변화를 가져다주었다. 고난 속에서 수치심을 극복하는 인간 정신의 위대함도 깨달았다. 여성들은 이제 항일독립운동의 정치적 지도자로 거듭 태어났다. 옥살이 경험은 민족운동단체를 조직하는 능력과 고통을 극복하는 자신감을 주었다. 감옥생활은 정치의식과 여성의식을 공유한 지도자로서 성숙해가는 학습장이었다. 식민지 감옥은 곧 여성지도자를 양성하는 정치학습장이었다.

3·1만세운동 주모자로 옥고를 치른 여성들은 출옥하자마자, 항일정치투쟁을 새롭게 정비해나갔다. 김마리아를 비롯한 여성들은 〈대한민국애국부인회〉를 조직하여 더욱 효율적이고 체계적인 민족독립운동을 이끌었다. 오현주의 배신과 강낙원의 계획된 밀고로 1919년 11월

28일 항일민족주의운동 여성단체인 〈대한민국애국부인회〉가 무너졌다. 체포 구금된 여성지도자들은 대구감옥으로 이송되었다. 얼마나 치밀하게 계획을 꾸몄던지 전국각지에서 한날한시에 〈대한민국애국부인회〉 본부와 지부를 덮쳤다. 〈대한민국애국부인회〉 간부와 회원뿐만 아니라 회비 납부 및 기부한 여성들 모두가 체포되었다. 평소에 점잖은 부인으로 널리 알려졌던 서울과 지역유지 여성들이 모두 대구경찰서로 끌려왔다.

〈대한민국애국부인회〉 회장 김마리아는 오전 수업 중에 교장실에서 부른다는 전달을 받고 갔으나 교장실에는 이미 고등계 형사가 기다리고 있었다. 재무부장 장선희 역시 호출을 받았으나 수업 중이니 끝나고 가겠다 둘러대고 휴식시간에 황해도 재령에 있는 오빠에게 엽서 한 장을 보냈다. 두꺼운 옷으로 갈아입고 예금통장과 소지품 그리고 성경책을 들고 나왔다. 정신여학교 교사 김영순, 신의경도 불려 나왔다. 이 날 정신여학교에서 4명의 교사가 체포되어 종로경찰서로 끌려갔다.

황에스터는 정신여학교 김마리아 숙소를 찾아갔으나 교문 앞에서 김마리아 회장이 일본경찰에 끌려갔다는 소식을 듣고 집으로 되돌아왔다. 종로 장사동에 있는 집 앞에 이미 형사들이 기다리고 있었다. 종로경찰서에서 본정서(중부경찰서)로 옮겨 갔는데, 그곳에는 김마리아와 장선희, 이정숙, 오현주, 오현관 그리고 〈대조선독립애국부인회〉 간부였던 김희열, 김희옥, 박인덕, 이성환, 승경애 등 모두 18명의 여성이 끌

려와 있었다.[9]

　어둑어둑 해질 무렵 이들은 허리와 손에 포승줄이 묶여 줄줄이 남대문역으로 끌려갔다. 거리는 한산했지만 무장경찰과 기마순사들이 앞뒤양옆으로 따르면서 18명의 여성을 압송하였다. 살벌한 광경을 목격한 행인들은 독립운동하다가 체포된 지식인 여성들이라는 사실을 금방 알아채고 동정의 눈길을 보내면서 말없이 따라오기도 했다. 포승줄에 묶인 채로 기차에 올랐고 의자에 앉았다. 형사들이 나누어주는 도시락은 모두 차창 밖으로 던져버렸다. 일제가 제공하는 음식을 거부해 체포에 항의한 것이다. 음식 거부는 일제의 식민통치 권력에 대한 여성들이 손쉽게 취할 수 있는 저항이었다.

　원산 마르다윌슨신학교에서 이혜경, 부산에서 백신영, 대구에서 유인경, 이희경 등 전국의 항일독립운동 여성지도자 52명이 대구경찰서로 끌려왔다. 대한민국애국부인회 회장 김마리아와 장선희는 사건의 핵심인물로 분류되었고 특별심문을 받았다. 나머지는 대구 격검장에 수용되었다. 밀담을 막기 위해 넓은 마룻바닥에 한 명씩 거리를 두고 떨어져 앉혔고, 군데군데 경찰들이 지키고 있었다. 한 명씩 심문하였다. 당시 젖먹이를 데리고 왔던 오현주와 오현관 자매는 한번 불려 나간 이후 다시 돌아오지 않았다. 뭔가 이상한 낌새를 눈치챈 장선희는 서울 중부경찰서에서 "무슨 말이든 물으면, 모른다고 딱 잡아떼는 것이 상

---

[9] 최은희, 『추계 최은희 전집 3, 한국근대여성사 (하)』, 조광, 2003(초판 2쇄), pp.32~35.

책이야"하자 오현주가 "다 알고 있는데 잡아떼면 뭘해"라는 말이 자꾸 생각났다. 나중에 알게 되었지만, 이들 자매는 취조를 받지 않고 자수 조서를 작성하고 석방되었다. 대구경찰서 박준범 형사 집에서 융숭한 대접을 받아가며 법정 증인으로 출두하는 것으로 이들에 대한 처벌은 마무리되었다.

취조실에는 정신여학교 천미례 방 천장에 숨겨두었던 〈대한민국애국부인회〉 취지서, 본부 규칙, 지부 규칙 등의 서류를 비롯한 인장과 등사기도 심문관 책상 위에 놓여있었다. 오현주의 집 장독대 밑에 묻었던 〈대한민국애국부인회〉 지부조직 및 각종 인장, 상해임시정부에서 보내온 각종 신문과 서류들이 증거품으로 제시되었다. 증거물 제시와 오현주와 대질 신문에 더이상 버티지 못하고 검찰로 송치되었다.

장선희는 재정 관계를 비롯해 일선에서 활약이 컸기 때문인지 마지막 단계에서 본격적인 취조를 받았다. "나는 매가 무서워서 다른 사람의 일을 억울하게 날조할 수 없소"라고 대답하면 얼굴에 주먹이 날아들었고, 몽둥이가 온몸을 내리쳤다. 흰눈이 펑펑 내리는 추운 날씨 속에서 며칠 동안 혹독한 고문에 시달렸다.

대구검찰로 잡혀 온 52명 중 9명이 대구형무소에 수감되었다.

이정숙(22세), 세브란스 병원 간호사
장선희(24세), 정신여학교 교사
김영순(25세), 교사

유인경(25세), 무직

김마리아(26세), 교사

황에스터(26세), 학생

이혜경(28세), 교사

신의경(23세), 교사

백신영(31세), 전도사

거짓말인가 정치적 저항인가

 1919년 11월 〈대한민국애국부인회〉 회장 김마리아가 항일운동으로 체포되었다는 소식이 널리 알려졌다. 일제의 가와무라 검사는 자신이 김마리아를 직접 심문하겠다며 대구지검으로 특별 자원을 요청했다. 김마리아가 1919년 3월 만세운동 관련으로 체포되었을 때 4개월간 서대문형무소 징역을 구형한 바로 그 검사였다. 가와무라는 김마리아 같은 여성이 더 이상 조선에 나오지 못하도록 싹을 잘라야 한다고 떠들어댔다. 김마리아의 항일민족 의식과 정신력을 이번 기회에 자신이 직접 길들이겠다고 했다. 특히 고등교육을 받은 여성은 인격과 재능이 비범한 인재들이기 때문에 수많은 여성에게 항일의식과 민족정신을 심어줄 수 있다. 이들의 당당한 태도와 대담한 기백을 완전히 꺾어야 하며, 이번 기회에 이들의 국권회복 의지 또한 박멸시켜야 한다고 했다.

 다음날부터 가와무라는 한 명씩 불러 취조하였다. 오만하고 건방지다며 이유 없이 얼굴과 머리를 때렸다. 이름, 주소, 연령, 직업을 계속 묻고 또 물었다. 이어서 "왜? 왜? 〈대한민국애국부인회〉를 설립했느냐, 왜 돈을 거두었는가? 왜 결사대를 조직했느냐?"고 질문했다. 그러나 여성들은 〈대한애국부인회〉 설립 목적은 여성교육이었으며 항일운동은 모른다고 딱 잡아뗐다. 자금을 왜 모금했느냐는 질문에 "학생모집을 위해 돈이 필요했다"고 대답하자 "진실이라고는 조금도 없어, 조선년들에게는 친절이라는 게 통하지 않는단 말야!"라고 소리치며 얼굴을 때리고 머리카락을 잡아당겼다. 형언할 수 없는 고문에도 불구하고 모두가 〈대한민국애국부인회〉 설립 목적은 항일독립운동이 아니라 여성교육과 계몽운동이라고 한결같이 진술했다. 가와무라 검사는 모두 거짓말이며, 조선인들은 거짓말쟁이라 낙인찍었다. 여성교육이 목적이며 항일은 목적이 아니라는 정치적 저항행위였다.

〈대한민국애국부인회〉 여성들에게 궁극적인 영향을 미친 것은 기독교였다. 기독교 십계명에 따르면 항일독립군이 아니라 여성계몽운동가라는 주장은 절반의 거짓말에 해당되었다. 십계명은 사적인 이익을 위해 "거짓말하지 말라"고 했다. 그러나 이들의 거짓말은 야만적인 제국주의의 불법적인 탄압으로부터 동료를 보호하려는 정치적 행위이며 저항이었다. 일본 제국주의의 우월한 권력으로 진행된 심문과정에서 개인의 참된 언어와 행위는 금고 혹은 사형이라는 비극적인 결과를 초래했기에, 이는 동료들의 목숨이 달린 문제였다. 진실과 근면은 기독교 윤리이며, 이들에게 민족의 독립은 진리였다. 어떠한 고난과 절망 속에서도 불굴의 의지로 항일독립운동을 실천하는 것이 바로 기독교인의 삶이라 인식하였다. 독립을 향한 투지와 신념은 이들에게 기독교의 의무였다. 따라서 거짓말이 기독교의 가르침에 반하는 것이지만, 일제의 불법적인 거대 권력에 맞선 생존전략이며, 정치적 저항이었다.

잔혹한 고문으로 일제는 식민통치의 권력을 보여주고자 했다. 그러나 〈대한민국애국부인회〉라는 단체명에서 항일운동의 목적을 뚜렷이 명시하고 있음에도 불구하고 〈대한민국애국부인회〉 모든 여성이 마치 한 사람이 말하는 것처럼 '항일이 아니라 여성교육운동'이라고 한결같이 주장하였다. 듣고 있던 고문관과 검찰은 분노 섞인 좌절과 함께 무기력함으로 혼란스러웠을 것으로 추정된다.

3·1만세운동 당시 일제의 고문기술은 이미 세계여론의 대상이 될 만큼 널리 알려졌었다. 고문실에는 매뉴얼이 비치되어 있었고 두 무릎 다리 사이에 강철막대기를 끼워 꿇어 앉히고 수갑을 채운 두 팔 사이에 쪼갠 대나무를 끼워 빨래 짜듯이 비틀었고 코에 물을 먹였다. 취조실은 형장이었다. 매뉴얼에 따라 성고문과 자궁 테러를 가했다. 옷을 다 벗기고 손발을 묶었다. 타오르는 화로가 옆에 놓여있었고, 인두와 쇠꼬챙이가 벌겋게 달아올라 있었다. 화롯불에 달궈진 쇠꼬챙이로 여성 자궁에 테러를 가했다. 여성들은 심문에 순응하기보다 혼절로 대응하였다.

김마리아(1892~1944)가 연대를 묻는 말에 일본천황의 연도를 말하지 않고 서력 1920년이라고 대답하자 심문관은 '지독한 년'이라며 뺨과 머리를 사정없이 때렸다. 차마 입으로 옮기기 어려운 참혹한 고문으로 김마리아는 귀 뒤 뼈에서 고름이 생기는 상악축농증에 걸렸다. 여러 차례 수술을 받았으나 완쾌하지 못하고 일생을 고통 속에서 살았다. 순종적인 식민지 여성으로 길들이려 했으나 김마리아의 정신은 오히려 강인한 저항정신으로 더욱 무장되어갔다. 식민지 감옥에서 항일 독립투쟁 정신은 더욱 단련되었다. 7개월 가량 이어진 심문과 고문 끝에 공판이 열렸다.

1920년 6월 29일 공판장에 〈대한애국부인회〉 여성지도자들이 출석하였다. 가와무라 검사는 판결문을 읽었다. 김마리아와 황에스터는 징역 3년, 이정숙, 장선희, 김영순은 징역 2년, 유인경, 이혜경, 신의경, 백신영은 1년 징역을 받았다. 공판장에 들어선 독립운동계 여성지도자들의 모습은 일제의 혹독한 고문 기술에 육체적으로 심한 고통을 겪고 있었으나 더욱 무장된 항일정신이 엿보였다. 김마리아는 스스로 걸을 수 없어, 간수의 부축을 받아 나왔다. 마치 영혼이 빠져나간 해골의 모습이었다. 공판장에 나왔을 때 뼈만 앙상하게 남았고, 얼굴은 퉁퉁 부어 누구인지 알아볼 수 없었다. 김마리아의 모습은 일제가 얼마나 잔학한 고문을 가했는지를 보여주는 실증적인 예가 되었다. 김마리아의 이러한 모습은 잔악한 고문 행위에 대한 저항의 상징이 되었다. 슬픔과 분노의

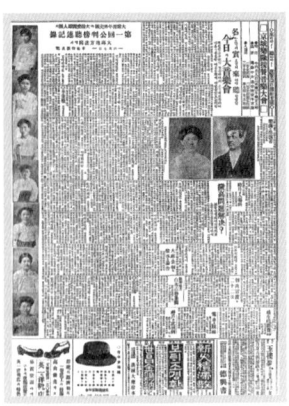

대한민국애국부인회
공판 관련 신문기사(동아일보)

차원을 넘어 항일저항 정신을 일깨웠고, 고통과 좌절은 항일정신을 더욱 단련시켰다.

방청객들은 김마리아와 같은 엘리트 여성이 항일민족주의 운동을 했을 때는 그만한 이유가 있을 것이고, 어쩌면 항일운동이 한민족이 추구해야 할 보편적인 기독교 진리라고 받아들이게 되었다. '아무래도 감옥에서 살아나오지 못할 것 같다'는 염려와 우려는 김마리아 구출 작전으로 이어졌다.

탈출에 성공하다

1921년 7월 10일 병보석으로 성북동 보문암에서 요양 중이던 김마리아가 흔적도 없이 사라져버렸다. 일제검찰과 가와무라 검사는 김마리아의 행방을 비밀리에 파악하려 했으나 흔적도 없이 사라진 그녀를 찾을 수가 없었다. 김마리아의 망명사건은 식민지 총독부의 위신을 추락시켰다. 그녀의 탈출 성공은 일제 사법부의 권력에 흠집을 내기에 충분하였다. 자존심과 권위가 무너졌지만 식민지 통치권력을 유지하기 위해 일제는 김마리아의 행방불명에 대해 침묵해야 했다. 일제의 침묵을 조롱이나 하듯이 김마리아의 탈출소식은 빛의 속도로 세계적으로 알려졌다.

1921년 8월 5일자 신문에 '나 김마리아 상해에 잘 도착했노라'며 김마리아의 중국 망명이 알려졌다. 병보석 중이던 김마리아는 일제의 감시망을 뚫고 중국 여성으로 변장해 인천에서 소금배를 타고 중국 웨이

하이를 거쳐 상해에 도착하였다. 김마리아의 상해 망명 성공은 의미심장한 정치적 메시지를 담고 있었다. 첫째, 탈출 성공은 수많은 항일애국지사들이 일제의 살벌한 식민통치에도 불구하고 곳곳에서 독립운동을 펼치고 있다는 것이다. 또한 김마리아의 탈출을 지원하고 협력하였던 국내 항일애국지사들에게 무사히 중국에 도착했다는 감사의 메시지를 보낸 것이며, 일제 식민통치에 대한 노골적인 조롱이었다.

식민지 젊은 여성이 해외로의 탈출에 성공한 것은 항일운동가들의 국내외 탄탄한 연대를 보여준 것이다. 외국인 선교사의 도움이 결정적이었다. 미국인 선교사 매큔(George Shannon McCune, 1878~1941)은 김마리아의 망명비용으로 4천 원을 지원하였다. 오늘날 화폐가치로 환산하면 4억 원에 해당하는 거액이었다. 당시 관리들의 월급이 30원 정도이고, 일용노동자의 하루 품삯이 1원일 때였다. 매큔 선교사는 엄청난 거액을 들여 김마리아의 탈출을 도운 것이다. 김마리아가 성북동을 벗어나게 하기 위해 인력거를 준비하고 인천까지의 길을 안내해준 이는 바로 윤응념의 부인이었다. 윤응념 부부는 임시정부 소속 요원으로서 상해와 국내를 넘나들며 애국지사 망명임무를 맡고 있었다. 김마리아가 탔던 소금배에는 상해거류민 단장인 도인권의 부인과 두 아들, 그리고 흥사단 원동위원 김붕준의 아내와 아들 하나, 두 딸이 함께 타고 있었다. 일행이 산둥반도 웨이하이 항구에 도착한 때가 7월 21일이었다. 서해 넓은 바다에서 풍랑과 뱃멀미에 시달린 지 17일 만이었다. 훗날 김효숙(1915~2003)의 회고에 따르면, 배를 타고 탈출하면서 김마리아를 이모라고 불렀다. 김마리아는 일제의 고문으로 가끔 팔을 허공에 내둘러 허우적거리고 실성한 사람처럼 울다가 웃다가 했다. 소금배로 중국 웨이하이에 도착하자 김마리아의 큰 고모부 서병호가 기다리고 있었고, 상해로 갔다.

안전하게 상해에 도착하자 김마리아는 탈출 성공을 뉴스에 실었다. 서울의 모든 신문은 김마리아 망명 소식을 알렸다. 국내의 친지와 동료들은 그의 망명을 마음속으로 기뻐했다. 김마리아는 병원에 입원하여 치료를 받았고, 건강이 다소 회복되어 1921년 11월 25일 임시정부와 상해 거주민들의 열렬한 환영식에 참석했다. 김마리아의 탈출 성공은 식민지 해방투쟁의 희망이었다. 또한 식민지 총독부 권위에 대한 식민지인의 도전이며 승리를 의미했다.

김마리아는 건강이 회복되자 더욱 넓은 세상으로 나아가 민족의 독립에 기여할 수 있는 비법을 찾고자 1923년 미국으로 향했다. 1924년 미네소타주 파크빌 시에 있는 파칼리지 사회학과에 입학하여 2년간 수업을 마친 후 시카고대학 사회학과에 전학하여 1년간 연구과정을 거쳐 석사학위를 획득하였다. 뉴욕에서 항일 정치투쟁을 전개하고자 〈애국부인회〉를 조직하였다. 미국에서의 투쟁은 독립자금 모금에 앞장섰다.

어느 날 김마리아는 가와무라 검사가 미국에 있다는 소식을 듣게 되었다. 김마리아는 가와무라 검사가 머무는 호텔로 찾아가 방문을 노크했다. 문이 열리자 "나 김마리아요. 지금도 체포하고 싶소? 그런데 어떡하나, 공소시효가 지나 이제 귀국해도 나를 체포할 수 없소"라고 말했다. 당혹감을 감추지 못한 가와무라는 "그래요. 체포할 수 없죠. 당신은 귀국해도 되오"라고 대답했다.

자신에게 그토록 고문과 구타로 굴욕감을 주었던 가와무라와 당당하게 대면할 수 있었던 용기는 김마리아의 정의감과 자존감이 살아있었기 때문이다. 하나님 앞에서는 남녀가 따로 없으며, 인종과 민족 그리고 계급의 차이도 없다. 누구나 평등하다는 기독교 정신은 민족독립운동가들에게 항일독립운동의 의지를 심어주었다. 김마리아 역시 항일독립투쟁의식의 시작이었다. 일제의 고문과 구타에도 불구하고 인간성이 살아있을 수 있었던 것은 바로 자유로운 인간 정신과 평등의식이었다. 육체적 고문과 정신적 학대를 이겨낸 김마리아는 이 만남에서 가와무라에게 다시 한 번 더 어떠한 탄압에도 굴복하지 않고 독립운동은 계속될 것이라는 인간 정신의 숭고함을 보여주었다.

여성연대, 희망의 등불이 되다

〈대한민국애국부인회〉 회장 김마리아의 상해 탈출 성공은 수감되어 있던 동료들에게 기쁨이자 희망의 등불이었다. 회장이 외국으로의 탈출에 성공하자 백신영은 서대문 감옥에서 홀로 갇혀 있었다. 장선희를 비롯한 일곱은 대구 여감옥에서 복역생활을 견뎌냈다. 대구 여감옥에는 일곱 개의 기결수의 방이 있었는데 각 감방문에는 절도법, 간통법, 사기범, 횡령범, 방화범 등 방명패가 붙어있었다.

여성 범죄 중에는 우발적인 살인이 많았다. 그러나 가장 높은 비율은 절도와 방화인데 굶주린 어린 자식들에게 먹을 것을 주기 위해 음식을 훔치는 절도범이 가장 많았다. 방화범이 많은 것은 남편의 치정 관계에 얽혀 질투와 분노로 홧김에 불을 질렀기 때문이다.

〈대한민국애국부인회〉 간부 대부분은 기독교도들이었고 상류 계층의 교육받은 엘리트 여성들이었지만, 나머지 수감자들은 종교, 연령, 계층들이 다양하였다. 그들의 공통점은 식민지 가부장제 사회에서 생존해야 하는 여성들이었다. 그러나 비록 같은 공간에 머물고 있지만 다른 부류의 인간으로 서로를 인식하였다.

〈대한민국애국부인회〉 간부 일곱 명은 같은 방에 수감되지 않았다. 각각의 방에 한 명씩 수감되었고, 일정 기간 머물다 돌아가며 다른 방으로 옮겨다니며 복역생활을 했다. 이들은 온갖 고문에 시달리면서 종교적 회의감과 우울증에 빠지기도 하였다. '하나님이시여, 내 나라 내 조국을 위해 활동하였을 뿐인데 왜 이런 고통을 주시나이까'라고 기도하면서 울분을 토해냈다. 자유와 인권을 위해 투쟁한 결과가 이것이냐며 참을 수 없는 모욕과 수치심을 왜 내게 주십니까? '참을 수 없는 고통이 하나님의 뜻이냐'며 반문하였다. 그러나 시간이 지나면서 각각의 방에서 만난 여성 죄수들을 보며 진정한 기독교인으로서 연민의 정과 인류애를 가지기 시작했다. 일반 여성들의 무지를 깨우치고 계몽시키는 것이 하나님의 뜻이라고 생각했다. 이 불쌍한 죄수들을 계몽시키는 것이 투옥된 목적이며, 이것이 하나님이 주신 새로운 소명이라고 모두가 공감하였다. 일곱 명의 여성들은 매일 저녁 식후 각각의 방에서 한글을 가르치고, 성경에 나오는 유대 민족의 이야기들을 들려주었다. 처음에는 반발하는 죄수들도 많았다. "당신네들은 애초에 우리와는 다른 마루지루(국사범이나 사상범을 나타내는 동그라미 모양 표시)인데 잘난 척 그만하라"며 애써 무시하려 했다. 그러나 시간이 흐르면서 읽기와 쓰기를 배우기 시작했고, 바닥에 글쓰기 연습도 했다. 드디어 죄수들은 자신의 이름을 쓸 수 있게 되었다. 게다가 점차 신앙심을 갖게 되면서 간수의 말은 듣지 않았으나 마루지루(국사범)의 말은 잘 들었다.[10]

감옥에서의 여성계몽 교육활동은 복역생활에 새로운 활력소가 되었고, 고통스런 여름과 겨울을 견뎌낼 수 있는 동력이 되었다. 얼음 바닥의 겨울은 견딜 수 있으나 무더운 여름은 지옥 그 자체였다. 찌는 듯한 무더위에 감방 안에는 변기의 악취와 감방 벽에서 줄지어 나오는 빈대들의 습격으로 고통이 이만저만이 아니었다. 모기들의 제트기, 벼룩들의 따발총, 빈대들의 탱크부대가 총출동하여 괴롭혔고 벌레들의 연합공세로 몸이 쓰려져 갔다. 벼룩, 빈대는 피부를 습격하여 여름 내내 부스럼과 고름으로 싸워야 했고, 가려움으로 긁어대자 온몸은 피범벅이 되었다.[11]

게다가 모든 감방에 악성 옴이 퍼졌다. 진물과 피고름으로 삶의 의욕은 사라지고 죽음의 계곡 앞에서 축 늘어져 있었다. 대구 여감옥에

---

10   최은희, 『추계 최은희 전집 3, 한국근대여성사 (하)』, 조광, 2003(초판 2쇄), p.55.
11   최은희, 『추계 최은희 전집 3, 한국근대여성사 (하)』, 조광, 2003(초판 2쇄), p.56.

악성 옴균이 퍼졌다는 소식은 바깥세상에도 알려졌다. 어느 날 일곱 명 모두 면담 호출을 받았다. 세브란스 병원의 의사이며 세균학 권위자인 캐나다 출신의 스코필드 박사가 면회실에서 기다리고 있었다. 스코필드 박사는 3·1만세운동 사실을 미국과 유럽에 사진으로 직접 알린 인물이며, 대구 감옥에서 고통받고 있을 젊은 여성들을 가리켜 여전사라 불렀다. 스코필드 박사의 방문은 여성들에게 육체적, 정신적 위안이 되었다. 찬송과 기도시간을 갖고 건강을 점검하였다. 악성 옴과 피부병에 효과가 있는 미국산 고약을 차입으로 받았고, 바른 지 며칠 후 물로 씻은 듯 깨끗하게 치료되었다.

이들은 지옥의 식민지 감옥에서 살아남는 것이 승리하는 길임을 자각하고, 하루빨리 탈출하기 위해 감옥규정에 적극적으로 적응하였다. 밤에는 다른 여성죄수들을 상대로 계몽하고 문맹퇴치 교육을 펼치는 한편, 낮에는 작업장에서 바느질을 열심히 했다. 김영순은 외부에서 요청하는 바느질을 도맡아 했으며, 신의경과 이혜경은 죄수들에게 편물을 가르쳤다. 장선희는 자수를 가르치면서 괴로움과 잡념을 잊기 위해서도 열심히 손을 놀렸고 작업 성적 또한 우수하였다.

감옥은 3개월마다 작업 성적이 우수한 죄수들에게 기장이라는 상을 주었다. 1년동안 여러 개의 기장을 받은 죄수는 중형일지라도 감형받았다. 이들 여성지도자들은 작업 성적이 우수할 뿐만 아니라 감방에서 죄수들에게 글 공부를 시키는 등 악한 죄를 범하지 않도록 기독교 선교를 하였다. 그 결과 감옥의 분위기 쇄신 공적으로 수차례의 기장을 받았다. 애국부인회 사건으로 1년 혹은 2년형을 받은 장선희, 김영순, 이정숙과 3년형의 황에스터 등은 모범수로 선정되어 모두 다 함께 가출옥하게 되었다. 갑작스러운 가출옥이라 감옥 밖에 기다리는 사람은 없었으나 다 함께 가출옥하였기에 자유의 기쁨은 5월의 푸른 하늘과 함께 더욱 자유롭게 느꼈다.

출옥하자마자, 이미 출옥하여 대구에 살고 있는 이혜경, 유인경을 찾아 감옥에서 보낸 힘겨운 시간들을 이야기하며 앞으로 어떻게 살 것인지 밤새도록 이야기를 나누었다. 그 다음 날 지옥의 감옥 탈출을 기념하여 사진을 찍었다. 이때 찍은 사진이 여성항일운동사를 주도한 기록이다. 그리고 서울행 기차를 탔다. 대전역에서 뜻밖에 인물인 오현주와 마주쳤다. 오현주가 먼저 '어머, 벌써들 나왔구나'라며 말을 걸었으나 '아니 이렇게 기쁜 날 왜 배신자를 가장 먼저 보게 된담' 하고 무시했다. 가까운 동료 오현주의 배신으로 혹독한 고문에서 살아남은 이들은 이후 의심하는 습관이 생겼다. 가까운 동료에 대한 의심병은 식민주의가 만들어낸 슬픈 유산이다. 식민통치는 크고 작은 배신과 변절을 부추겼고, 수많은 대한민국 애국지사들의 목숨을 앗아갔다. 그러한 시대에 신뢰와 믿음으로 뭉친 항일독립군의 동료애는 위대한 인간 정신의 숭고함이다.

서울역에는 부모와 형제, 가까운 친척과 친구들이 대거 나와 기다리고 있었고, 이후 각계각층에서 그녀들에게 위로연을 베풀어주었다. 월남 이상재 선생은 앞으로 계속 그대들을 사찰할 것이니 작은 감옥에서 큰 감옥으로 이송되었다는 각오로 살아내야 할 것이라며 의미심장한 환영인사를 해주었다. 대부분이 20대의 엘리트 전문직 여성들이었고 기독교도인 이들에게 감옥에서의 고난의 시간은 그들을 민족의 여성지도자로 성장시켰다. 감옥생활로 항일민족주의 운동을 위한 강인한 정신력이 더욱 단련되었고, 민족해방운동과 여성해방운동의 정치적 활동방향의 변화를 가져왔다. 식민지 가부장제 사회에서 민족해방의 가치와 여성해방의 가치를 실현하기 위한 비법을 찾아 세계로 나아갔다. 중국으로, 미국으로, 해외로 나아가며 여성 아리랑의 디아스포라 행렬이 이어졌다.

3. 평양 여감옥

3·1만세운동 주모자로 옥고를 치른 박현숙을 비롯한 평양의 여성독립운동가들 역시 항일여성정치단체 〈대한애국부인회〉를 조직하였다. 그러나 1920년 10월 15일 송성겸을 비롯한 〈대한애국부인회〉 임원들이 체포되었다. 오신도가 임시정부 연락원 김순원에게 독립자금을 전달하려다 발각되었다. 송성겸은 거꾸로 매단 채 콧구멍에 물을 붓고, 알몸으로 벗겨 뉘어놓고 자궁에 꼬챙이를 쑤시는 악형을 당했다. 송성겸이 고문에 못이겨 알고 있는 사람의 이름을 말하면, 그 사람을 붙잡아 고문했고, 그 사람이 또 다른 사람의 이름을 말하며 즉시 그 사람을 잡아 고문했다. 학교와 교회의 직원은 물론 당시 이름 석자를 가진 여

성이라면 모두 한 번씩 연행되어 고문을 당했다.

당시 60대였던 오신도는 담뱃대를 손가락 사이에 끼우고 비트는 바람에 손가락뼈가 부러져 손가락을 내내 쓸 수 없었다. 억센 손으로 뺨을 때리는 것은 일상적인 고문이었고 구둣발로 옆구리 차는 등 무자비하게 구타했다. 결박한 채로 서로 마주 보게 한 후 가죽 채찍으로 온몸을 때리거나 고통을 느끼는 모습을 보게 했다. 옷을 벗겨놓고 온몸을 간질이고 꼬집고 가죽끈으로 때렸다. 음식을 거부하면 강제로 기절시켜 음식을 먹였다.

〈대한애국부인회〉 임원진과 회원 180여 명이 체포되었고 이들 중 80여 명이 6개월간 진남포 검사국에서 고문을 당했다. 공판장에 끌려 나온 20여 명의 여성들은 얼굴이 통통 부어 누구인지 알 수 없을 정도였고 온몸에는 피멍이 들어있었다. 한영신은 3년, 박승일은 2년 6개월, 최매지는 2년, 박현숙 안애자 양진실은 1년 선고를 받았다. 그러나 박현숙은 1년 6개월 복역을 했다. 〈대한애국부인회〉 사건으로 1년 선고를 받고 3·1만세운동 참여로 1년 실형을 받았지만, 병보석으로 6개월 만에 출감하였던 적이 있다. 나머지 6개월과 합쳐 1년 6개월 복역을 선고받았다.

평양의 〈대한애국부인회〉 사건으로 알려진 인물의 연령대는 서울의 〈대한민국애국부인회〉 여성들의 평균 연령보다 훨씬 높았으며, 10대에서 60대까지 다양하였으나 평균 30대 젊은 여성들이었다. 대부분 직업은 교사였고 전도부인도 있었는데 과거 기생이었던 전도부인들도 있었다.

평양의 여감옥은 원래 조선시대의 기세등등했던 평양 감영이었다. 조선의 전통과 권위를 상징하던 평양 감영과 같은 기관은 일제가 계획적으로 축소하거나 말살시켰다. 권력 권위의 상징이었던 궁궐은 동물원으로, 감영은 감옥으로 만들었다. 그 옛날 웅장했던 평양감영에서 〈대한애국부인회〉 지도자들이 두 개의 방에서 함께 지냈다. 다양한 연령과 신분에도 불구하고 매일 동료들의 얼굴을 볼 수 있다는 사실에 위로가 되었다. 일제는 여성들 간에 분열을 조장하기 위해 이간질하였다. 서로 믿지 못하도록 의심과 불신을 조장하였다. 일제의 이간질에도 불구하고 이들은 신뢰와 믿음으로 대동단결하였고, 항일운동이 역사의 올바른 방향이며 기독교 정신과 부합되는 것일 뿐만 아니라 정의로운 삶이라고 더욱 확신하였다.

〈대한애국부인회〉 여성지도지들은 대체로 엘리트 여성이며 정치세력화와 항일투쟁 경험이 있었다. 감옥생활에서도 사회생활과 마찬가지로 지도자로서 정치적 역할을 계속하였다. 당시 감옥은 어둡고 습하여 곰팡내가 진동하였다. 이들은 각종 피부병과 특히 악성 옴균에 감염되어 삶의 의욕을 잃기도 했다.

감옥개혁에 나서다

교도소장에게 감옥개혁안을 제출했다. 첫째, 하루에 한 시간씩 바깥으로 나가 햇빛과 신선한 바람을 쐬도록 운동시간을 요구하였다. 교도소장은 이를 받아들여 점심시간 이후 20분씩 햇볕을 쬘 수 있도록 승인하였다. 둘째, 감옥에서 배급되는 일반적인 음식은 인간이 먹을 수 있는 것이 아니라며 음식의 양과 질 개선을 요구하였다. 교도소장은 이를 거절하자, 다른 방법을 찾았다. 담장 밖으로 쪽지를 던지자 지나가는 행인이 이를 발견하고 매일 점심시간 담장 밖에서 음식보따리가 안으로 던져져 왔다. 바깥사람들이 자신들을 기억하고 음식을 던져준다고 생각하니 뿌듯했다. 동료들과 즐겁게 음식을 나누어 먹었다. 셋째, 교도소 청결과 위생개혁을 요구하였다. 교도소 내에서는 목욕할 수 없을 뿐만 아니라 생리대 세탁이 허용되지 않았다. 이불과 옷에는 이가 너무 많았기 때문에 위생과 청결 개선을 요청하였으나 이 또한 거부되었다. 최매지는 일본제국이 자랑하는 청결과 위생문제를 교도소에서도 실시해야 한다며 평양감옥 개선을 요구하였다. 합리적인 감옥개선 진정서를 거절하기 어려웠던 교도소장이 최매지를 불러 친일로 전향하면 당장 진정서를 받아들이겠다고 했다. 이에 최매지는 '처지를 바꾸어 생각해 보시오, 일본이 대한의 식민지가 되었다면 당신도 독립운동을 할 것이 아니겠소. 나는 감옥에 들어와서 민족의 독립정신이 더욱 확고해졌고, 독립운동을 위해 일생을 바칠 것을 다짐하게 되었소'라며 친일 전향 권유를 한마디로 일축했다.[12]

여성들은 일년 내내 악성 옴균에 시달렸고 겨울에는 손발이 어는

---

12 최은희, 『추계 최은희 전집 3, 한국근대여성사 (하)』, 조광, 2003(초판 2쇄), pp.148~149.

고통을 겪었다. 불결하고 더러운 감옥생활을 극복하는 데 성경책 읽기와 찬송이 유익하였다. 매일 찬송가를 부르자 교도소 간수가 뛰어와서 몽둥이를 두드리며 '누가 노래 부르냐'고 했다. 조신성이 '내가 불렀다' 하자 곧 이어 최매지가 '아니요, 내가 찬송가를 불렀소' 하면 조신성은 '내가 다시 찬송가를 불러 볼테니, 아까 그 목소리가 누군지 판단하면 될 것 아니요'라며 큰 소리로 찬송가를 다시 불러 교도소의 엄격한 질서에 저항하거나 간수의 통제에 딴지를 걸었다.

출산하며 대한독립을 외치다

평양감옥에는 〈대한애국부인회〉 교통부 안경신 역시 투옥되어 있었다. 안경신은 평화적인 시위운동으로는 민족의 독립쟁취가 어려우니 '눈에는 눈, 이에는 이'를 외치며 항일 무장투쟁을 선언하였다. 임신한 몸으로 폭탄과 권총을 휴대하고 국내로 들어왔다. 검문하는 경찰 1명을 쏘아 죽이고 무사히 평양으로 탈출해 들어왔다. 일제 평남도청에 폭탄을 던진 후 함흥으로 피신하였으나, 1921년 체포되어 사형선고를 받고 평양여옥사에서 10년간 복역하였다. 복역 중에 출산하여 감옥에서 아들을 길렀으나, 영양실조로 이 아들은 시각장애인이 되었다. 이처럼 여성들은 감옥에서 출산하거나 자식을 척박한 감옥에서 길러야 하는 현실에 직면하면서도, 항일투쟁에 대한 의지는 더욱 강해졌다.

험난한 복역생활의 경험은 항일민족주의 정신을 위축하기보다 더 단단하게 만들었다. 독립만세를 부르다 복역하고 있으므로 감옥은 오히려 민족독립 의지를 언어로 표현하고 독립만세를 큰소리로 외칠 수 있는 자유의 공간으로 인식하였다. 좁은 감방에서 독립운동가 동지들과 함께 매년 3·1만세운동을 기념하였다.

전국의 주요 감옥에서 여성 범죄자들과 함께 복역생활을 하면서 여성지도자로서 민족의식과 여성의식을 일깨워 주었다. 여성범죄는 가부장제 사회에서 여성의 열악한 환경과 무지가 만들어낸 결과가 많았다. 출옥한 이후 대부분의 여성들은 민족주의 활동과 동시에 여성계몽운동에 헌신하였다. 식민지 가부장제 굴레에서 벗어나고자 새로운 비법을 찾아 해외로도 진출하였다.

혹독한 고문과 참혹한 감옥생활은 인간 정신이 얼마나 숭고한지를 깨닫게 해주었다. 육체에 대한 고통이 혹독할수록 민족독립의 의지가 더욱 강해지는 정신력과 마주하였다. 몸이 구속되어 다소 정체되는 듯한 수감생활은 정치경력을 쌓는 시간이었으며, 항일의 실천적 지혜와 에너지를 축적하는 시간이기도 했다. 항일독립 투쟁을 위해 '앞으로 나아가는 것 외에 다른 선택의 여지가 없다.'는 확신을 가지게 되었다. 민족해방과 여성해방이 민족의 역사뿐만 아니라 여성자유를 향해 가는 역사적 소명이라 확신했다.

일제의 탄압과 구속은 풍선효과를 가져와 항일민족주의와 무장투쟁정신을 보다 넓은 세계로 확장시켰다. 국내에서 제한적인 민족주의 활동에 머물지 않고 태극기를 휘날리며 해외로 디아스포라 행렬이 이어졌다. 대한독립운동가들은 세계로 흩어졌고, 애국지사들의 끊임없는 헌신과 노력으로 억울한 대한의 식민지 상황을 전 세계에 알렸다. 그러나 일제의 감시를 피해 국경을 탈출한다는 것 자체가 목숨을 건 디아스포라였기에 탈출 성공은 일제의 식민지 권력의 무력화를 의미했고, 동시에 대한독립의 가능성을 보여주는 희망의 메시지였다. 어린 시절 저 멀리 해외에서 민족의 독립을 위해 목숨을 건 영웅들이 존재한다는 사실만으로도 든든했다. 이제 해외로의 탈출 혹은 진출은 대한민국 여성의 정치활동 확장을 의미했다. 한민족 역사와 가치를 해외에서 새롭게 만들어 갈 역사 창조의 시작이었다.

VI.
한민족여성 아리랑 디아스포라

희망으로 가는 아리랑고개

민족의 수난은 한민족 여성의 아리랑 디아스포라를 열었다. 디아스포라는 '흩어지다, 퍼뜨리다'라는 어원을 지니고 있다. 평화적인 3·1만세운동은 일제의 폭력적인 탄압과 투옥으로 얼룩졌다. 비극적인 결과는 절망적인 항일테러운동에 의존하거나 디아스포라 행렬을 가져왔다. 그러나 여성들은 민족의 해방과 여성해방의 가치에 희망을 걸었다. 일제의 폭력적인 식민통치에 벗어나고자 태극기를 휘날리며, 아리랑을 부르며 망명하거나 이주의 물결에 동참하였다. 압록강을 건너 만주의 민족독립운동 기지에 합류하거나 상해임시정부에 참여하였다. 또한 두만강을 건너 연해주 혹은 러시아로 그리고 저 멀리 태평양을 건너 하와이, 미국, 쿠바 지역으로까지 디아스포라의 행렬은 이어졌다. 세계 곳곳으로 흩어지면서 아리랑도 전파되었다. 여성들은 민족의 한을 담은 아리랑을 불렀다. 아리랑은 한민족만의 감정이 아니라 전 세계인의 좌절과 슬픈 감정을 예술적으로 승화하였다.

여성독립운동가 디아스포라는 절망과 좌절 속에서 피어난 희망이었고, 그 희망은 독립운동의 중요한 자산이 되어 광복의 밑거름이 되었다. 세계 곳곳에서 여성들은 항일정치단체를 조직하여 개인의 역량을 결집하였다. 아리랑을 부르면서 민족의 고난을 극복하고 민족의 독립을 갈망하였다. '우리는 한민족의 후손'이라는 사실을 아리랑을 통해 확인하며 공감대를 형성하였다.

아리랑으로 뭉쳐진 전 세계 항일여성단체는 한쪽으로 민족해방을,

다른 쪽으로는 여성해방을 외쳤다. 민족해방과 여성해방이라는 두 마리 토끼를 잡기 위해 여성들은 아리랑을 부르며 한인공동체를 건설하였다. 아리랑을 통해 한국의 전통문화와 고유의 관습을 기억하였고 후손들에게 전승되었다. 열악한 조건 속에서도 언젠가는 돌아갈 것이라는 희망의 끈을 놓지 않기 위해 아리랑을 불렀고, 험난한 아리랑 고개는 희망으로 가는 아리랑 고개가 되리라 확신하였다.

아리랑은 언제 누가 만들었는지 알려지지 않고 있으나 여성에게 아리랑은 고된 시집살이를 한탄하는 노래였다. 시어머니와 남편을 원망하고 친정엄마를 그리워하는 감정을 아리랑으로 승화시켰다. 고추보다 맵다는 혹독한 시집살이를 잘 견뎌내고 나면, 어느덧 남편은 어린 첩을 집안에 들여앉혔고 본처의 삶을 송두리째 짓밟아 놓았다. 아리랑은 가부장제 사회에서 무기력한 여성들의 비극적인 삶을 담아낸 노래였다. 조선 여성들이 즐겨 불렀던 이 아리랑이 민족의 수난을 상징하는 여성 디아스포라의 노래가 되었다.

슬픔을 담고 있는 아름다운 선율의 아리랑은 세계 곳곳에서 불렸다. 노래의 내용은 끊임없이 고난이 닥쳐도 개인의 삶이 무기력한 채로 나락에 떨어지는 것이 아니라 험난한 인생의 고개를 넘어간다는 저력을 담고 있다.

동시에 죽음 역시 삶의 한 과정으로 담고 있다. 항일독립군이 세계로 흩어지면서 아리랑 역시 현지화되었고, 오래된 아리랑 노래에 수많은 지역의 다른 가사들이 만들어졌다. 1920년대가 되면 아리랑은 세계

곳곳에서 불리면서 100여 곡이 됐다고 한다.[1]

해외에서의 아리랑은 민족의 정체성을 서로 확인하고 언젠가 고향으로 돌아갈 거라는 희망의 확신을 다짐하는 노래였다. 구슬픈 음률은 세계인의 슬픈 감정을 잘 녹아냈고, 부르기 쉬워 만주인이건, 중국인이건, 하와이 원주민이건, 러시아인이건 모두 함께 따라 부를 수 있었다. 하와이로 간 노동자와 사진 신부 그리고 애국지사들은 아리랑을 부르며 민족의 슬픈 현실과 자신의 고달픈 삶의 처지를 접목해 아리랑 고개를 넘어가고 있었다. 아리랑은 언젠가 그리운 고향으로 돌아갈 꿈과 희망의 노래였다. 일본에서도 널리 알려져 레코드 취입된 아리랑이 세 종류 이상이었다. 이 노래는 암담한 시대를 사는 온 겨레의 애국가였고, 한인의 가슴마다 민족혼을 불어넣었다. 일부 아리랑은 금지곡이었는데 아리랑을 불렀다는 이유로 일제는 징역을 살리기도 했다. 비극적인 식민지인을 위로하고, 식민지 노예에서 벗어나고자 연대의 힘을 모을 때도 아리랑을 불렀다. 미군이 오키나와를 점령했을 때 그곳에 머물고 있던 일본군 위안부 피해 여성들도 이제 고향으로 돌아갈 수 있다는 희망으로 가장 먼저 불렀던 노래가 바로 아리랑이었다. 드디어 조국이 광복되었을 때도 아리랑은 겨레의 가슴마다 울려 퍼졌다.

---

1   님 웨일즈. 김산, 『아리랑: 조선인 혁명가 김산의 불꽃 같은 삶』, 송영인 옮김, 동녘, 1918(개정판), pp.60~62.

1. 러시아 연해주-안중근 항일정신을 이어받아

　1905년 을사늑약이 체결되자 수많은 애국지사들이 후일을 도모하고자 러시아 연해주 혹은 블라디보스토크로 이주하였다. 연해주 여성은 항일정신이 투철한 가정에서 자랐을 뿐만 아니라 민족독립의 기지라는 사회적 환경 또한 독립운동에 헌신할 수 있는 배경이 되었다. 항일민족주의 사상이 여성들의 삶을 구성했다. 일제의 경제침탈로 많은 농민이 새로운 삶의 터전을 찾아 연해주로 이주해왔다. 1907년 헤이그 밀사 사건으로 고종황제가 강제로 퇴위되고 대한제국의 군대가 해산되었다. 국내에서 격렬하게 일어난 의병운동은 러시아 연해주까지 퍼졌다. 안중근을 중심으로 일어난 연해주 의병활동은 여성들에게 가락지와 치마를 벗어 의연금을 모으는데 적극적으로 참여하게 하였다. 1909년 10월 26일 안중근이 하얼빈 역에서 이토 히로부미를 저격하였다. 이 소식이 연해주에 전해지자, 여성들은 안중근 재판 비용 모금에 나섰다.

　연해주지역 여성들은 더욱 효율적으로 항일민족운동을 지원하기 위해 여성항일단체를 만들었다. 단체 조직 취지를 보면, 고국이 몰락한 것은 여성들을 규방에 가두어 세상에 대한 이치와 선구적인 교육을 받지 못했기 때문이라 보았다. 이제 여성들이 앞장서서 교육을 받아야 하며, 여성교육은 남녀가 평등한 사회를 만들 뿐만 아니라 민족독립운동 역량을 강화한다고 주장했다.

　연해주 최초 여성단체는 1909년 12월 28일 블라디보스토크에서 설립된 〈자혜부인회〉이었다. 이 단체의 임원 명단에는 자신의 이름이 아니라 여전히 삼종지도에 따라 남편의 부인 혹은 아들의 어머니라는 호칭으로 기재되어 있다. 그런데 1911년 3월 29일 페스트 방지와 보건위생문제로 한인거주지인 구개척리를 폐쇄하고 신한촌으로 이주하였다. 신도시의 〈자혜부인회〉는 고국의 독립전쟁을 위한 무기 구입과 군인 지원을 선언하였다.

신한촌으로 이주한 이후 〈대한여자단〉이 조직되었는데, 공동출자로 상점을 공동으로 운영하여 그 수익금을 민족독립운동 자금으로 지원하였다. 신한인촌의 여성단체는 1914년 4월 한민학교 여학생 교실건축 모금활동을 펼쳤다. 〈대한여자단〉의 임원 명단도 여성들의 이름을 밝히지 않고 있으며 남편의 이름과 아들의 이름 뒤에 부인 혹은 모친으로 기재하고 있다. 그러나 러시아 국적을 지닌 여성은 자신들의 이름을 밝히고 있다. 〈자혜부인회〉와 〈대한여자단〉을 통해 연해주 일대 여성들은 한인학교, 권업회, 권업신문에 대한 재정적 지원, 이준 열사의 전기간행, 유족후원, 애국적인 모금활동을 하였다.

1차세계대전의 발발로 러시아와 일본이 영일동맹을 맺으면서 연해주 일대의 한인들의 항일민족운동은 사실상 금지되었다. 일본은 러시아와 동맹을 맺어 항일운동단체를 뿌리째 뽑고자 했다. 일본의 요구로 러시아는 1914년 8월 연해주의 대표적인 한인단체인 권업회 해산을 명령하고 권업신문도 폐간시켰다. 항일운동의 지도자 이동휘, 이종호, 정재관, 계봉우, 윤해, 기하구, 오주혁, 이동녕 등은 연해주에서 추방되었다. 독립운동지도자들은 새로운 독립운동 근거지를 마련하고자 만주와 러시아 오지로 이주하였다. 1914년 이후 1917년 러시아 혁명이 성공할 때까지 연해주의 항일운동은 사실상 지하로 숨어들었다. 1917년을 기점으로 항일운동에서 사회주의 및 공산주의와 연대하였다.

볼셰비키 연대와 레닌의 독립자금 지원

러시아 2월혁명 이후 러시아 한인들의 민족의식과 함께 정치 경제 교육 문화 분야에서 여성들의 활동이 활발했다. 특히 민족문화를 답습하는 교육 분야 여성들의 역할이 두드러졌다. 1917년 11월 17일 신한촌에서 개최된 단군 4250주년 기념행사에는 태극기를 곳곳에 게양하고 애국가 제창, 역사 강연이 진행되었다. 태극기를 만들고, 민족의 전통문화를 알리는 행사는 주로 여성들이 주최하였다.

러시아지역의 대표적인 항일여성운동가는 김알렉산드라 페트로브나 스탄케비치(1885~1918)이다. 연해주의 대표적인 항일운동가 계봉우는 김알렉산드라를 가리켜, '자유를 위해 태어났으며, 자유를 위해 살다가 자유를 위해 죽었다'고 했다. 김알렉산드라는 1885년 우수리스크로 한인농촌 시넬리니코보에서 태어났다. 10살 때 아버지가 죽자 아버지 친구인 스탄케비치에게 맡겨졌다. 블라디보스토크에서 여학교와 사범학교를 마친 후 고향인 시넬리니코보로 돌아가 소학교 교사가 되었다. 아버지의 친구 스탄케비치의 아들과 결혼하여 아들 둘을 낳았다.

1차세계대전으로 러일동맹이 맺어지자 김알렉산드라는 교직을 그만두고 러시아 우랄지역에서 통역사로 일했다. 그곳에는 한인노동자들이 벌목하거나 무기를 제조하면서 고된 노동에도 불구하고 임금을 제대로 받지 못할 뿐만 아니라 계약기간이 끝났음에도 그만둘 수 없는 노예 처지에 놓여있었다. 한인노동자의 임금체불과 노예상태를 해결한 것이 바로 김알렉산드라였다. 우랄지역 벌목장 노동자 김시약의 회상은 다음과 같다. '1915년 나제쥔스크의 벌목장에서 어느날 중키의 아름다운 여자를 보았다. 노동자들은 그녀가 러시아어, 한국어, 중국어에 능통한 통역관이라고 수군거렸다. 이름은 알렉산드라 페트로브나 김이었다. 노동자들을 정중하게 대했고, 사업주 앞에서 노동자들의 권익을 옹호했다. 이 때문에 러시아인, 한인, 중국인 노동자들은 그녀를 좋아했고 신뢰했다.'[2]

그녀는 우랄지역 통역관으로 일하면서 러시아 사회민주당 에카테린부르크위원회와 관계 맺게 되었다. 한인, 중국인, 러시아인들의 노동자들을 위한 소송 대리인으로 활동하면서 노동자들 사이에서 명성이 널리 알려지게 되었고, 대부분의 소송에서 노동자에게 이익과 승리를 가져다주었다. 우랄지방에서 한인들의 결속을 가져왔고 노동자 동맹의 한인지도자 함께 볼셰비키당 책임비서로 활동하였다. 김알렉산드라는 시베리아와 원동지역에서 일본의 무력침투를 방어하고 한인민족운동

---

2 반병률, 「김알렉산드라 페트로브나의 생애와 활동 조선인 최초의 공산주의자 약전」, p.776. 재인용

을 사회주의운동과 연동하기 위해 1918년 3월 김알렉산드라는 〈조선인망명자대회〉를 개최하였다. 이 대회에서 러시아 볼셰비키혁명과 조선독립운동을 어떻게 설정할 것인가를 두고 치열한 논쟁을 벌였다.

볼셰비즘을 찬성하고 조선독립을 촉진하기 위해 양쪽의 연대를 찬동하는 이동휘, 김알렉산드라, 김립, 유동열, 박해, 이인섭, 심백원, 김용환, 오성묵, 이한영, 오와실리, 오하묵, 유스테판, 안홍근 등은 〈한인사회당〉 정식 중앙간부로 선출되었다.

1918년 4월 5일 일본이 블라디보스토크에 상륙하자 한인사회당 간부들은 시베리아 일본점령을 방어하기 위한 공동대책을 마련해야 했다. 그 결과 하바롭스크, 이만, 러시아 중국 국경지대 니콜스크–우수리스크, 바라바시, 연주 등지에 한인사회당 간부들이 파견되어 적위대 모집활동을 전개하였다. 〈한인사회당〉 적위대원은 하바롭스크에서 볼셰비키세력이 조직한 합동민족부대에 러시아인, 중국인, 헝가리아인, 세르비아인들과 함께 참여하였다. 1백여 명의 한인적위대는 우수리전선에 출전하여 백위파 칼미코프군과 싸웠으나 반수 이상이 전사하였다. 이후 하바롭스크가 연합군과 백위파에게 점령되자 한인사회당 간부들은 배를 타고 흑룡강지역으로 도피하다가 도중에 체포되어 하바롭스크로 송환되었다. 김립, 이인섭, 유동렬 등 10명은 석방되었으나 김알렉산드라는 백위파에게 총살되었다. 김알렉산드라를 비롯한 적위파의 활동으로 감명받은 레닌은 1920년 대한의 독립자금으로 상해임시정부에 2백만 루블을 지원한다고 약속했다.

항일정치활동

본국에서의 1919년 3·1만세운동은 블라디보스토크 신한촌으로도 전해져 여성 애국활동단체들이 강화되었다. 〈대한부인회〉는 〈부인독립회〉로 조직을 재정비하면서 회장으로 연해주 독립운동가 박창순의 모친을 선임하였다. 〈부인독립회〉는 독립운동자금을 모금을 특히 강조하였다. 그런데 회장이 콜레라로 갑자기 사망하게 되자 김일천의 부인 김올라가 회장직을 맡았고, 이의순, 채계복, 우봉운, 이혜근 등 젊은 여성들이 〈부인독립회〉에 가담하면서 활동이 더욱 활발해졌다. 이들은 부모를 따라 혹은 남편과 함께 이곳에 이주해 왔다.

이의순은 이동휘의 둘째딸로 블라디보스토크의 신한촌 삼일여학교 교사로 활동하고 있었다. 이의순은 1919년 8월 29일 신한촌 국치일 행사에서 여성의 민족운동 참여를 다음과 같이 촉구하였다. '남녀평등의 권리를 주장한다면, 집안에서 편안하게 수수방관할 수 없다. 고국에서는 수많은 여성들이 만세운동에 참여하였는데, 해외에 있다고 해서 수수방관할 수 없고 집안에서 편안하게 있을 수 없다. 국가를 위해 목숨을 바치는 것이 훨씬 더 행복하다'고 외쳤다.

이인순은 이의순의 언니이며 이동휘의 장녀이다. 아버지를 따라 항일정신고취와 교육활동에 적극적으로 참여하였다. 이인순은 1892년에 태어났으며 연동정신학교를 졸업 후 함흥, 간도 등지에서 여자교육 활동을 하면서 민족주의 정치활동에 참여했다.

우봉운은 1882년 황해도 해주에서 태어나, 경신중학교를 졸업하였다. 남편 기태진은 간도 명동 학교 교사였고 우봉운은 간도 여학교 교사였다. 〈애국부인회〉 회장으로 활동하면서 독립운동을 위해 독립자금을 모으거나 애국지사들을 지원하였다. 간도와 연해주 지역의 급진적 비밀결사단체인 철혈광복단의 여자단원으로 활동하기도 했다. 1919년 말 철혈광복단원은 1천3백 53명이었고, 여성단원은 3백여 명 이상이었다. 우봉운은 1920년 봄에 블라디보스토크로 와서 〈부인독립회〉에서 항일운동에 적극적으로 참여하였다. 남편 기태진은 1920년 여름 간도에서 일본관헌에 체포되었다.[3]

채계복은 〈부인독립회〉의 핵심적인 활동가였다. 신한촌의 애국지사 채성하의 장녀로서 원산에서 태어났으며 1919년 3·1만세운동 당시 정신여학교 졸업반이었다. 중학생들에게 배일사상을 선전한다는 이유로 퇴학당했다. 이후 부모가 있는 블라디보스토크로 망명하여 부인독립회에서 조국광복을 위해 활동하였다. 1919년 12월 간도로 가서 12명의 젊은 여성들을 모아 미국의 적십자사에 보내 간호양성교육을 습득하게 했다.

〈부인독립회〉는 독립전쟁에서 부상 당한 독립군을 치료하기 위한 목적으로 간호부 단기속성 과정을 설치하였다. 미국의 지원으로 더욱 선진화된 간호양성 코스는 상당히 인기가 있었다. 12명은 간도에서 온 여성들이며 38명은 연해주 일대 한인여성들로 구성되었다.

---

[3] 반병률, 「러시아 지역 항일여성운동」, 『해외 한국여성의 항일독립운동』, 3·1여성동지회

〈부인독립회〉는 또한 박처후 부인을 중심으로 미국적십자사와 협력해 부인병원 설립을 목적으로 의연금을 모금하였다. 부인독립회의 대한적십자사 간호부 양성계획이 매주 구체적으로 추진되었는데, 대표적인 수강생들은 이의순, 이인순, 채계복, 장일의 부인 도국향, 한세인의 부인, 우봉운, 박처후의 부인, 이혜근, 채계화(채성하 부인), 조동운의 딸, 박인섭의 딸 등으로 〈부인독립회〉 주요 인사들이 참여하고 있었다. 간호사 양성은 독립전쟁을 준비하기 위한 것이었다.

채계복은 일명 '15만 원 탈취사건'을 주도하였다. 1920년 조선총독부는 항일투쟁 조직을 와해시키고, 민족의 독립운동가들을 탄압하기 위한 비용으로 30만 원을 용정의 조선은행 분점으로 수송하기로 했다. 이 정보를 입수한 최봉설 등 6명 탈취작전에 나서 혈투 끝에 15만 원을 탈취하는 데 성공하였다. 당시 15만 원이면 독립군 5천 명을 무장할 수 있는 엄청난 액수였다. 무기를 구입하러 러시아로 갔다가 결국 밀정의 밀고로 간도 15만 원 사건의 주모자 윤준희, 임국정, 한상호가 체포되어 서울 서대문형무소에서 형장의 이슬로 사라졌다. 그러나 〈부인독립회〉 임원들의 도움으로 최봉설(계립)이 채성하의 집으로 탈출하였다.

무장투쟁과 간호사 양성

1920년 3월 1일 독립선언1주년기념회가 당시 블라디보스토크에서 성대하게 개최되었다. 백위파 정권이 붕괴되고 러시아 혁명세력이 정권을 장악한 상황에서 〈부인독립회〉의 이의순은 태극기에 자유를 새겨 높이 흔들며 민족의 자유를 외쳤다. 저녁 만찬 때에는 김알렉산드라의 영웅적인 민족운동의 활동을 되새겨, 러시아와 한국의 혁명적 연대를 강조하였다. 혁명과 독립전쟁을 완수하기 위해 간호사를 양성하고 있다고 밝혔다.

부인독립회는 1920년 3월 7일 다음과 같은 4개 조항을 결의하였다.

첫째, 의무금으로서 매월 비용의 10분의 1을 절약하여 부인회에 제공할 것
둘째, 국민의회 외교원 박처후의 부인 외 수명의 회원들은 적십자사 간호부로서 미군적십자사에서 간호 양성과정 운영에 대하여 그들의 독지가를 본회에서 원조할 것
셋째, 상해 부인회와 연락을 하여 일정한 휘장을 제정하고 회원에게 배포할 것
넷째, 다음 회의에서 임원 개선을 행할 것으로 한다.

이러한 노력으로 부인독립회 회원 수는 점차 증가하여 1백여 명에 이르렀고, 입회금은 250루불이었다. 이처럼 연해주 여성독립운동가들은 부모를 따라 일찍이 러시아지역으로 이주하였다. 특히 연해주는 항일독립운동가들과 애국지사들이 식민지 고국을 떠나 후일을 도모하고자 모였던 지역이다. 가정에서뿐만 아니라 지역사회에서도 항일정신과

독립운동 정신이 가득한 환경 속에서 태어나고 자랐다. 이러한 배경이 독립운동에 적극적으로 참여하게 된 계기가 되었다. 단체를 조직하여 항일무장 투쟁을 지원하거나 직접 무장투쟁에 참여하기도 하였다. 무엇보다도 연해주 여성독립운동가들은 한인여성들만의 단체를 조직하였을 뿐만 아니라 러시아 볼셰비키들과 협력적인 연대를 통해 조국의 독립을 실현하고자 하였다. 또한 적십자사와 미국과의 연대를 통해 간호사 양성과정을 설립하여 대부분의 여성이 간호사 기술을 습득하였다. 이는 언제든지 독립전쟁에 참여할 준비를 한 것이며, 목숨을 건 항일무장 투쟁에서도 젠더 역할이 드러났다. 대표적인 여성단체 임원들의 명단에는 개인의 정체성을 드러내는 이름보다 누구의 아내 혹은 어머니로 기재한 경우가 많았다. 이는 여전히 가족의 일부로서 독립운동에 참여한 것이며, 이들 여성에게 독립운동은 남편과 아들의 생사가 걸린 가족의 문제였고 가족의 구성원으로서 민족의 독립투쟁에 참여하고자 하였다.

　연해주지역 여성독립운동가들은 기독교 사상보다 사회주의 사상이 강했으며, 불교 등 다양한 사상적 이념이 집결되어 독립운동으로 표출되었다. 특히 연해주는 러시아 볼셰비키 혁명과 밀접한 관련이 있었기 때문에 사회주의 및 공산주의 혁명가들이 많았으며, 볼셰비키 혁명 성공이 항일이며, 민족의 독립을 앞당길 것으로 믿었다.

2. 만주벌판에서 부른 아리랑

민족주의, 가정으로 들어오다

　여성항일운동사는 주로 공적 영역에서 활동한 여성들을 다루고 있다. 만주지역 여성항일운동은 주로 공적인 영역에서 직접 항일무장투쟁에 참여한 여성들을 중심으로 서술되어왔다. 만주지역은 한민족의 근원지이며 항일민족주의 운동의 출발지로서 1905년부터 여성항일운동이 다양하게 추진되었다. 윤희순, 남자현, 안경신 등 여성항일무장투쟁의 계보를 잇고 있다. 1920년대 항일여성 무장투쟁은 주로 민족주의 운동계의 소수 여성에 의하여 의열투쟁적으로 감행되었다. 반면 1930년대는 소규모 여성유격대가 조직되어 항일투쟁이 치열하게 전개되었다. 특히 중국공산당에 가입하여 공산당 조직을 통하여 여성항일혁명을 이끌었다. 암울한 시대에 만주는 민족의 희망이며 미래의 방향을 밝히는, 횃불을 높이 치켜든 여성들의 항일운동 공간이기도 했다.

　그러나 공적 영역은 여성의 공간이 아니었기 때문에 모든 여성이 진출할 수 있는 공간이 아니다. 가정에 머물러야 했던 어머니, 아내, 며느리의 역할을 완전히 무시한다면 엘리트 지도자 중심의 여성항일운동사 서술에 불과하다. 이들은 남편과 아들이 투옥되거나, 순국하거나, 집을 떠났을 때 가정의 생계를 책임졌고 자녀양육과 시부모 봉양 등 무거운 책임을 두 어깨에 짊어졌다. 인도의 민족운동지도자 간디는 반영민족독립운동가 집안 여성들이 비록 가정의 영역에 머물러 있었지만 그들의 모든 행동이 반영민족주의 정치활동이라고 했다. 따라서 항일민족주의운동을 지지하거나 민족주의 감정을 표현하는 것은 그것이 공적인 영역이든 가정의 영역이든 항일운동이라고 규정할 수 있다. 이 장에서는 항일독립운동가 집안의 여성들이 남긴 자서전과 회고록을 바탕으로 전통적인 유교적 사회질서 때문에 공적인 항일민족주의 운동에 직접 참여하지 못한 여성들의 항일정치 활동의 관점에서 다루고자 한다.

공적인 영역에서의 정치적 변화가 가정 영역에 직접적인 영향을 미치는 것은 사실이다. 변화된 가정생활에서 여성들의 경험과 활동에 대해 그들은 어떻게 생각하고 믿었는지를 이해하는 것은 중요하다. 여성의 경험과 삶은 각기 다른 시대의 다른 문화적 맥락에서 해석되어야 한다. 공적인 영역에서 여성들의 활동이 나타나지 않는다고 해서 모든 여성이 식민지 가부장제 질서에 시달리거나 억압적인 젠더불평등에 시달렸다고 주장할 수 없다. 공적인 영역에서 여성들이 보이지 않는다고 해서 식민지에 순응하거나 가부장제의 억압에 굴복한 것은 아니라는 것이다. 여성항일운동사에서 중요한 업적을 이루어냈지만, 보이지 않는 가정 영역에서 정치활동을 펼쳤기 때문에 공적 영역의 활동처럼 두드러지게 나타나지 않았을 뿐이다. 공적영역에서 활동한 것만을 항일정치운동한 것으로 인식하는 것은 마치 정치활동의 영역이 공적영역에서만 가능한 것으로 특권화한 것에 불과하다. 아버지와 남편은 만주지역 독립운동사에 걸출한 민족의 지도자로서 이름을 올리고 있는 반면, 가정에서 이들을 지원하고 협조하였던 어머니와 아내와 며느리, 딸들에 대한 기록은 부족하다. 만주에서 척박한 삶을 살았지만 그들 모두는 자신과 가족을 위한 최선의 삶이었고, 삼종지도의 삶이 항일독립운동이라고 믿었다. 만주에서의 항일운동은 특정한 엘리트 지도자 개인의 업적이 아니라 가족구성원 전체가 참여한 정치활동이었기 때문이다.

만주로 이주한 여성의 고단한 삶은 나라를 잃었기 때문이라고 믿었으며 인내하고 희생하는 것이 항일운동이라고 믿었다. 만주지역 여성들은 농사를 지어 가족과 독립군의 생계를 책임졌다. 가정의 영역에서 옷과 신발을 직접 만들고 독립군에게 의식주를 제공하고 매일 가족의 안녕을 기원하며 항일민족운동을 신봉하였다. 만주지역 항일운동의 원동력은 가정의 영역에 머물렀던 여성들이 아니었다고 누가 말할 수 있는가?

가족의 수난과 희생

절대적인 유교 중심의 사회질서 속에서 태어난 여성은 남성들과 공동운명체였다. 민족의 문제는 가족의 문제였고, 민족의 수난은 가족의 희생과 수난으로 이어졌다. 여성의 영역인 가정은 정치적 혼란의 중심에 놓이게 된다. 독립운동가 집안의 여성은 민족의 수난을 온몸으로 짊어져야 했다.

이해동(1905-2003)은 회고록 『만주생활 77년』에서 시어머니 박순부의 헌신과 희생이 없었다면 시아버지 김동삼이 항일독립운동을 펼칠 수 없었다고 했다. 유교적 전통이 깊은 가문의 여성은 가정의 영역에 머물면서 거룩한 희생으로 항일민족운동에 참여하였다. 며느리는 시어머니의 희생이 항일민족운동 가치를 실현하였다고 한다. 희생의 진정한 가치는 만주지역 항일투쟁의 주춧돌이었으며 나아가 광복의 밑거름이 되었다는 것이다.

가족의 희생은 만주로 망명하면서부터 본격화되었다. 이해동은 여섯 살 되던 해 1911년 부모의 손에 이끌려 만주로 망명하였다. 만주에 도착한 첫해에 흉년으로 극심한 식량난에 시달렸고 풍토병으로 많은 친인척이 목숨을 잃었다. 아버지 이원일은 독립운동단체인 〈경학사〉에 참여하여 간도지역 독립운동 기반을 조성하였다. 1921년 이해동이 열여섯살 되던 해 일송 김동삼의 아들 김정묵과 결혼하였다.

1920년 김좌진 장군과 홍범도 장군이 이끌었던 청산리전투 승리에 대한 보복으로 일제는 간도지역 교민 3천 5백여 명을 학살하였다. 독립군 가족들이 위험해지자 부모는 자식들을 빨리 결혼시켰다. 말이 결혼식이지 머리를 올리고 비녀를 꽂았을 뿐이었다. 연지곤지를 바르고 족두리를 쓰는 것은 사치스런 혼례였다. 독립군 가문의 어머니, 아내, 딸과 며느리에게 화장은 상상할 수 없는 사치였다. 결혼반지와 같은 패물은 오래전에 군자금으로 들어갔다. 일상생활에서 누렸던 호사를 포기하는 것도 항일운동으로 인식하였다.

결혼 후 집안일은 고스란히 열여섯 살 어린 며느리의 책임이었다. 시아버지와 남편은 늘 집에 없었다. 시어머니와 며느리의 관계는 고부간이 아니라 모녀지간보다 더 애틋하고 각별했다. 함께 들판으로 나가 농사를 지었고, 남편과 아들을 위해 함께 기도했다. 첫 손자가 태어나자 남편과 시아버지가 찾아왔다. 가족을 떠난 지 5년 만에 찾아왔으나 이 때도 시어머니(박순부)는 시아버지 (김동삼)을 만나지 못했다.

    박순부(1882~1950)는 박제희의 딸로 태어나 김동삼의 부인이 되었다. 국권을 회복하려는 항일혁명군들은 아내와 가족을 떠나 해외로 망명하였다. 1911년 남편 김동삼이 만주로 망명하자 아들을 데리고 만주로 떠났다. 박순부는 독립운동가의 부인으로 살면서 따뜻한 가정생활과 다정한 부부생활을 해본 적이 없었다. 일상의 부부생활도 사치스런 시기였다. 만주생활 20년 동안 아내는 남편을 두세 번 만났다. 1933년 경성형무소에서 기다리던 남편 김동삼의 편지가 왔다. 가족의 안부와 새로 출생한 손자 손녀들에 대한 지극한 사랑이 담긴 편지였다. 시어머니는 남편에게 보낼 가족사진을 찍었다. 이 사진이 만주생활 반세기 동안 처음이자 마지막으로 찍은 가족사진이었다. 1937년 남편 김동삼이 위독하다는 소식이 왔다. 감옥에서 전염병에 걸렸는지 갑자기 위중하다는 전보를 받고 아들이 서울로 향했으나 도착하기 전날 세상을 떠났다. 장례를 치르고 돌아온 아들은 요시찰인물로 지목되어 어디를 가든 일제의 사복경찰이 따라 다녔고, 늘 검문의 대상으로 갑자기 체포 구금을 당했으며 정기적인 조사를 받아야 했다. 온 가족이 불안과 공포 속에서 살았다.

    1945년 기다리던 광복이 찾아왔다. 일본이 망하고 해방이 되었다는 소식에 동포들은 기쁨에 들끓었다. 그러나 중국의 급변하는 정세변화로 김동삼의 가족은 환국하지 못했다. 온갖 풍상을 이겨낸 며느리 이해동은 1989년 고국 땅을 밟게 되었다. 여섯 살에 아버지 손에 이끌려 만주로 간 다음 77년 만에 고국으로 돌아온 것이다. 그 뒤 이해동은 고국에서 13년을 살다 98세를 일기로 2003년 8월 별세하였다. 박순부의 희생이 시아버지 김동삼의 항일운동의 무기가 되었고 광복을 가져왔다고 했다. 며느리 이해동은 시어머니 박순부의 희생을 거룩한 민족운동이라고 했다. 가정의 영역에서 여성의 인내와 침묵 그리고 온 가족을 위한 희생이야말로 항일운동의 날카로운 무기였다.

허은(1907~1997)은 회고록에 따르면 항일혁명가 집안에서 태어났기 때문에 항일혁명가 집안으로 시집갔다. 나라의 운명이 집안의 운명이었고, 집안의 수난이 여성에게 맡겨졌다. 민족의 운명이 순탄했으면 자신의 인생도 순탄했을 것이라 믿었다. 그녀는 경북 선산군 구미면 임은동 항일운동가 집안 외동딸로 태어났다. 대대로 유교를 숭상하고 선비의 지조를 중히 여기는 집안이었다. 빼앗긴 나라를 되찾는 일에 목숨을 바쳐 가며 항일운동하는 것이 충이요, 효라고 믿었다.

집안의 최고 어른이 항일의병활동을 하다가 교수형을 당했다. 그 후 항일운동이 집안의 최고 가치로의 덕목이 되었다. 일제는 연좌제를 적용해서 허씨 일족의 모든 가족을 괴롭혔다. 일본경찰들은 번쩍거리는 긴 칼을 철커덕거리며 차고 그 옆에는 한복 차림의 조선 보조원 한 명을 데리고 온 동네를 휘저으며 다녔다. 이들이 동네에 들어서면 어른 아이 할 것 없이 무서워서 벌벌 떨며 피해다녔다. 일본경찰들은 어린 아들에게 집안 어른들이 어디 갔는지 뭘 하고 있는지 캐물었다. 이런 감시 때문에 고향에서 숨을 쉴 수 없어 만주행을 결심하였다. 1915년 일가친척 수십 명이 구미역에서 기차를 타고 서울 남대문역을 거쳐 신의주에 도착했다. 고향을 떠난 지 두 달 만에 길림성 통화현에 도착했다.

　1931년 9월 만주사변이 터졌다. 봉천성과 길림성을 일본이 점령하였다. 독립기지가 일본의 점령하에 들어갔다. 만주독립운동의 지도자 이상룡은 절망과 낙심으로 1932년 5월 길림성에서 세상을 떠나고 말았다. 세상을 떠나기 전 이상룡은 "국토가 회복되기 전에 내 해골을 고국에 싣고 들어가지 마라, 이곳에 묻어 두고 기다려라. 그리고 가족들은 고향 안동으로 돌아가 안정된 생활을 하라."는 유언을 남겼다. 시신을 만주벌판에 묻고 70여 명의 가족이 환국의 길에 올랐다. 고향을 떠날 때와 마찬가지로 환국하는 길 또한 험난하였다. 길림에서 출발한지 석 달 만에 서울역에 도착했다. 석 달 전에 입었던 옷 그대로 고향에 도착하니 그들은 헐벗은 거지 중에 상거지였다.

　만주에서 풍찬노숙하며 통한의 뼈가 사무치는 망명의 세월을 보냈으나 나라의 운명은 조금도 나아지지 않았고 친정과 시댁은 양쪽 다 몰락하였다. 친일 변절자들의 가족과 자식은 호의호식하며 좋은 학교에 다니며 신식 교육을 받았다. 일본이나 미국, 유럽 등 외국 유학의 특권을 누리기도 했다. 그러나 독립운동가 집안의 자식은 일제의 감시를 피해 다니느라 이곳저곳으로 자주 이사했고, 입에 풀칠도 하기 어려웠다. 영양부족으로 제대로 성장하지도 못 했다. 일제의 독살과 감시를 피해 목숨을 부지하는 것이 기적이었다. 자녀교육은 어른들의 독립투쟁 교육이 전부였다. 남녀노소 할 것 없이 황량한 만주벌판에서 묻힌 사람은 또 얼마나 많았던가. 고향에 있었던 자손들은 뿔뿔이 흩어져 구걸하면 목숨을 부지하고 있었다. 만주벌판에서 오로지 항일투쟁에만 매달렸던 식솔들이 고향으로 돌아왔으나 일제의 감시는 더욱 심해져 매주 경찰서에 불려가 조사를 받았다. 항일독립운동가들의 가정은 늘 불안과 위협에 노출되어 감시의 대상이 되었다.

항일민족독립운동사에서 가족의 희생은 주로 어머니와 아내 그리고 며느리의 몫이었다. 가족의 희생은 가정의 영역에서 펼칠 수 있는 대표적인 항일운동의 상징이었다. 가족의 희생은 나라를 잃었기 때문이며 국권회복을 위해 더욱 치열하게 목숨을 걸고 일제에 맞서는 디딤돌이 되었다. 따라서 가족의 수난과 희생은 항일민족운동의 주요한 무기가 되었다. 그 무기로 항일혁명을 지속적으로 펼쳤고 독립을 향한 등불을 밝혔다.

쌀 농사로 가족의 생계를 책임지다

역사적으로 정치적 혼란기는 안식처로서 가정이 사라지고 가정에서 여성의 역할은 다양하게 확대된다. 여성의 다양한 역할 중에 만주지역 여성들은 들판으로 나아가 농사꾼으로서 가족의 생계를 책임졌다. 반면 가정은 민족주의 온상지로서 공적인 영역에서 전개되었던 항일민족주의 정치활동의 주요한 공간이 되었다.

만주에 도착해서 가장 먼저 한 것은 논 개간이었다. 가족의 식량 준비는 고스란히 여성의 책임이었다. 중국 사람들은 쌀을 주식으로 하지 않기 때문에 논이 없었다. 우선 황무지를 밭으로 만들었다가 얼마 후 다시 논을 만들어야 했다. 밭은 비탈지거나 물이 없어도 되지만 논은 물이 항상 고여있어야 하기에 땅을 고르고 평평하게 만들어 물을 대야 했다. 논을 개간하여 서간도 땅에 처음으로 벼농사를 이식한 것은 바로 여성들이었다.

토질이 비옥하여 볍씨만 뿌린 뒤, 모내기와 논매기를 하지 않고 물만 계속 대주면 풍년이었다. 이렇게 논농사에 뛰어든 여성들은 쌀농사를 지어 가족의 생계를 책임졌다. 그러자 본국에서 농토 없이 고생하고 가난한 친척들을 대거 만주로 불러들였다. 새로운 이주민들에게 논 개간 방법을 알려주어 안정하게 정착하도록 지원하였다. 매년 만주로의 대대적인 이민 행렬이 이어졌다. 만주벌판이 흰옷 입은 한민족들로 가득 찼다. 멀리서 흰옷 입은 물체를 바라보기만 해도 마음의 평화와 민족독립의 희망이 느껴졌다. 1920년대 말 남북 만주의 한인들이 개척한 농토 1백2만 구 중에 논 농사가 90만 구를 차지했다고 한다. 따라서 연간 벼생산량이 1천3백만 석에 달했다. 민족의 수난기 여성들은 만주벌판에 쌀 문화를 이식하였다.

농사짓는 일은 여자들의 책임이었다. 남자들은 농사일을 몰랐을 뿐만 아니라 모두 항일독립운동으로 집에 없었다. 어린애를 등에 업고 농사일을 하거나 시할아버지 시아버지 남편의 밥상을 차려야 했다. 늦가

을에는 겨우살이 땔감 준비에 눈코 뜰새 없이 바빴지만 남자들은 도움이 안 되었다.

가정생활에서 필요한 모든 물품은 직접 만들어 사용했지만, 소금은 사야 했다. 소금이 귀한 곳이라 아주 비쌌다. 쌀 서 말로 소금 한 말과 바꾸었다. 쌀로 솜과 땔감도 사야했다. 만주의 겨울은 지독하게 춥다. 며칠간 눈이 계속 쏟아져 온 세상이 흰 눈으로 덮여 있으면 얼어 죽지 않기 위해 부엌에서 계속 군불을 때야 했다. 장작을 패는 것도 여성의 몫이었다. 겨울에는 중국여성들로부터 만주벌판에 적합한 신발 만드는 법을 배워 신발을 많이 만들었다. 짚신보다 중국 신발이 훨씬 더 편리하고 따뜻했다. 짚신은 방한이 안 되어 동상에 걸리기 쉬웠다. 짚신에 눈이 올라 붙으면 무거워져 걷기도 어려웠다. 중국 신은 헌 헝겊을 모아 풀로 여러 겹을 바른다. 신 바닥이 될 부분은 더 여러 겹 발라 누빈 다음, 발바닥 모양으로 오리고 그 위에 발등을 갖다 붙이면 완성되었다.

만주벌판에서 쌀농사를 지어 가족의 생계를 책임졌고, 모든 가정용품은 직접 만들어 사용했다. 할아버지, 아버지, 남편이 목숨을 걸고 항일독립투쟁에 참여했다면, 시할머니, 시어머니, 며느리들은 이국만리 타향에서 모든 가족이 혹한의 추위를 피하고 굶지 않도록 의식주를 책임졌다.

독립군에게 의식주 제공

만주지역 대표적인 항일독립운동 단체 서로군정서 사무실은 가정

안에 있었다. 서로군정서 독판인 이상룡을 찾아오는 손님이 많았다. 지청천, 신숙, 황학수, 이범석 등이 갑자기 찾아왔다. 부엌에서 시어머니와 며느리는 음식 준비로 하루를 보내기 일쑤였다. 어떤 손님은 6개월씩 머물렀는데 식성이 너무나 까다로워 입맛에 맞는 반찬을 만드느라 고생하였다. 반찬거리를 사기 위해 옆집 피복 집에 단추구멍 내는 부업 일감을 가지고 왔다. 그 돈으로 입맛에 맞는 반찬을 샀다. 이범석 장군은 키가 작았는데 인물이 좋아서 시누이와 혼담이 있었다. 그런데 이범석 장군의 눈이 근시라며 시어른이 결혼을 반대했다. 근시였지만 일본군을 토벌하는 데 아무 문제가 없었다.

　이상룡은 경북 안동에 있는 임청각을 제외한 모든 문전옥답을 팔아 거금을 가지고 왔다. 경학사, 신흥무관학교 운영에 150여 명이 한꺼번에 이주해 오면서 정착자금 또한 막대하게 들었다. 시댁의 사랑채에는 흰 종이 뭉치가 산더미로 쌓여 있었고, 등사판이 놓여있었다. 매일매일 만주에서 항일독립운동의 현황을 인쇄해서 만주와 중국 그리고 한국에 보내고 있었다. 숨쉬는 것부터 모든 것이 돈이었기에 군자금 독립자금 만드는 일이 가장 급선무였다. 대부분의 자금은 신흥무관학교 운영과 청소년 교육사업에 들어갔다. 그 결과 많은 군관을 배출하였다.

　만주 일대의 수많은 항일혁명가 김동삼, 김형식, 이진산, 이병삼 등이 찾아왔다. 특히 김동삼은 성격이 자상하였고, 시할머니와 자주 이야기를 나누었다. 친정에도 몇 번 만난 적이 있다. 모두가 일가친척이라 익숙한 이름과 얼굴들이었고, 이들을 뒷바라지하는 것이 일가친척을 돌보며 나아가 항일독립운동이라 믿었다. 김해 허씨, 고성 이씨, 의성 김씨, 진성 이씨 등 혼맥으로 결속된 친족항일 공동체를 이루었다.

혼맥과 혈맥의 혈연공동체는 항일독립운동 네트워크 결속과 강화를 가져왔다. 아버지가 독립운동가이면 시아버지와 남편 역시 독립운동가였다. 항일혁명가 집안에서 태어나 항일운동가 집안으로 시집가는 것이 여성의 운명이었다. 결혼 상대는 자신이 아니라 부모들이 결정하였다. 16세 허은은 영남 유림을 대표하는 항일 독립투사 석주 이상룡의 손자와 결혼했다.

시집은 이천팔백 리나 떨어져 있었는데, 부산에서 신의주까지의 먼 거리였다. 눈이 펄펄 내리는 추운 겨울 친정아버지와 시아버지, 신랑 그리고 신부 네 명이 함께 시집으로 향했다. 추운 겨울 시집가는 멀고 험난한 길은 고된 인생살이를 예고하는 듯했다. 민족의 운명이 순탄했으면 시집가는 길이 그렇게 멀거나 낯설고 춥지는 않았을 것이다. 멀고 먼 시집가는 길이 민족이 가는 길과 같다고 믿었다.

시집가는 길에 시아버지가 한밤중에 갑자기 사라져버렸다. 친정을 떠난 지 사흘 만에 길림 여관에서 사라진 것이다. 시아버지의 신발은 그대로 있었다. 길림은 밀정들이 많았고 독립군들을 찾아다녔다. 나중에 알게 된 일이지만 신발을 그대로 둔 것은 여관에 머무는 척하며 밀정들을 따돌리기 위한 위장이었다. 약 12일에 걸쳐 시댁에 도착했다. 며칠 후 시아버지는 그동안 아무 일도 없었다는 듯이 조용히 집에 도착하였다. 집안 살림살이를 책임져야 하는 시집살이가 시작되었다. 첫날부터 부엌에 들어가 아침상과 저녁상을 차렸다. 새색시로서 분이나 연지를 바르는 것은 사치였고, 여성으로서 아름답게 치장을 하거나 수놓은 옷을 입는 것은 꿈도 꿀 수 없었다. 음식 장만은 오롯이 며느리의 책임이었다.

서로군정서 회의는 시댁에서 개최되었는데, 회의 참석차 찾아온 손님들 접대는 모두 집안의 여성들 책임이었다. 서로군정서 조직원 의복은 집에서 단체로 만들어 배급하였다. 가문의 모든 여성은 의복 제작에 참여하였다. 대량의 검정광목과 산더미의 솜뭉치를 구매해서 만들었다. 일본의 감시를 피하고자 중국식 검정 두루마기를 만들어 입었다. 두루마기 한 벌이 배급되면 다 해지도록 입었다. 셀 수 없을 정도로 많은 옷을 만들어 김동삼, 김형식 등 집안의 어른이며 항일혁명가들에게 제공하였다. 직접 옷을 만드는 것이 가정에서의 독립운동이었다. 서로군정서 회의에 참석하는 애국지사들이 집안에 들어서면 비록 옷은 남루했지만 인물들이 훤했고, 확실한 신념과 자긍심으로 눈에 희망의 빛이 가득 했다. 며칠 동안 제대로 된 음식도 못 먹었으리라는 것을 잘 알고 있었기 때문에 간단하게 인사하고 곧 부엌으로 들어가 빨리 밥상을 차렸다. 머무는 동안 옷을 깨끗하게 세탁해서 해진 부분은 꿰매고, 새 옷이 있으면 그것을 내주었다. 밥상을 차리고, 옷을 만들고 꿰매는 것이 가정 영역에서 펼친 항일독립운동이었다.

남편들은 아이가 태어나면 잠깐 집에 들러 이름을 지어주고 떠났다. 여성들은 임신과 입덧으로 고생하며 출산을 하고 양육하며 수년을 기다렸다. 신흥무관학교 다니느라, 독립운동하느라 만주와 조선을 넘나들며 바람처럼 다녔다. 무장한 채 압록강을 건너가 평북 청성진의 일본경찰서를 습격하여 감옥에 갇혀 있다는 연락을 받았다. 그 후 한동안 무소식이었다. 무소식이 희소식이라는 말을 실감하였다. 살해되었거나 감옥에 갇혔으면 반드시 연락이 왔다. 남편이 나타나면 왔나 보다 하고 훌쩍 떠나면 어디론가 독립운동하러 떠났구나 했다.

늘 집을 떠나 있는 남편들이 언제 찾아올지 모르기 때문에 아내들은 새 옷을 지어놓고, 새 밥 몇 그릇을 따뜻한 아랫목에 넣어 이불을 덮어 두고 기다렸다. 한밤중에 찾아오더라도 방금 한 것처럼 따뜻한 밥과 국을 끓여놓고 기다리는 것이 가정의 여성들이 참여한 독립운동이었다. 매일 저녁 정화수를 떠 놓고 일본이 빨리 망해 집안의 남자들이 무사하게 돌아오기를 기원하는 항일민족주의 기도를 올렸다.

아내의 지지와 후원

이은숙 (1889~1879)의 회고록 『서간도 시종기』에 따르면 1910년 식민지가 되자 남편 이회영(1867~1932)이 그의 여섯 형제와 함께 모든 재산을 급매로 팔아 12월 30일 만주로 망명하였다. 이은숙은 스무 살의 나이에 22살이나 연상인 이회영과 천생연분이라 믿고 결혼했다. 1908년 당시로써는 상당히 호화로운 결혼식을 상동교회에서 올렸다. 남편 이회영의 구국활동을 지원하는 것이 여필종부의 삶이라고 믿었다. 만주에서 집안의 모든 여자는 음식준비와 빨래로 하루하루 바쁘게 보냈다. 남편 이회영은 '곧 돌아올 것'이라는 말 한마디를 남기고 떠났다. 그 후 5년간 남편은 무소식이었다. 혹독한 추위에 아이를 키우며 신흥무관학교 학생들의 밥과 빨래까지 해가며 남편을 기다렸다. 1915년 8월 남편 이회영이 종로경찰서에 체포되었다는 소식이 왔다. 1917년 조국을 떠난 지 7년 만에 어린 남매를 데리고 남편이 있는 서울로 향했다. 5년 만에 온 가족이 한집에 모였다. 1919년 이회영은 북경으로 간다며 또다시 집을 떠났다. 남편을 찾아 북경으로 갔는데 이회영은 임시정부 설립 관련 논의를 한다며 상해로 떠나고 없었다.

남편이 북경으로 돌아오자 이은숙은 찾아오는 손님을 접대하느라 바빴다. 하루에 대여섯 명씩 손님이 찾아오자 모든 음식준비는 아내의 책임이었다. 8개월 만삭의 무거운 몸을 이끌고 부엌에서 애국지사들에게 음식을 대접했다. 이은숙은 생활비와 남편의 독립운동자금을 마련하고자 만삭의 몸을 이끌고 서울로 향했다. 어린 딸을 데리고 남편이 보내는 비밀문서를 신발에 숨기고 출발했다. 안동현 국경을 넘었는데 신의주에서 검문검색에 걸렸다. 대뜸 신발을 벗으라 하더니 신발 안창을 마구 뜯어 그 속에 숨겼던 문서를 찾아냈다. 이은숙은 그 자리에서 체포되었다. 신의주 경찰서로 끌려갔는데 경찰이 '점잖은 양반 부인이 왜 이런 나쁜 문서를 가지고 다니느냐?' 했다. 남편이 보낸 비밀문서를 다 빼앗겼다. 서울에 머물면서 기생들의 옷을 만들어주는 침선을 도맡아서 많은 돈을 벌 수 있게 되었다. 한 달에 고정적으로 20~30원을 벌어 남편 독립자금으로 보냈다. 돈을 벌어 남편에게 보낼 수 있다는 게

행복이라고 생각했다. 이은숙의 침선 솜씨가 알려지면서 이준 열사의 부인 이일정 상회에서 일거리를 주어 많은 돈을 벌었다.

　북경에서 활동하는 남편 이회영을 찾아오는 손님들이 많았다. 경북 성주 출신 김창숙의 소개로 김달하를 알게되었다. 김달하는 박용만을 비롯한 독립군과 애국지사들을 회유해 변절시켜 돈을 받았다. 그런데 북경에서 독립군들이 박용만과 김달하를 암살하였다. 이 사건으로 북경경찰서는 남편 이회영이 김달하를 암살했을 것이라 혐의를 두고 감시를 하였다. 그런데 김창숙과 신채호는 남편 이회영을 암살하려 했다. 이회영이 김달하를 만난 적이 있으며, 그의 문상에 다녀왔다는 헛소문을 믿고 있었기 때문이다. 이때 북경의 독립군들은 친일 스파이들을 거침없이 척살하였다. 남편 이회영에 대한 헛소문이 무심코 지나가기를 기다리다가는 끔찍한 일이 벌어질 것 같았다. 이은숙은 칼을 들고 직접 김창숙과 신채호를 찾아갔다. 당신들이 우리 영감(이회영)이 김달하 문상간 것을 봤느냐며 따졌다. 남편 이회영의 투철한 애국심과 송죽 같은 절개를 모르냐며 대들었다. 오늘 이 칼로 너희 두 놈을 죽이고 나도 죽겠다며 두 사람을 휘어잡고 분함을 터트렸다. 두 사람은 잘못 알고 그랬다며 사과를 했다. 마치 어머니가 아들을 지키기 위해 나서 싸우듯이 남편 이회영의 명예와 체면을 지켜주었다. 그 후 친일행위 모략은 전혀 없었다.

　일본 세력이 만주로까지 확대되어 독립운동기지는 점차 축소되어 었다. 1931년 만주사변이 일어났다. 일본이 만주를 점령하였다. 1932

년 10월 남편 이회영이 일제 경찰에 체포되었다는 소식에 이어 사망하였다는 부고가 날아들었다. 화장한 이회영 시신의 유골을 수습하여 서울에서 장례를 치렀다. 남편 이회영 부고 사실을 널리 알렸다는 이유로 애국 동지들이 동대문경찰서 수감되었다. 일제는 이회영의 죽음을 철저하게 숨겼다.

이어서 아들이 일본경찰에 체포되어 서울로 압송 중이라는 편지를 받았다. 아들은 정치적 동지이며 효자였다. 재판에서 13년 형을 받았다. 일제의 요시찰 가족으로 지목되어 언제나 불시검문을 당하였다. 그런데 도둑이 이은숙의 생명줄인 재봉틀을 훔쳐갔다. 재봉틀로 옷을 만들어 생활을 연명하고 있었기 때문이다. 도둑은 혁명가 집안의 물건을 훔쳐도 경찰에 신고하지 못할 것을 알고 있었다. 요시찰 가족은 혼기가 된 자식들도 쉽사리 중매하겠다는 사람이 없어 마땅한 혼처를 찾기가 어려웠다. 신랑감을 찾아서 독립군이 많은 만주로 이사했다.

1945년 만주의 한인동포들이 모두 국내로 들어가는 피난민 행렬로 줄을 이었다. 1945년 8월 14일 서울행 기차를 탔는데 만주의 봉천 근처에서 기차가 멈추었다. 다음날 기찻속에서 조국의 광복 소식을 듣고 만세를 부르며 뛰어났다. 기차는 여전히 움직이지 않았다. 일본인 기관사들이 모두 도망가고 없었기 때문이다.

3. 미주지역-독립운동의 자금줄

미주지역 여성들은 재정지원을 통한 항일정치운동에 참여하였다. 식민지 민족은 가난한 친정이었고, 시집간 딸이 가난한 친정가족을 경제적으로 도와주듯이, 미주지역 여성들은 항일운동단체와 임시정부에 재정지원하는 것을 당연한 것으로 여겼다. 1920년대 임시정부가 본국과 만주로부터의 재정적인 지원이 완전히 끊겼을 때 유일하게 기댈 곳은 바로 미주지역이었다. 김구의 재정지원을 호소하는 편지정책은 미주지역 여성들의 재정지원을 이끌어냈다.

미주로 이주한 여성들의 유형은 크게 세 가지였다. 첫째 사탕수수 등 농장노동자 남편을 따라간 경우, 둘째 하와이 사진결혼 이주이며, 셋째, 미국본토의 유학생 혹은 유학생 아내로 이주한 경우이다.[4] 이들은 여성단체에 가입하여 다양한 활동에 참여하였다. 여성단체 가입과 활동은 미주여성에게 자신이 누구이며 어디에서 왔는지 그 뿌리를 기억하는 방법이었다. 독립자금 기부와 모금활동 참여는 견디기 어려운 노동과 외로움을 감내할 수 있는 숭고한 명분이기도 했다. 독립자금 모금활동은 민족의 자유와 해방으로 가는 희망이었다. 일제의 감시와 통치에서 벗어나 정치적으로 경제적으로 안전한 미주지역에 살고 있었기 때문에 고국에서 늘 숨죽이며 사는 동포들에게 미안했을 것이고, 목숨을 걸고 일제와 싸우고 있는 독립군에게 죄책감을 느꼈을 것이다. 누

---

4 박용옥, 『한국여성항일운동사연구』, 지식산업사, 1996, p.89.

구도 강요하지 않았지만, 심리적 보답으로 항일운동에 적극적으로 재정적인 지원을 하였다. 든든한 친정은 고된 시집살이를 견뎌내는 힘의 원천이었듯이, 해외에서 살아가야 하는 망국민에게 민족독립운동 참여가 민족정신을 지키고 후손들에게 자긍심을 심어주는 디아스포라의 자존심이었다. 따라서 미주지역 여성들이 기부한 독립자금 덕분에 민족독립이라는 희망의 등불이 꺼지지 않았다.

1) 민족을 위한 하와이 신부들의 분투기
꿈과 현실

1903년 1월 13일 호놀룰루 항구에 한인 노동자를 실은 이민선이 1905년 8월 중단될 때까지 7천 373명의 한인들이 하와이에 도착했다. 이 중에 여성은 659명이었고 어린 자녀가 550여 명이었다. 노동계약기간이 끝났을 때 2천여 명은 샌프란시스코와 로스앤젤레스 등 미국 본토로 이주하였고, 1천여 명은 한국으로 돌아갔다.

좀 더 나은 삶을 찾아 이민선에 올랐던 이민노동자들은 온몸을 태울듯한 뜨거운 뙤약볕 칼날처럼 날카로운 잎을 가진 사탕수수밭에서 채찍을 휘두르는 냉혹한 노동관리자의 감독을 받으며 하루 10시간씩 노예처럼 일해야 했다.

1910년 인구조사에 따르면 한인 성비가 남성 10명에 여성 1명 비율이었다. 성비 불균형으로 교포사회의 여러 가지 문제가 생기자 사진결혼으로 해결하고자 했다. 사진결혼의 역사는 19세기 영국에서 시작되었다. 영국남성들이 해외식민지로 대거 이주하면서 식민지 지역사회의 문제를 일으켰다. 인종적 우월감을 내세워 식민지 유색인 여성들을 겁탈하거나 부도덕한 생활로 혼혈아 증가를 가져왔다. 대영제국의 식민지 사회문제를 해결하고자 사진결혼이 시행되었다. 게다가 사진결혼은 우월한 백인문화를 식민지에 이식시키는데 기여할 것으로 인식하였다. 영국의 백인여성들이 뉴질랜드를 비롯한 다양한 식민지역으로 사진결혼 이주에 동참하였다. 가장 큰 문제는 신랑의 나이와 경제력과 학력을 속였다는 것이다. 19세기 영국백인 여성의 사진신부들이 겪어야 하는 좌절과 울분 역시 하와이 사진신부들에게도 펼쳐졌다.

1910년부터 1924년 사이에 결혼이주로 미주지역에 도착한 여성은 951명이었는데 미국 본토로 이주한 여성은 115명이었다. 미국 본토로 이주한 여성은 북한지역 출신이 많았으며, 반면, 하와이 결혼이주 여성은 영남지역 출신이 많았다.[5] 최초의 사진결혼은 1910년 12월 2일 호놀룰루에 도착한 최사라였다. 그녀는 호남출신으로 이내수의 사진신부였다. 두 번째는 39세의 백만국과 결혼하기 위해 12월 24일에 도착한 23세의 유명선이었다. 1910년 12월부터 '동양인 배척법안'이 통과된 1924년 10월까지 하와이로 이주한 사진신부는 951명이며, 미국 본토로 이주한 신부는 115명이다.

가난한 가족을 부양하기 위해서, 일본의 지배가 싫어서, 천대받는

---

5 오은영, 「하와이 대한부인구제회 연구(1919~1945)」, 이화여대 석사학위논문, 2006. p.8.

여자의 굴레에서 벗어나고 싶어서, 여자도 공부할 수 있다고 해서 10대 후반과 20대 초반의 1천여 명의 여성이 태평양을 건넜다. 사진신부는 외롭고 고된 삶으로 점철된 이민노동자들의 정서적 안정과 미래를 꿈꾸는 가정을 가져다주었다. 그뿐만 아니라, 하와이 이민 사회의 경제적 사회적 발전을 이룩하는 원동력이었다.

사진결혼의 절차는 남성이 본국의 중매쟁이에게 사진을 보내면, 고국의 여성이 사진 속의 남자를 보고, 사진 속의 남자에게 간단한 소개와 더불어 자신의 사진을 보낸다. 신랑감이 하와이 일본영사관에서 여권을 발급받아 100달러에서 150달러라는 거액의 이주경비를 보내면 약혼이 성립된다. 신붓감은 혼인신고를 하고 여행허가증을 발급받고 신체검사가 통과되면 태평양을 건넜다. 신부는 사진 속의 남자와 미래를 꿈꾸며 고통스런 배멀미를 참으며 항구에 도착한다. 그런데 사진 속의 늠름하고 믿음직스런 남자는 찾아볼 수 없었다. 새까만 얼굴에 다 늙어 이빨이 빠진 남자들이 사진신부의 남편들이라며 쭉 늘어서 있었다. 인정하고 싶지 않은 현실에 직면했지만, 신부들은 돌아갈 곳도 다른 선택의 여지도 없었다.

사진결혼은 다시는 친정으로 돌아갈 수 없는 이국만리 남편을 찾아간 여성개인 뿐만 아니라 가정과 교포사회의 심각한 문제를 낳기도 했다. 가장 큰 문제는 신랑의 나이가 평균 20~30살 더 많았다. 평균 18세의 신부들이 늙은 아버지뻘 혹은 할아버지뻘을 남편으로 삼고 살아야 한다는 현실 앞에서 호놀룰루 항구에 있는 교포가 운영하는 여관은 도착 첫날부터 신부들의 울음바다가 되었다. 여관집 여주인은 '며칠 지나고 나면 괜찮아질 거야, 살아가는 이유를 찾기 위해서는 하루빨리 애를 낳아야 한다'고 조언한다.

비슷한 처지의 신부들은 밤새 울고 퉁퉁 부은 얼굴로 다음날 교회에서 합동결혼식을 올렸다. 결혼식을 올린 후 각자 남편을 따라 농장의 캠프로 향했다. 사진신부에 대한 시선은 늘 곱지만은 않았다. 돈에 팔려왔다는 인식 때문에 나이든 남편은 젊은 아내를 종부리듯이 함부로 대하거나 폭력을 행사하기도 했다. 신부의 교육 수준이 신랑보다 높았으며, 대부분 중학교를 다니거나 교사와 간호사 등 교육받은 전문직 여성이었다. 신랑이 하와이 실업가 혹은 농장 지주인 줄 알고 왔는데 정작 신랑은 편지 한 장도 쓸 수 없을 정도로 무학이었다.

사진결혼은 여성에게 돌이킬 수 없는 좌절과 고통을 주었을 뿐만 아니라 신랑에게도 삶의 비극이었다. 배우자를 데려오기 위해 하루 10시간 이상씩 뙤약볕 아래 10여 년 정도 일을 해야 신혼집도 마련하고 여행경비 150달러를 마련할 수 있다. 힘들게 번 거금을 들여 고국에서 아내를 데려오기 때문에 신랑은 아내가 여학교 출신의 교사나 간호사를 기대하였다. 신랑은 자신이 일자 무식쟁이더라도 고국에서는 아메리카 대륙으로 시집간다는 꿈에 부푼 젊은 여성들이 줄 섰다는 사실도 알고 있었다.

1915년 3월 25일 〈신한민보〉는 '사진결혼의 이해'라는 논설을 통해 재미 노동자들에게 자신의 처지와 상황을 잘 파악해서 본인과 맞는 아

내를 맞이할 것을 권하고 있다. 한마디로 주제 파악 잘하라는 경고였다.[6]

사진신부로 해외로 이주하겠다는 여성들의 선택에는 여러 가지 이유가 있겠으나 첫째는 절대적인 가난과 굶주림에서 벗어나고자 결혼이주를 선택했다. 경제적으로 친정을 도와줄 수 있을 뿐만 아니라 자신의 공부도 계속할 기회가 있다고 믿었다. 중매쟁이들은 '아메리카에 가면 길거리의 야자수 나무에 옷과 신발이 주렁주렁 달려있고, 학교가 기다리고 있다' 이런 터무니없는 이야기로 10대 소녀들의 마음을 흔들어 놓았다. 두 번째 이유는 항일정치운동을 자유롭게 펼치기 위해서였다. 하와이 여성들의 적극적인 항일여성단체 활동에서 엿볼 수 있다. 사진신부들의 공통된 미주행 선택은 식민지 가부장제의 굴레에서 벗어나 자신의 꿈과 희망을 실현하려는 욕망이 크게 작용하였다.

사진신부들은 나이가 어렸을 뿐만 아니라 적어도 제 앞가림을 할 정도로 교양과 지적 수준을 갖추고 있었기 때문에 하와이 생활에도 잘 적응했다. 도착하자마자 일거리를 찾아 나섰다. 대부분의 일거리는 세탁일과 식당일이었다. 농장캠프에는 공동세탁장과 공동식당이 있었다. 독신노동자들은 합숙소에서 집단생활을 하는데 여성들에게 돈을 주고 빨래와 식사를 해결하였다. 세탁일은 힘들었다. 시뻘건 황토물이 든 작업복은 뻣뻣하고 무거웠다. 방망이로 두드려서 애벌세탁을 하고

---

6 『신한민보』, 1915년 3월 25일.

다음으로 비누칠을 해서 비벼 빤 뒤 여러 번 헹구고 나면 허리가 끊어질 듯 아팠다. 시집오기 전 고향에서 삯바느질 일은 고생도 아니었다.[7] 그러나 사진신부 출신들이 다 함께 모여 일을 하면서 수다를 떨고 간식을 먹으며 이야기꽃을 피웠다. 힘들고 고된 노동에도 불구하고 돈을 벌어 친정에 보탬이 될 수 있다는 생각에 뿌듯해하며 서로를 위로하였다.

  나이 차이가 커서 부부의 정이 깊지는 않지만, 가임기의 여성은 임신과 출산으로 가정생활에 적응해갔다. 간혹 젊은 남편은 자식이 태어나자 항일독립운동에 직접 참여하겠다며 중국으로 만주로 향했다. 홀로 남겨진 사진신부는 남편을 대신해서 자녀를 양육하고 생계를 책임져야 했다. 이제 태어난 자식을 교육시키고 가난한 친정에 돈을 보내기 위해서 더욱 열심히 일해야 했다. 이제 자녀교육과 친정 보탬이 삶의 중요한 가치가 되었다. 자녀교육을 위해 도시로 이사를 했다. 농장노동 계약기간이 끝나면 도시지역으로 진출하여 가구와 양복, 재화기술을 배워 가게를 열기도 했다. 도시에서는 백인가정의 가정부로 일하거나 파인애플 공장에서 일하며 차츰 경제적으로 안정되어 갔다. 그뿐 아니라, 목돈을 만들기 위해 계모임을 만들었고, 매일 밥을 할 때마다 한 줌씩의 쌀을 절약했다. 목돈을 모아 친정에 보내거나 곗돈으로 부동산을 구입하여 새로운 사업을 시작하였다. 나이 많은 남편은 어린 자식을 남겨두고 먼저 세상을 떠났다. 생계의 책임자로서 자식교육을 위해 친정

---

7   이금이『알로하, 나의 엄마들』, 창비, 2020, p.137.

을 돕기 위해 직접 경제활동에 나섰다. 사진신부들의 하와이 도착으로 한인 남성들의 개인적인 삶뿐만 아니라 한인공동체 사회가 점차 활기를 띠면서 경제적으로 사회적으로 발전해 갔다.

일부 사진신부들은 항일정치운동을 자유롭게 펼치기 위해서 미국행을 선택했다. 하와이 여성들의 적극적인 항일여성단체 활동에서 엿볼 수 있다. 항일민족주의 활동을 자유롭게 하기 위해 미주행을 선택한 여성들은 물 만난 물고기 마냥 항일정치운동에 적극적으로 참여했다. 따라서 하와이 한인 여성들의 민족주의 정치활동은 사진결혼 이주와 함께 시작되었다. 이들의 정치의식과 민족의식은 곧 독립운동사에서 독립군 자금줄 역할을 하였다.

하와이 교포들의 민족의식은 백인농장주들이 일본인과의 조선인 노동자 간의 임금차별을 크게 두었기 때문에 고취되었다. 일본인은 자신들의 이익을 지켜줄 국가가 있었으나 조선인 노동자는 자신의 억울함을 호소할 언덕조차 없었다. 늘 일본인 노동임금에 조선인 노동자는 60퍼센트를 받았다. 일본인 노동자들이 임금인상을 위해 파업을 할 때면 백인고용주는 조선인 노동자를 파업분쇄자로 활용했다. 조선인 노동자의 일본에 대한 적대감을 이용해서 임금인상을 요구하는 일본노동조합 파업을 파괴했다. 조선인 노동자는 임금인상을 막기 위해서가 아니라 일본인이 미워서 고용주 편에 섰다. 일본인 노동자들은 조선인 노동자를 가리켜 '제 살을 깎아먹는 줄도 모르는 무식쟁이, 저러니 나라를 빼앗겼지'라며 노골적으로 경멸했다. 민족적 감정이 계급적 공감보다 훨씬 더 직접적이고 절실했던 식민지인의 슬픈 현실이었다.

일본인에 대한 적대감은 하와이 교포사회의 결속을 가져왔다. 초기 하와이 여성들은 친목도모를 목적으로 단체를 조직하였다. 점차 일본인에 대한 적대감은 민족독립운동으로 결집되었다. 단체활동을 통해 하와이 신부들은 하와이 교민사회 주류세력으로 그리고 항일정치운동에 참여하였다.[8]

대한부인구제회 : 일본제품 배격과 독립자금 모금

하와이 이주 여성의 초기단체로는 〈신명부인회〉와 〈부인교육회〉가 있었다. 신명부인회는 회원이 약 43명이었고, 한일합방 관련 소식을 접하고 송병준, 이완용과 일왕에게 보낼 합방 거부 전보 비용을 모금하는 데 참여하였다. 〈부인교육회〉는 신학공부를 목적으로 조직된 단체였으나 안중근 의사 재판경비 모금에 참여하였다.[9]

1913년 4월 19일 신명부인회와 부인교육회를 통합하여 〈대한부인회〉를 새롭게 설립하였다. 〈대한부인회〉 설립목적은 자녀의 국어교육, 재난동포 구제, 일본제품 반대, 교회와 사회단체 재정후원이었다. 초대 회장 황마리아는 회칙을 제정하여, 〈대한부인회〉 재정마련에 주력하였다. 재정확보를 위해 단체가 직접 재봉소를 만들어 여성복을 생산 판

---

8 오은영, 「하와이 대한부인구제회 연구(1919~1945)」, 이화여대 석사학위논문, 2006. p.11.
9 홍윤정, 「하와이 한인 여성단체와 사진신부의 독립운동」, 『여성과 역사』, 2017.06. 제 26집, 한국여성사학회, pp.1~25.

매하고 그 수익금으로 단체 재정을 확보하고자 했다.

　1919년 3월 9일경 하와이 한인사회가 술렁이기 시작했다. 조선에서 독립만세운동 소식이 전해졌다. 경성을 비롯한 대도시에서 시작된 만세운동은 전국방방 곳곳으로 퍼져 나갔다. 남녀노소, 농민, 노동자, 기생 특히 여학생들이 대규모로 참여하여 만세를 외쳤다. 독립만세의 함성이 하와이까지 전해졌고, 미국의 신문에서도 크게 조선의 독립운동을 다루었다. 일본 경찰의 총칼에 맞아 죽거나 다친 사람이 수천 명이고 시위하다 잡힌 사람이 감옥에 가득하다. 가장 충격적인 소식은 일본경찰의 칼에 팔이 잘린 여학생이 다른 한쪽 팔로 태극기를 들고 독립만세를 외쳤다는 이야기이다. 하와이 교민사회는 연일 분노로 들끓었다.

　중국상해에서 대한민국임시정부가 수립되었고 이승만이 대통령 박용만이 외무총장으로 추대되었다. 이제 왕의 백성이 아니라 나라 없는 민족이 아니라 대한민국의 국민이 된것이다. 하와이 교민들은 앞다투어 임시정부에 성금을 보냈다.

　1919년 3월 15일 황마리아가 하와이 각 지역 대표 41명과 함께 〈대한부인구제회(Korean Women's Relief Society)〉를 결성하였다. 〈대한부인구제회〉는 3.1만세운동을 계기로 하와이 여성들의 항일정치운동을 새롭게 결의한 단체이다. 〈대한부인구제회〉는 여성의 단결, 여성의식 강화, 사회진출, 동포구제와 민족독립운동 군자금 모금을 강조하였다.

　임원명단과 79명의 회원명단이 기록되어 있었다.

회장 : 손마리아	재무 : 송마다
부회장 겸 외교원 : 김미주리	학무 : 백인숙 법무 : 정혜린
총무 : 김보배	구제담당 : 안득은
서기 : 김유실, 김복순	사찰 : 정마터

〈대한부인구제회〉는 크게 호놀룰루에 위치한 총회와 각 지방에 위치한 지방회 두 조직으로 나누어진다. 총회는 대표부와 중앙부로 나뉜다. 중앙부는 사무기능을 총괄하는 〈대한부인구제회〉의 실질적인 대표기관이었다. 회원들은 흰저고리와 흰치마를 입고 머리에는 빨간 적십자가 그려진 하얀 두건을 쓰고 회의에 참석하였다. 총회장, 부총회장, 총무, 서기, 재무, 법무, 학무, 구제, 회교 등이 각 1명이었고 임원자격 기준은 28세 이상이며 선거는 매년 3월 1일이며, 1달가량 총회장과 부총회장 후보를 널리 알려 일반 회원들이 잘 알고 난 다음 선거가 이루어졌다. 각부 임원들은 총회장이 선임하여 대표회의에서 승인을 받았다.

〈대한부인구제회〉의 첫 사업은 독립선언서를 컬러판으로 인쇄하여 판매하였다. 350달러를 들여 판매한 수익금은 2천 달러라는 거액의 수익을 남겼다. 이 중에 1천 500달러는 3.1만세운동 참여로 체포되어 투옥된 애국지사들의 가족을 돕기 위한 구제금으로 송금하였다. 500달러는 동아일보와 조선일보를 통해 가난한 동포들에게 구제금을 보냈다.

하지만 하와이 교민사회는 교회, 단체, 지도자에 따라 편이 나뉘고 복잡하게 얽혀 있었다. 하와이 단체는 오랫동안 1910년에 설립된 대한인국민회를 해외한인전체를 아우르는 항일민족독립운동 단체였다. 대부분의 회원들이 〈국민회〉 소속이었지만, 이승만이 세운 교회 다니는 여성들은 〈동지회〉 소속이었다. 박용만의 무장투쟁론과 이승만의 외교론으로 하와이 교민들간의 갈등과 감정의 골도 깊어져 갔다. 〈대한부인구제회〉 회원들도 〈국민회〉와 〈동지회〉로 나뉘어 활동하였다.

심영신(1882~1975)은 〈대한부인구제회〉 활동을 통해서 독립운동을 전개했다. 심영신은 황해도 송화에서 1882년에 태어나 고향에서 소학교를 다녔다. 1910년 국권이 강탈당하자 식민지에서 벗어나고자 하와이 사진결혼을 결심하였다. 1915년 조문칠의 사진신부로 여권을 발급받아 하와이에 도착했다. 하와이에서 교회활동과 독립운동단체 활동을 통해서 독립운동 지도자로 성장했다. 1920년대 말 김구는 대한민국 임시정부의 어려운 상황을 하와이 여성들에게 알려 재정지원을 요청하였다. 김구는 백범일지에 심영신, 박신애의 정성 어린 독립자금 모금활동을 기록하였다. 〈대한부인구제회〉를 통한 하와이 여성들의 독립운동은 임시정부 김구의 자금줄 역할을 하였다. 독립운동 자금을 모금하면서 김구의 독립정신을 알렸고, 한국광복군 창설준비 자금 모금에도 지원하였다. 심영신은 1941년 4월 20일에는 하와이 호놀룰루에서 개최된 해외한족대회에 9개의 단체 모임에서 하와이 〈대한부인구제회〉 회장 자격을 참석하였다. 1938년 3월 10일 안창호가 서거하자 〈대한부인구제회〉이름으로 안창호 서거 위로금 20원을 모금하여 안혜련에게 보냈다.

이숙자는 본명이 이복순으로 〈대한부인구제회〉가 하와이 교민들의 민족의식을 고취하고 여성의식을 강화하여 항일정치운동 참여를 촉구하였다. 1900년에 태어나 서울 정신학교를 졸업했다. 1917년 홍철수의 사진신부로 하와에 도착한 후 양복점에서 재단을 배웠다. 1923년 남편 홍철수와 양복점을 직접 운영하면서 국방부의 육군으로부터 자격증을 받아 군복을 제작하여 납품하는데 성공하였다. 친정어머니를 하와이로 모셔와서 함께 살 정도로 생활수준이 높았다. 남편 홍철수와 함께 독립자금과 의연금 기부에 나란히 이름을 올릴 정도로 독립운동 재정 지원을 아끼지 않았다. 1943년 3월 항일 연합군을 지원하기 위해 1백 달러라는 거액을 들여 미국전시공채를 매입하였다. 하와이 교민들은 전시공채매입에 적극적으로 참여하였다. 1941년 12월 일본이 하와이 진주만 기습공격으로 태평양전쟁이 발발하자, 미국정부는 미국의 대일전쟁 승리가 곧 한국의 독립을 가져오는 것이라 믿었다. 전시공채 구입뿐만 아니라, 젊은이들은 태평양전쟁에 참전했다.

대한소녀리그 : 세계여성단체와 연대하다

1919년 5월경 하와이 여학생들의 민족주의 단체 〈대한소녀리그〉를 조직하였다. 〈대한소녀리그〉를 통해 세계 여성단체와 연대하였고, 미국정부에 일본의 강제병탄만행 사실을 알렸다. 파리강화회의에 민족대표들의 참석활동 상황을 알렸다. 상해에서 대한민국 임시정부가 수립되었고, 이제 일본의 식민지인이 아니라 대한민국 국민이 되었음을 교포사회와 전세계에 알렸다. 이들 소녀들은 어린 시절 부모와 함께 하와이로 이주하였다. 하와이에는 원주민, 일본인, 중국인, 포르투갈인, 필리핀, 한국인 그리고 백인 등 다양한 인종들이 모여 살았기 때문에 이곳에서 교육받고 성장한 교포 2세들은 노골적인 인종차별과 학대에 시달렸다. 2세대들은 1세대 부모들과 달리 정치의식과 민족의식이 투철하였고, 정치활동에도 적극적으로 참여하였다. 태평양전쟁이 발발하자, 부모들의 군입대 반대에도 불구하고 이민 2세들은 온전한 미국시민권을 얻고자, 일본에 대한 적대감, 민족독립 등 여러 가지 이유로 미군에 종군하였다.

영남부인회 : 경제활동으로 독립자금 모금하다

1928년 〈영남부인회〉가 결성되었다. 경상도 출신의 사진신부들 중심으로 〈영남부인회〉를 조직하였다. 발기인으로 박금우, 김보배, 이혜경, 박정숙, 이양순, 곽명숙 등 6명이었으나 전체 회원은 150여 명이었다. 이들은 〈대한부인구제회〉 회원이면서 임원이기도 했다. 〈영남부인회〉 회원들은 경제적으로 성공한 사업가들이 많았으며 하와이 이민사회에서 항일정치운동의 원동력이었다. 〈영남부인회〉 주요활동은 적금을 장려하고, 국산품을 애용하여 실업발전에 기여하고자 했다. 동포간의 상부상조와 결속을 다져 한인사회 경제적 사회적 발전에 기여하였다. 〈영남부인회〉는 1945년 민족해방이 이루어질 때까지 상당히 많은 액수의 독립운동 자금을 기부하였다.

　영남부인회를 이끌었던 지도자는 이희경이다. 1928년 영남출신 이극로가 유럽에서 박사학위를 받고 귀국하는 길에 하와이에 들러 강연하였다. 이승만이 노골적으로 이극로를 폄하하였고, 영남지역을 멸시하는 발언을 하였다. 이에 경상도 출신 하와이 신부들이 독자적인 여성단체 〈영남부인회〉를 조직하여 항일민족주의 활동을 전개했다. 〈영남부인회〉는 여성의 경제활동 장려, 교포들의 결속 강화, 친목 증진, 민족독립운동 참여를 강조하였다. 〈영남부인회〉는 동포 구제금을 비롯하여 다양한 독립운동자금 모금에 앞장섰다.

　이희경은 〈대한부인구제회〉 결성에도 참여하였고, 하와이 사진신부 독립운동가이다. 본명은 이금례이며 대구 신명여학교 1회 졸업생이며 18세이던 1912년 10월 영양출신의 이민노동자 권도인의 사진신부로 하와이 도착했다. 미국에 가면 하고 싶은 공부를 계속할 수 있다는 중매쟁이의 말을 믿고 하와이행을 결심하였다. 농장노동 계약기간이 만료가 되자 도시로 나와 대나무로 만든 가구를 만들어 판매하였다. 대나무 가구사업은 샌프란시스코에 공장을 세울 정도로 성공하였다. 이희경은 가구사업으로 번 거금을 독립운동 자금으로 쾌척했다. 1945년까지 1만 달러 이상을 독립운동 자금으로 기부하였다.

　박금우는 〈대한부인구제회〉 와 〈영남부인회〉에서 독립운동 자금 모금에 앞장섰다. 박금우는 마산출신으로 1912년 정시준의 사진신부로 하와이에 도착했다. 마산에서 창신학교를 다녔고 하와이로 건너온

후 동명학교에서 교사로 지냈다. 박금우는 친정아버지를 통해 마산과 진주 등지에서 여러 명의 사진신부를 소개했고, 물설고 낯설은 만리타향 하와이에 나이 어린 사진신부들이 정착하는데 도움을 주었다.

　이와 같이 하와이 신부들은 교민사회에서 중추적인 역할을 하였다. 〈대한부인구제회〉를 비롯한 다양한 여성단체를 조직하여 항일정치운동에 참여하였다. 1919년 이래 30년간 대한민국 임시정부에 재정지원, 외교 및 선전활동에 필요한 자금을 지원하였고, 항일중국군, 광복군 물품지원 및 재정을 지원하기도 했다. 해방될 때까지 수시로 보내온 돈의 총액은 무려 20만 달러가 넘었다. 하와이 여성들의 독립운동은 임시정부와 항일독립군의 재정지원이었다. 김구는 미주지역과 하와이 여성들과 단체들의 애국심과 재정지원 없었다면 독립운동을 계속할 수 없었을 것이라 했다. 하와이 여성들의 독립군자금 모금 참여가 독립운동이라 믿었고, 단체활동 참여가 곧 정치활동이었다. 3.1만세운동을 소식을 접하자 조국의 독립이라는 명확한 목적을 지닌 정치단체를 조직하였다. 독립운동 자금의 한 축을 담당할 수 있었던 것은 하와이 여성들의 성공적인 경제활동의 결과이다. 그들에게 친정은 식민지 조선이었고, 친정을 구제하고 가난에서 벗어나게 돕는 것이 딸들에게 주어진 소명으로 인식하였다. 〈대한부인구제회〉 활동을 통해 하와이 신부들을 자신의 희망과 꿈을 실현시키고자 했다.

2) 미주지역의 재정지원

이혜련, 모계중심의 항일민족운동

　미주지역 여성들의 항일정치운동은 이혜련(1884~1969)을 비롯한 초기 이민 1세대 여성들의 헌신과 희생의 결과이다. 아내 이혜련이 없었다면 안창호가 독립운동의 지도자로서 세계 곳곳을 돌아다니며 독립운동을 펼칠 수 없었을 것이다.[10] 이혜련의 삶은 미주지역 한인여성의 전형적인 아리랑 디아스포라이다. 대부분의 독립운동가들은 아내들에게 가정과 생계의 책임을 맡겼다. 안창호 역시 아내에게 생활비를 준 적도 없으며, 어린 자식을 키우거나 생계를 책임진 적도 없다.

　헬렌 안으로 더 널리 알려진 이혜련의 삶은 미주지역 여성독립운동사를 고스란히 담고 있다. 이혜련이 독립운동에 가담하기 시작한 것은 남편 도산 안창호와 결혼하면서부터이다. 미국의 관습에 따라 남편 성을 따라 '헬렌 안'으로 개명하였다. 36년간의 결혼생활 동안 남편 안창호와 같이 지낸 시간은 고작 12년이었고 일생을 남편이 없는 미국에서 자식을 키우며 생계를 직접 꾸렸다. 이혜련 혼자서 5명의 자녀를 양육하고 생계를 꾸리면서 교육하였다.

　이혜련은 1884년 4월 21일 평남 강서군 보림면 화학리에서 서당 훈장인 이석관의 2남 2녀 중 장녀로 태어났다. 아버지가 안창호를 이혜련

10　이경원, 김익창, 김그레이스, 1916, 『외로운 여성: 육성으로 듣는 미주 한인초기 이민사 하와이에서 유카탄, 쿠바까지』, 장태한 옮김, 고려대출판사, p.27.

의 남편감으로 낙점하였으나 안창호는 기독교 집안의 교육받은 신여성과 결혼하겠다며 거절하였다. 안창호의 결혼조건 요구에 따라 이혜련은 서울의 정신여학교에 입학해서 안창호의 동생 안신호, 김마리아, 김필례, 김순애 등과 함께 공부했다. 정신여학교를 졸업하고 다시 청혼했으나 이번에는 '미국유학을 가야 하니 10년 후에 결혼하자'는 것이다. 이에 이혜련은 결혼하고 미국에 함께 가자고 제의했다. 안창호는 이혜련의 집요한 청혼에 굴복하였다.

1902년 9월 3일 서울에서 평안도가 자랑하는 신남성 23세의 안창호와 집념의 여성 18세 이혜련이 결혼하였다. 결혼식 다음날 서울에서 도쿄로 도쿄에서, 하와이, 벤쿠버, 시애틀을 거쳐 20여 일의 항해 끝에 샌프란시스코에 도착했다. 좋아하는 남자와 결혼에는 성공했으나, 결혼생활의 모든 책임은 이혜련이 도맡았다. 이국만리 낯선 땅에 도착하자마자 먹을 것을 장만해야만 했다. 선교사 집에서 식모살이하며 신혼부부의 생계를 해결하였다.

그런데 남편 안창호는 재미교포들이 처한 열악한 상황을 목격하고 계획했던 교육학 공부를 중단하고 교포들의 권익보호에 나섰다. 안창호를 찾아오는 손님들이 줄을 이었고, 이혜련은 찾아오는 손님접대로 분주한 나날을 보내야 했다.

안창호가 하와이, 중국, 러시아, 유럽, 멕시코 등 해외로 나가 있는 동안 혼자서 어린 자식을 키우며 생계비를 벌었다. 농장노동, 가사노동, 과일가게 운영, 봉제공 등 막노동을 하면서 어린 자녀를 키우며, 안창호에게 생활비를 보내기도 했다. 이혜련은 독립운동가 아내로서 집안살림을 책임지는 것은 당연하다고 믿었다.

이혜련의 주요관심사는 어린 자식들이 굶지 않는 것이었다. 안창호가 정원에 장미를 심었다면 이혜련은 한국에서 가져온 채소 씨앗을 뿌렸다. 배추와 무씨를 심어 김치를 담그고, 상추, 호박, 옥수수, 감자를 심어 먹을거리가 풍성했다. 매년 된장과 고추장을 만들어 그 판매 수익금으로 독립자금을 모금하였다. 이혜련이 한국의 전통음식문화를 미국으로 옮겨다 놓았다.[11]

이혜련은 남편의 혁명활동을 지원할 뿐만 아니라 본인이 항일운동단체에서 활동하였다. 3.1만세운동은 미국에도 전해졌다. 이혜련을 비롯한 교포여성들은 〈부인친애회〉를 조직하여 독립의연금 모금에 나섰다.

1919년 3·1운동을 계기로 재미교포 여성연합단체 〈대한여자애국단〉가 결성되었다. 교포여성들의 민족의식을 고취하고 일본제품 배척을 펼치는가 하면 절식운동을 통해 독립자금을 모았다. 1926년 남편 안창호가 독립운동을 위해 미국을 떠난 것이 영원한 이별이 되었다. 남편이 없는 동안 미국에서 5남매를 키우기 위해 밤에는 병원에서 낮에는 백인가정의 가정부로 일했다.

---

11   이경원, 김익창, 김그레이스, 『외로운 여성: 육성으로 듣는 미주 한인초기 이민사 하와이에서 유카탄, 쿠바까지』, 장태한 옮김, 고려대출판사, pp.29~30.

안창호는 평생 가족의 생계문제를 걱정하거나 생활비를 가져다준 적이 없었다. 남편은 평생 민족의 독립운동에 헌신하였고, 아내는 남편의 빈자리를 채우며 자식을 키우고 생계를 책임졌다. 이것이 독립운동가 아내들의 독립운동이었다. 안창호가 위대한 혁명가로서 교육가로서 민족의 지도자로 역사에 큰 족적을 남길 수 있었던 것은 바로 이혜련의 헌신 덕분이다.

안창호는 1878년 평안남도 강서군에서 태어났다. 이혜련에게 안창호는 신비로운 신사였다. 그리고 말을 잘하고 노래를 잘 부르는 매력남이었다. 특히 여성들에게 인기가 많았는데, 아마 독립운동 전략에서 무장투쟁이 아니라 실력양성을 통한 교육론이 크게 작용한 것으로 보인다. 인도의 독립운동가 간디를 따르는 무리 중에 인도여성이 많았는데, 간디가 인도여성들을 독립운동 참여로 결집한 것은 바로 평화적인 불복종운동이었기 때문이라 한다. 마찬가지로 이승만의 외교론과 안창호의 교육실력론은 여성들의 항일정치운동참여를 이끌어내는데 한몫하였다.

일찍이 미국유학을 꿈꾸고 도미했으나 망국민의 서러움을 모른 체할 수 없어 학교를 그만두고, 〈국민신문〉과 〈해조신문〉을 통해 민족의식을 고취하고 교포들의 독립운동단체 국민회를 조직하였다. 김구, 이동녕 등 국내외의 항일운동가들을 조직하여 〈신민회〉를 결성하였다. 본국으로 귀국하여 서북학회를 조직하여 혁명적인 애국사상을 고취하고 서북협성학교와 평양대성학교를 설립하여 청년교육에 힘썼다. 다른 한편, 도자기 회사, 제철공장, 제지공장을 설립 운영하면서 교육사업 재정지원을 하는가 하면, 근대적인 산업제품을 생산하여 일본제품 유입을 막기도 했다.

1909년 10월 26일 하얼빈 역에서 이토 히로부미를 저격하는 사건의 배후 인물로 안중근 의사가 지목되어 체포되었다. 4개월간 수감생활 후 1910년 중국으로 망명하였고, 러시아를 통해 미국으로 돌아왔다. 미국에서 이번에는 흥사단을 조직하여 인재양성에 힘썼다. 고국에서 3·1만세운동이 터지자 더 이상 미국에 머물 수 없다고 판단하고 상해로 떠났고, 대한민국임시정부 수립에 앞장섰다. 안창호가 항일민족운동의 지도자로서 큰 족적을 남길 수 있었던 것은 이혜련의 지원과 후원 덕분이다.

1932년 윤봉길의 상해 홍구공원 폭탄 투척에 일제는 안창호를 주모자 혐의로 체포하였고, 서울로 압송하였다. 1938년 3월 10일 남편 안창호가 서대문형무소에서 순국하기 전 막내아들을 데리고 면회를 갔다. 얼마 후 사망했다는 소식을 들었지만 슬픔에 빠져 있을 수만은 없었다. 남편의 민족독립운동을 완성하고자 독립운동에 더욱 열심히 뛰어들었다. 과부가 된 이혜련은 〈대한여자애국단〉 적극적인 활동을 통해서 남편의 독립운동을 완성하였다.

대한여자애국단, 독립군 재정지원 산실

대규모 3.1만세운동 시위소식은 미주지역에도 전해졌다. 신문에서

3.1만세운동에 참여했던 10대의 소녀가 일본경찰의 칼에 한쪽 팔이 짤려나고, 다른 손에 독립선언문을 들고 만세를 외치는 모습이 실렸다. 이 한 장의 사진은 미주지역 한인사회 여성들의 민족의식과 항일의식을 행동으로 실천하게 만들었다. 미주지역 한인여성들의 민족주의 정치활동은 3.1만세운동을 계기로 본격화되었다. 1919년부터 1945년까지 미주지역 여성들의 독립군 자금지원이 있었기 때문에 항일민족 독립투쟁이 가능하였다.

1919년 3월 25일 캘리포니아 디뉴바에서 강원선과 한성선 등 6명의 발기로 〈신한부인회〉가 조직되었다. 목적은 여성들의 민족의식을 고취하고 독립운동자금 모금이었다. 이어서 3월 28일 로스앤젤레스에서도 〈부인친애회〉가 조직되었고, 3월 29일 새크라멘트에서 〈한인부인회〉가 조직되었다. 1919년 6월 15일 멕시코 메리다에서는 〈부인애국동맹단〉이 조직되었다. 이렇게 지역별 소규모 여성단체는 항일민족독립에 큰 기여를 할 수 없기에 기존의 단체를 통폐합하자는 논의가 제기되었다.

1919년 8월 5일 미주지역 최초 여성항일단체 〈대한여자애국단〉이 새롭게 정비되었다. 목적은 여성의 민족주의 의식을 강화하고 정치적 역량을 집결하여 독립군의 재정지원을 이끌어낸다는 것이다. 〈대한여자애국단〉의 조직은 본부와 각 지방의 지부로 구성되었다. 본부는 1923년까지 디뉴바에 있었다. 이후 1933년 3월까지는 샌프란시스코, 그후 1945년까지 로스앤젤레스에 위치했다. 지부는 디뉴바, 샌프란시스코, 새크라멘트, 윌로우스, 로스앤젤레스에 있었다. 1920년 4월 맥스웰, 딜라노, 오클랜드와 몬타나에서도 지부가 설립되었다. 〈대한여자애국단〉은 1938년 6월 24일 쿠바의 하바나, 마탄자스(Matanzas), 갈데나스 지부를 설치하여 활동영역을 확대하였다. 또한 멕시코 메리다 지부도 설치되었는데, 메리다 지부는 1919년 4월 23일 조직되었던 〈대한부인애국회〉 회장이었던 김신경의 주도로 〈대한여자애국단〉 메리다 지부로 편입되었다.

미주지역 〈대한여자애국단〉의 전체 회원수는 정확히 알 수 없으나 1944년 기록에 따르면 본부 임원선출 투표자 수가 383명이었다. 지부의 회원수는 대략 40명에서 많게는 150명에 이르렀다. 매월 회비는 3달러였고, 이중에 2할은 본부에 헌납하였고, 8할은 각 지부의 운영 경비로 사용했다. 사업비는 주로 특별후원금을 받아 충당하였다. 대한여자애국단은 미주대륙 교포사회에서 여성의식과 민족주의 정치의식을 반영한 것이다.

미주지역 〈대한여자애국단〉이 가장 오랫동안 조국광복과 민족의 독립운동 지원활동을 전개한 지부는 역시 샌프란시스코와 로스앤젤레스였다. 샌프란시스코와 로스앤젤레스에서는 한인교포들이 가장 많이 거주하고 있었고 미주지역 민족독립운동 지도자들이 집결되어 있었고, 독립운동 총괄본부인 〈대한인국민회〉 중앙총회와 〈신한민보〉가 있었다.

〈대한여자애국단〉 샌프란시스코에서 적극적인 활동을 펼쳤던 인물은 박애나, 강원신, 김석은 최우실, 신경애 양제현, 신석희, 전그레이스 이초실, 황옥석, 김폴린, 이초실, 신선희 김덕순 등이다. 또한 로스앤젤레스 지부에서는 김혜란, 임메블, 현신성, 임인재, 정혜경, 강용순 최연실, 권령복, 윤동연, 박정경, 강용순, 이성례, 박에다, 임성실, 윤우로서, 백낙희, 안혜련, 윤덕애 등이 〈대한여자애국단〉을 이끌었다.

〈대한독립여자선언서〉 낭독하다

매년 8월 5일 〈대한여자애국단〉 창립기념일이었다. 교포사회 전체를 위한 기념행사였다. 회원뿐만 아니라 일반인, 각계각층의 주요인사들을 초대해서 민족독립 의식을 알리고 교포들의 결속을 다졌다. 식순을 살펴보면 〈대한여자애국단〉의 정치적 성격을 반영하고 있다. 먼저 〈독립선언서〉를 낭독하고 이어서 〈대한독립여자선언서〉 역시 낭독하였다. 위에서 언급했듯이 〈대한독립여자선언서〉는 1919년 2월 길림에서 김인종, 김숙경, 김옥경, 고순경, 김숙원, 최영자, 박봉희, 이정숙 등 8명이 서명 발표한 여성들의 민족독립선언서이다.[12] 〈대한독립여자선언서〉 낭독은 미주여성의 여성의식과 여성연대 그리고 항일민족주의 정치적 가치를 의식을 드러낸 것이다. 이어서 다양한 악기의 연주와 함께 아리랑을 불렀다. 아리랑을 부르면서 힘들고 고된 이민생활을 잠시 잊

---

12 〈대한독립여자선언서〉는 한국여성사 연구의 선구자 박용옥의 발굴연구가 없었다면 먼지 속에 파묻혀 세상에 빛을 보지 못했을 것이다. 박용옥, 「대한독립여자선언서 연구」 『대한민국운동사연구』 14, 한국민족운동사연구회, 1996 참조.

고 서로를 위로하고 위안을 얻었다. 전통문화행사와 연극공연은 기념행사의 절정이었다. 연극공연 〈애국소녀〉는 3.1만세 운동 당시 일본 경찰의 칼에 팔이 잘려나가고 다른 손에 독립선언서를 들고 만세운동을 펼치는 소녀를 구하려는 부모를 칼로 찔러 죽이고 총으로 수많은 사상자를 낸 그 광경을 생생하게 전달하였다. 연극을 관람한 직후 어느 한인동포는 일본인 이웃을 찾아가 죽이겠다며 위협하기도 했다. 문화예술 공연은 한인동포들에게 배일사상과 민족의식 그리고 교포들의 결속을 다지는 데 도움이 되었다. 1923년 7월 11일 여성항일운동가 김마리아가 상해에서 미국으로 망명하였다. 김마리아의 로스앤젤레스 도착으로 항일여성운동에 새로운 활기를 불어넣었다. 〈대한여자애국단〉 각 지부에서도 김마리아를 초빙하여 성대한 환영식을 거행하였다. 8월 5일 〈대한여자독립단〉 창립기념식에서 김마리아의 특별강연이 있었다. 김마리아는 일제의 무자비한 식민통치의 폭력성을 교포사회에 알렸고, 국내외에서 항일독립운동의 활약상을 들려주었다. 미주지역 한인여성들도 적극적으로 항일독립운동에 참여할 것을 촉구하였다. 김마리아 강연은 〈대한여자애국단〉회원들에게 민족독립에 대한 꿈과 희망을 심어주었다. 1930년대 〈대한여자애국단〉은 다양한 모임을 통해 여성의 주체의식을 강화시켜 여성들의 민족에 대한 책임과 의무를 강조하였다. 1935년 창립기념식에서 김강이는 '한국부인의 사회적 운동과 애국부인회의 사명'이라는 제목으로 연설을 하였는데 첫째, 민족경제의 부흥에서 여성의 역할을 강조하였다. 물산장려회를 조직하여 물산장려운동을 펼친 지 수년이 흘렀다. 성과를 거두지 못하고 있는 것은 여성들의 참여가 없었기 때문이다. 만약 1천만 명의 여성이 물산장려운동을 이끌었다면 일본제품을 가정에서 찾아볼 수 없을 것이다. 여성들이 물산장려회를 조직하고 이끌었더라면 이 운동은 대대적인 성공을 거두었을 것이라 평했다. 둘째 〈대한여자애국단〉이 앞장서서 향후 10년간 위생, 의복 및 음식 등의 생활개선운동을 펼쳐야 한다. 튼튼하고 건장한 신체는 대한의 자주독립을 앞당길 수 있다. 건강교육과 신체교육은 당시 영미지역의 우생학 열풍을 반영한 것이다. 제국주의 우생학 담론이 이제 식민지 민족의 독립운동의 필수조건이 되었다. 건강한 독립운동가를 출산하기 위해서는 건강한 어머니와 아버지가 필수조건으로 제시되었다.

전쟁 물품 지원과 군자금 모금

〈대한여자애국단〉의 항일정치운동 참여는 군자금 모금 참여였다. 독립자금 모금방식은 회원의 연회비, 기부금, 수익금으로 이루어졌다. 미주지역 교포들은 만주와 중국의 동포들에 비해 노동이민이 많았고, 풍족하지는 않았으나 절대적인 굶주림에서 벗어난 상태였다. 그러나 독립자금 모금에 후원금을 내거나 일반회비를 내는 것은 민족의 구성원으로서 책임이며 의무라고 생각했다. 여성들은 밥을 할 때마다 쌀을 한 줌씩 항아리에 모아두었다가 독립자금을 마련하거나, 일주일 하루는 소금과 육류를 절식하며 고추장, 된장, 간장을 만들어 판매하였다. 이렇게 해서 1923년까지 2회에 걸쳐 총 1천 79달러를 임시정부에 보냈다. 1924년과 1928년 사이에 조국에서 심각한 수재가 발생하였다. 기아와 질병에서 허덕이자, 수재의연금을 보냈다. 1930년 광주학생운동 때에는 60달러를 보냈다. 〈대한여자애국단〉은 항일중국전쟁은 항일독립전쟁이라고 보았다. 중국군 지원이 항일독립운동 지원이며, 각 지부에 중국군 지원금 모금을 촉구하였다. 1937년부터 1940년까지 중국항일전 재정을 지원하였다. 〈대한여자애국단〉은 1937년 10월에 750불을 샌프란시스코 주재 중국총영사관에서 보냈다. 로스앤젤레스 지부는 8월 27일 저녁 8시에 특별회의를 개최하여 항일중국군 지원을 위한 모금 전문위원을 조직하였다. 이 자리에서 즉석 선금 110불을 모았다. 다섯 명의 모금위원인 이성례, 이메블, 권영복, 정혜경, 등이 모금한 총 190불을 중국 총영사관을 거쳐 중국의 남경정부에 보냈다. 회장 박경신과 재무 이성례는 중국정부 장개석의 부인 송미령에게 군비로 쓰기를 바란다는 편지를 보냈다. 〈대한여자독립단〉 본부는 송미령으로부터 답신을 받았는데, "대일항전은 중국민족의 생존뿐만 아니라 세계평화와 복리증진이며, 최후 승리는 반드시 우리에게 있다. 공동으로 노력하여 중국과 대한의 독립도 하루빨리 달성하자"는 내용이었다.항일중국전쟁은 치열하게 전개되었고 중국군의 피해는 막대하였다. 부상병을 치료할 의약품과 식량 등이 부족하였다. 수많은 전쟁 난민과 아동과 여성들이 기아에 허덕이는 모습을 실은 뉴스가 연일 전 미주지역으로 전해졌다. 항일중국전쟁을 지원하기 위해 미주지역 한인들이 운영하는 21개의 상점과 음식점에는 거스름돈 모금함을 설치하였다. 여기서 모은 79불을 송미령에게 보내면서 중국항일전쟁은 반드시 승리할 것"이라며 격려편지도 보냈다. 1939년 겨울 송미령은 〈대한여자애국단〉에게 중국군 방한복을 만들어 보내 달라고 요청하였다. 〈대한여자애국단〉은 방한복과 의연금을 모아 송미령에게 보냈다. 송미령은 "중국이 승리하는 날이 곧 한국이 광복하는 날"이라는 감사의 편지를 보내왔다. 〈대한여자애국단〉의 항일중국군 지원활동으로 장개석 중국정부는 〈한국광복군〉 창설에 적극적으로 지원하였다.

한국광복군 창설 재정지원

1940년 중경에서 〈한국광복군〉이 창설되었다. 〈한국광복군〉의 창설은 중국정부의 승인과 재정적 지원이 없으면 불가능하였다. 중국정부의 〈한국광복군〉 설립에 대한 아낌없는 지지와 재정적 지원은 바로 〈대한여자애국단〉과 송미령의 긴밀한 협력 덕분이다. 〈대한여자애국단〉의 항일중국군에 보낸 후원과 지지가 열매를 맺어 한국광복군 창설을 가져왔다. 송미령은 광복군 창설을 위해 중국화폐로 10만 원을 기부하였다. 〈대한여자애국단〉은 광복군을 창설하는데 중국정부의 지원을 가져오는데 기여했을 뿐만 아니라 500달러를 송금하였다. 〈대한여자애국단〉의 상부기관인 〈대한인국민회〉에서도 광복군 창설준비 자금으로 1천 불을 송금하였다. 광복군 창설은 세계 곳곳으로 흩어져 있는 동포들에게 희망과 기쁨이었다. 〈대한여자애국단〉은 광복군 창설 축하식을 1940년 10월 20일 저녁 8시에 개최하였다. 이 자리에서 〈대한여자애국단〉은 "오천년의 문화역사를 가진 우리 민족이 지난 30년간 치욕과 고통의 나날이었다. 이제 광복군이 창설되었으니 2천5백만 민족에게 총동원령을 내려 대항일독립전쟁 참전을 촉구한다. 왜적을 무찔러 후손들에게 평화와 행복을 물려주자"고 했다. 〈대한여자애국단〉은 독립전쟁 재정지원에 박차를 가했다. 미주지역 여성들은 〈대한여자애국단〉을 중심으로 독립운동사에서 재정지원 역할을 맡았다. 게다가 미주지역이라는 지역적 특성을 살려 중국정부 최고위 인사인 송미령에게 대한독립의 의지를 전달하였다. 〈한국광복군〉 창설은 국제적인 관심과 후원을 끌어낸 〈대한여자애국단〉의 노력과 헌신이 만든 결과물이었다.

이민 2세 여성, 종군하다

1941년 12월 7일 일본이 하와이 진주만 공격으로 태평양전쟁이 시작되었다. 〈대한여자애국단〉은 12월 13일 〈대한인국민회〉 강당에 모여 미국의 전쟁 참여에 적극적으로 지원할 것을 결의했다. 미국의 적십자 후원사업에 적극 참여하였다. 첫째, 미국적십자패와 우표발매 위임을 맡아 판매하였다. 1942년 2월 16일 적십자본부에 약 485불을 보냈다. 둘째, 15명의 회원이 일과를 마친 후 저녁 7시부터 3시간 동안 병사용 군복 제작에 참여하였다. 점차 참여회원이 많아지면서 병사용 이불과 방석을 만들어 적십자본부에 보냈다. 셋째, 미국정부가 발행하는 전시공채를 매입하여 판매하였다. 1942년 1월 8일 개최한 총임원회의에서 전시공채 2천 불을 매입하였다. 1944년 2월 제4차 전시공채 발매 때는 약 1개월 동안에 2만6천50불을 판매해서 로스앤젤레스 지역에서 가장 높은 전시공채 발매율을 보여주었다. 전쟁이 끝난 후 미국정부에서 대한여자애국단으로 감사장을 보내왔다. 넷째, 군에 입대하는 한인들에 대한 위문활동이었다. 1944년 12월 말경 한인 2세 180여 명이 종군하였다. 이들 중에 여성은 백마리아와 안수잔이었는데 여성장교로 종군하였다. 백마리아의 아버지 백인규는 〈대한인국민회〉 중앙회장이며, 어머니는 〈대한여자애국단〉 본부에서 오랫동안 재무를 담당하였던 백락희이다. 안수잔은 안창호의 딸이다. 한인 2세들의 종군은 교포들의 사회적 정치적 위상을 높일 뿐만 아니라 항일미국군으로서 조국광복에 직접적인 독립투쟁이었다. 〈대한여자애국단〉은 한인종군 어머니들을 초대해서 위로회를 개최하는가 하면, 종군훈련병영에 위문품과 위문카드를 보내기도 했다.이처럼 미주지역 한인여성들은 다양한 여성단체 활동을 통해서 여성의 정치의식을 강화하고 재정지원 형태로 항일운동에 참여하였다. 여성단체를 통해서 민족의 전통문화를 기억하고 후손에게 계승하여 한민족여성으로 정체성으로 확인하였다. 나아가 국제사회에서 민족독립의 당위성을 알렸고 중국과 미국 여성들과 연대하였고, 항일전쟁 물품을 지원하였다. 미주지역에서 태어나고 자란 이민 2세대 여성들은 종군하여 항일전쟁에 참여하였다.

4. 임시정부를 움직인 여걸들

　3·1만세운동 이후 여성들이 일제의 탄압을 피해 가장 먼저 향한 곳은 상해였다. 상해에는 대한민국임시정부가 있었다. 상해임시정부는 3·1만세운동 발발 40여 일 만에 1919년 4월 11일 상해에서 민족의 염원을 안고 탄생하였다. 1905년 을사늑약과 1910년 경술국치를 치치면서 애국지사들이 만주, 간도, 연해주, 상해 등지에서 민족의 독립을 쟁취하기 위해 곳곳에 여러 갈래의 임시정부 형태를 세웠으나, 3·1만세운동 이후 항일운동의 중추기관으로서 상해에 대한민국임시정부가 설립되었다. 상해는 대도시인데 그 한가운데 열강들 점령지, 조계지를 두고 중국의 영토가 주변을 둘러싸고 있었다. 상해 조계지는 영국, 프랑스, 미국 등 열강들의 조계지이며, 다양한 목적을 지닌 인구들이 뒤엉켜 언제나 복잡하였다. 그 안에는 또한 각국의 정부기구와 비공식 혁명단체들이 난립해 있었기 때문에 늘 갈등과 긴장이 끊이지 않았다. 그러나 조계지 내에는 중국의 군인이나 경찰이 함부로 들어가지 못했고, 조계지로 도망치면 체포나 검거도 쉽지 않았다. 이 모든 조건이 항일독립혁명 활동에는 적격이었다. 상해는 제국주의, 식민주의, 사회주의, 민족주의, 무정부주의 및 공산주의 등 각각의 역량이 집중되어 있었다. 조계지 순찰을 맡은 순찰소가 곳곳에 즐비한 데다 일제의 스파이와 밀정들의 세력 또한 막강하여 항일운동에는 늘 목숨을 잃을 위험이 뒤따랐다.

김순애 혈연네트워크

상해는 3·1만세운동 이전부터 김규식, 박은식, 여운형 등 애국지사들이 항일민족주의 활동을 펼치고 있었다. 3·1만세운동의 뜨거운 혁명 열기가 상해에서 대한민국임시정부 설립을 가져왔다. 여성들도 상해로 모여들었다. 더구나 상해에는 김순애가 자리 잡고 있었다. 김순애는 1919년부터 1945년 광복이 될 때까지 대한민국임시정부의 산 증인이었다.

김순애(1889~1976)는 일찍이 학생들에게 역사와 지리를 가르쳤다는 이유로 일제의 체포 압박이 가해지자 중국으로 망명하였다. 이후 김규식과 결혼하면서 임시정부는 곧 그녀의 가족과 정치적 터전이며 존재의 의미였다. 김순애의 항일민족주의 정신은 가족과 기독교 신앙으로부터 영향을 받았다.[13] 임시정부에서 그녀의 정치적 활동이 본격화되었다.[14] 김순애를 비롯한 임시정부와 관련된 대부분의 여성은 친족이나 혈연 중심의 긴밀한 유대 관계 속에서 항일독립운동에 참여하였다. 목숨을 걸어야 하기 때문에 가족 중심의 '폐쇄적인' 독립운동이었고, 그래서 비밀유지가 가능하였다. 독립운동을 하면 3대가 망하고 친일을 하면 3대가 잘 산다는 말이 당시 널리 통용되던 시기에 가족들의 지원과 협력 없이 민족주의 운동에 참여할 수 없었다. 친정이 독립운동 가

13　서우진, 『1883년 한국 장로교회 첫 세대가 된 김성섬 일가의 신앙의식에 대한 미시사적 연구』, 장로회신학대학교 대학원 석사학위논문, 2016, pp.18~30.
14　박용옥, 『김마리아: 나는 대한의 독립과 결혼하였다』, 홍성사, 2003, p.151.

문이면 시대 역시 독립운동 가문이었고, 가족공동체는 위험하고 외로운 투쟁을 지속적으로 전개할 수 있는 에너지원이며, 안식처였다.

　김순애는 아버지 김성섬과 전도부인이었던 어머니 안성은 사이에서 둘째 딸로 태어났다. 아버지 김성섬은 일찍이 곽씨 부인과 결혼하였는데 그 사이에 김윤방(김마리아의 아버지), 김윤오(고황경의 외할아버지), 김윤열을 두었다. 사별 후 김성섬은 안성은과 결혼하였는데, 김필순, 김인순, 김구례(서병호 부인), 김노득(양응수 부인)이 김순애의 여자 형제들이다. 김함라, 김미염, 김마리아는 첫째 오빠 김윤방의 딸들이므로 김순애의 조카들이다. 김순애는 오빠 김윤방이 설립한 황해도 장연군 대구면 송천리 송천학교를 졸업하고 서울의 정신여학교에 진학했다. 둘째 오빠 김윤오와 넷째 오빠 김필순이 세브란스 병원 앞 '김형제 상회'를 운영하면서 국권회복 운동에 참여하고 있었다. 김순애의 항일의식은 오빠 김필순으로부터 직접적인 영향을 받았다.[15]

　경술국치 1910년 김순애는 부산 초량소학교 교사로 근무하고 있었다. 학교에서 한국의 역사와 지리 교육을 금지하자 김순애는 하숙집으로 학생들을 모아놓고 비밀리에 한국의 역사와 지리를 가르쳤다. 이것이 발각되자 1912년 만주로 망명하였다. 만주에는 오빠 김필순이 있었다.

　김순애는 1919년 1월 김규식과 결혼하였다. 김규식 역시 일찍이 미

15　서우진, 「1883년 한국 장로교회 첫 세대가 된 김성섬 일가의 신앙의식에 대한 미시사적 연구」, 장로회신학대학교 대학원 석사학위논문, 2016, p.32.

국유학을 마친 국제정세에 능통한 독립운동가였다. 결혼한 지 2주일 만에 신랑 김규식은 파리강화회의에 한국대표로 참석하고자 파리로 향했다.

남편이 파리로 떠난 후 김순애는 1919년 2월 상해에서 출발해 부산에 도착했다. 당시 일본 유학 중이던 김마리아(김순애의 조카)가 부산항에 도착했고, 이들은 부산의 거상 백산상회 안희제를 방문하여 파리 한국대표부 경비 지원을 요청하였다. 김마리아는 일본 유학생들의 2·8 독립선언서를 허리띠에 숨겨 들여왔다. 김순애는 김마리아와 더불어 대구, 광주, 서울 그리고 평양의 교사와 교회인사, 간호사를 찾아다니며 한국대표부의 파리 활동 소식을 알렸다. 해외에서 불어온 민족자결주의 원칙과 민족독립의 희망 메시지는 천도교, 기독교, 불교 등 종교계의 지도자들이 모여 발표한 3·1독립선언서의 촉매제가 되었다.

평화적인 3·1만세 가두시위 운동에 대한 일제의 폭력적인 탄압으로 수많은 가두시위자들이 체포 구금되었다.[16] 일제의 조직적이고 거대한 권력에 맞서기 위해 국내외에서 항일독립투쟁 단체들이 속속 결성되었다. 국내 여성들은 〈혈성애국부인회〉와 〈대조선독립애국부인회〉를 결성하여 3·1만세운동 참여로 투옥된 애국지사와 그 가족들을 지원하고 있었다.

1919년 김순애의 발기로 〈상해 대한애국부인회〉가 결성되었고 김

---

16 최은희 『한국근대여성사 (하)』, 조광, 2003(2쇄), p.293.

순애가 회장으로 취임하였다. 상해 대한애국부인회는 국내의 〈혈성애국부인회〉, 〈대조선독립애국부인회〉와 상호교류를 통해 임시정부의 활동을 국내에 알리고자 했다. 〈상해 대한애국부인회〉는 국내 여성단체들과 긴밀한 협조를 통해 임시정부의 독립전쟁 모금을 전개했다. 국내외 여성들로부터 다양한 제품의 자수품을 모아 임시정부에 헌납하거나 그 자수품을 판매하여 현금을 기부하였다. 〈상해 대한애국부인회〉의 재정수입은 주로 회원들이 만든 자수제품의 판매수익금이었다. 이들이 만든 자수제품은 인기가 많았는데 특히 상해에 거주하는 외국인들에게 잘 팔렸다. 외국인들은 가족들에게 자수제품을 크리스마스 선물로 보냈다. 사실 자수제품은 여성단체의 전형적인 수익사업이었다. 전통적으로 자수와 바느질은 여성의 경제력이었고, 생계수단일 뿐만 아니라 민족독립을 위한 후원금 마련에 유용하였다. 이렇게 모은 수익금을 임시정부에 기부하였고, 이에 임시정부는 7월 말 대한애국부인회의 임시정부 재정지원 활동에 격려와 함께 감사장을 수여하기도 했다.

신여성 네트워크, 애국부인회

1919년 9월 상해 법조계 보창로 어양리 2호에서 30여 명의 여성들이 모여 〈애국부인회〉가 공식적으로 조직되었다. 애국부인회의 회장은 이화숙이었고, 부회장은 김원경이었다. 총무 이선실, 서기 이봉순과 강현석, 회계 이메리, 이교신, 출판부 조숙경, 교제부는 강천복 등이다. 애국부인회 취지문에는 '여성은 남성의 부속물이 아니라 독립된 인격체이며, 국가에 대한 의무로서 항일여성단체를 결성하였다'고 밝히고 있다.[17] 애국부인회의 주요 활동은 독립자금을 모금하고 국내외 독립운동을 널리 알리는 사진첩과 태극기를 만들어 배포하는 것이었다.

    회장을 맡은 이화숙이 상해로 망명하게 된 계기는 일찍이 파리강화회의가 개최된다는 소식을 듣고 자신의 역할을 찾기 위해서다. 이화숙은 파리로 보낸 민족대표의 경비조달을 위해 김순애와 함께 부산항에 도착했다. 이화숙이 맡은 역할은 국내외 애국지사들과 망명지사들 간에 정보를 주고받는 연락책이었다. 변장술과 지역방언 구사에 뛰어난 그녀는 일제경찰의 감시를 따돌리기 위해 지역에 따라 헤어스타일과 패션을 다르게 변장했으며 지역 사투리를 자연스럽게 구사하였다. 평안도에 다닐 때는 머리를 땋아 둘레로 머리를 둘러 평양 수건을 썼다. 치마 기장은 조금 짧게 입고 평양 사투리를 능수능란하게 쓰며 평양 시내를 활보하고 다녔다. 그러다가 서울에 오면 머리를 곱게 빗어 은비녀로 쪽 찌고 긴 치마저고리를 입은 멋쟁이 서울 아씨로 변장하였다. 늘 일본경찰과 숨바꼭질하듯 형사들의 미행도 잘 피해 다녔고, 기차 안에서는 헌병들의 불심검문에도 너무나 태연한 자세와 임기응변으로 위기를 잘 넘겼다. 독립선언서와 기밀서류를 국내외 인사들에게 전달하는 데 늘 성공적이었다. 일제의 검문에 걸리면 도로시라는 신분증을

---

17 이배용, 「중국상해 애국부인회와 독립운동」, 『해외 한국여성의 항일독립운동』, 3·1여성동지회, p.7.

보여주었고, 능숙한 영어로 자신을 외국인으로 위장했다. 특유의 임기응변과 변장술로 이리저리 위험을 잘 피해 다녔다.

    1919년 4월 대한민국임시정부가 수립되자 이화숙은 김원경과 함께 임시정부 국무원 참사로 선임되었다. 대한민국임시정부의 헌법에 따라 여성에게도 직접적인 정치참여의 길이 열렸다.[18] 이화숙(1893~1978)은 이화학당 대학과 최초 졸업생 세 명 중 한 명이다. 1914년 3월 정동교회에서 이화학당 대학과 졸업식이 거행되었다. 다른 두 명은 엘리스 김과 신마실라였다. 엘리스 김은 졸업 후 나가사키에 있는 여학교로 유학을 떠나 피아노를 전공하고 모교에서 음악과에 재직하였다. 신마실라는 하와이로 이주하여 이승만의 독립운동을 지원하였다.

    이화숙은 졸업 후 이화학당에서 잠시 교직생활을 하다가 1919년 한성임시정부 대한민족대표 30명 중 한 사람으로 참가한 뒤 중국 상해로 망명하였다. 상해에서 주요활동은 국내외 애국지사들의 연락책이었다.[19]

    1919년 9월 상해 애국부인회를 조직하여 회장으로 재직하면서 임시정부의 재정지원과 동포구원 활동을 위해 국내 여성단체들과 긴밀한 협력을 이끌어냈다. 1920년 이화숙은 미국으로 이민했으며 이승만, 박용만, 정순만 3만으로 알려진 정순만의 아들인 정양필과 결혼하여

---

18 최은희, 『한국근대여성사 (하)』, 조광, 2003(2쇄), p.297.
19 최은희, 『한국근대여성사 (하)』, 조광, 2003(2쇄), p.298.

미국에서 조국의 독립을 위한 재정지원과 후원 활동에 힘썼다.

〈애국부인회〉 부회장 김원경이 상해 임시정부의 일원이 된 것은 국내 여성단체 대표로 임시정부에 참석하면서부터이다. 그녀는 상해임시정부와 함께 일생을 보냈다. 김원경(1898~1981)은 일찍이 〈대조선독립애국부인회〉를 조직하였고, 폭탄제조 프로그램을 직접 운영하기도 했다. 1919년 4월 임시정부수립 즈음 여성단체 대표로 상해로 갔다. 김원경은 평양에서 나온 김경희, 김옥연과 함께 상해에 머물면서 중국 학생들에 항일의식과 배일사상을 고취시켰고, 중국여성들을 대상으로 일본상품 배격운동을 펼쳤다. 상해와 남경을 다니면서 항일운동을 펼쳤다.

1923년 최창식과 결혼하면서 집안일에 전념하면서도 동시에 독립운동에 참여하였다. 1932년 남편 최창식이 상해에서 체포되어 서울 서대문 형무소으로 이송되었다. 남편의 독립투쟁 활동을 이어받아 청년교육사업과 임시정부 그리고 독립신문사 일에 매진하였다. 게다가 칠순의 시어머니와 어린 두 남매의 생계를 위해 돈벌이에 나서야 했다. 매일 새벽 2시가 넘어서 잠자리에 들었다. 1932년 4월 29일 윤봉길 의거로 안창호가 체포되고 일본의 박해는 날로 심하여 김원경은 상해를 탈출하지 못하고 은둔생활을 해야만 했다. 상해에서 남편 최창식이 석방되어 돌아오기를 기다려야 했기 때문에 상해를 탈출할 수 없었다. 1934년 남편이 중환으로 출옥하여 인천에서 목선을 타고 상해로 돌아왔다. 상해를 탈출하지 못한 이의순의 남편 오영선도 중환으로 고생하고 있었다. 이의순(1896~1945)은 이동휘의 둘째 딸로 태어나 1918년부터는 러시아 연해주 블라디보스토크로 이동하여 〈애국부인회〉와 적십자회를 창설하는 등 여성운동과 독립 투쟁에 힘썼다. 이들 두 가족은 한집에 모여 살면서 이의순과 김원경이 부란미용실을 운영하며 남편들을 병간호하며 어린 자녀들을 키웠다.[20]

1937년 중일전쟁으로 대부분의 교포가 상해를 떠났으나 김원경은 중병환자인 남편을 간호하느라 피난 갈 수 없었다. 일본군의 점령 아래 조선인 배일분자들을 모조리 색출하라는 명령으로 김원경 가족은 살생부에 등록되어 있었다. 거처를 자주 옮겨 다녔고, 중국인으로 변장하고 주로 밤에 다니며 일제의 검문을 잘 피했다.

회장 이화숙과 부회장 김원경을 비롯한 임원들은 '여학생 출신'이 많았다. 여학생 출신의 신여성과 정정화와 한도신을 비롯한 소위 명문가 출신의 효부양처(효성 깊은 며느리와 순종적인 아내) 구여성간의 갈등과 대립 속에서 임시정부 청사의 여성들은 존재의 의미와 역량을 쌓아갔다. 구여성은 어머니, 아내, 누이, 딸이라는 가부장제의 가족구조 속에서 존재의 의미를 부여받았다. 반면, 신여성은 근대사회의 학교 출신에서 자신의 능력을 인정받았다. 여학교 출신이라는 정체성은 떠오르는 근대여성의 상징이며, 효부양처는 폐기되어야 할 봉건시대의 박제된 유물이었다. 구여성은 자신을 에워싸고 있는 가부장제의 명문가 출

---

20 최은희, 『한국근대여성사 (하)』, 조광, 2003(2쇄), p.302.

신을 자신의 능력으로 부여받았다. 그러나 명문가의 기혼 여성에게 미혼의 신여성은 효부양처로서 존재의 가치와 섹슈얼리티를 위협하는 시기와 두려움의 대상이었다.[21] 봉건적인 가부장제에서 근대적인 가부장제의 이행기에 나타난 구여성과 신여성의 긴장과 갈등은 민족주의 가부장제라는 거대한 물결 속으로 흡수되었다.

임시정부 청사 내 다양한 여성들 간의 갈등과 협력 속에서 여학교 출신이 이끄는 〈애국부인회〉는 적극적으로 항일운동을 펼쳐나갔다. 특히 국내외 여성단체들과의 긴밀한 상호교류는 주로 여학교 출신의 여성 인력 네트워크 중심으로 전개되었고, 이 여성네트워크는 항일여성단체의 중추적인 역할을 하였다. 1919년 9월 25일 혼춘에서는 2백여 명의 여성이 모여 〈혼춘한인애국부인회〉를 조직하여 회장 송신덕, 부회장 김숙경을 중심으로 여성교육, 전시 부상병 구호를 위한 의연금을 모금하였다. 1919년 노령 해삼위 신한촌에서도 70여 명의 여성이 모여 부인회가 조직되었고 임시정부 재정지원을 목적으로 설립되었음을 알려왔다. 1921년 3월 1일 중국 텐진에서도 〈애국부인회〉가 조직되었는데, 회장 박치선, 재무 윤숙경, 서무 이봉수, 외무 고윤경, 교도 김숙원, 장경애, 서기 김정숙을 선출하여 활동하였다. 설립 취지는 망명지사의 정착지원과 독립군 활동의 편의제공, 특히 임시정부 공채판매

---

21 장영은, 「망명정부의 밀사, 정정화의 독립운동과 자기서사」, 『젠더로 보는 3·1운동』, 3·1운동백주년 기념 학술대회, 2019, pp.20~21

를 담고 있었다. 미국의 〈대한애국부인회〉에서도 상해임시정부 국무원 앞으로 5백 불을 독립자금으로 보내왔다. 국내보다 해외 여성들이 독립자금 모금이 훨씬 더 용이했다. 여성들은 다양한 방법으로 독립운동에 참여하였다.

공채판매에 나서다

〈애국부인회〉의 주요 활동은 공채판매가 주류를 이루었다. 1919년 7월 19일 임시정부가 2천만 원 공채를 발행하였다. 대한민국 국채 독립채권 발행조례 기채 정액을 4천만 원으로 하고, 이율은 연 1백분의 5로 정했다. 상환기한은 대한민국이 완전히 독립한 후 5년부터 30년 이내에 상환하기로 했다. 공채의 응모기한은 대한민국 원년 8월부터 동년 11월까지로 본 공채는 외국인도 응모할 수 있었다. 이처럼 임시정부 공채는 필요할 때마다 수시로 독립공채를 모집하였다. 상해 〈애국부인회〉는 해외 곳곳의 여성단체들과 긴밀한 교류를 통해 공채판매 전략과 성과를 공유하였다.

상해 애국부인회는 독립운동의 중심부인 대한민국임시정부와 같은 곳에 있기에 모든 독립운동 관련 정보와 소식이 모이는 곳이라 국제 정세와 독립운동 양상을 잘 알고 있었다. 게다가 상해 애국부인회의 회장 김화숙과 부회장 김원경이 임시정부 국무원 참사로 있었기 때문에 전 세계 애국부인회의 독립운동 방향 수립과 정책 결정에 영향을 미쳤다. 전 세계에 흩어져 조직된 여성 항일단체 활동소식과 독립운동 관련 정보가 임시정부로 전해졌기 때문에 상해 애국부인회는 정보의 중심지였다.

〈애국부인회〉는 김경희(1889~1919), 하란사(1872~1919), 이인순(1893~1919) 추모대회를 개최하였다. 이들의 항일투쟁 업적과 민족독립 투쟁 정신을 널리 알렸다. 그뿐만 아니라 1921년 10월 김마리아가 온갖 고문을 견뎌내고 일제경찰의 삼엄한 감시망을 뚫고 탈출에 성공하자, 성대한 환영파티를 열어 국내외 항일독립운동의 자긍심을 심어주었다.

그러나 상해 애국부인회는 항일독립투쟁 활동의 외연을 확장하는 데 한계가 있었다. 우선 이들은 국내 기반이 아니라 해외 거주였기 때문에 항일민족의식과 독립투쟁 활동 대상은 주로 상해 거류민들이 전부였다. 젊은 신여성들이 임시정부 참여를 통해 정치력을 훈련하고 발휘할 즈음 결혼과 출산, 양육으로 정치경력이 단절되었다. 이뿐만 아니라 임정요인들의 일상생활을 보살펴야 하는 가사노동의 무게가 훨씬 무거웠다. 애국부인회 차원에서 임정요인의 자녀와 상해거주 한인자녀를 대상으로 한국어, 역사와 지리 그리고 전통문화를 가르치는 일을 도맡아 했다. 여성들은 임시정부 업무와 활동을 지원하는 보조적인 임무를 수행하느라 늘 바빴다. 동시에 국제회의가 개최될 때는 반드시 여성단체대표로 파견되어 항일독립투쟁에서 여성의 역할을 강조하기도 했다.[22] 국내의 항일여성단체들이 대거 탄압과 투옥으로 비극적인 고통을 겪고 있는 상황에 비하면 비교적 자유롭게 국제회의에 참석하여 민족주의를 외치기도 했지만, 목숨을 걸고 공채판매를 위해 국경을 넘어 국내로 들어가기도 했다.

국민 대표회의 참석

임시정부는 항일투쟁노선에서 외교독립론을 중시하였다. 임시정부의 외교독립 노선이 큰 성과를 내지 못하자 무장투쟁단체로부터 임시정부기구의 대대적인 개편을 요구받았다. 이에 1923년 1월 3일부터 상하이에서 국민대표회의가 개최되었다. 지역대표와 단체대표 120여 명이 모여들었다. 김순애가 〈상해 애국부인회〉 대표로 국민대표회의에 참석하게 되었다. 김순애를 비롯한 임정가족은 개조파를 대표하였다.

의장에 만주의 김동삼, 부의장에 안창호가 선임되었다. 안건은 임시정부를 해체하고 새로운 정부를 조직해야 한다는 창조파와 임시정부를 그대로 유지하면서 실정에 맞게 효과적으로 개편 보완하여야 한다는 개조파의 주장이 서로 팽팽하게 맞섰다.

양측이 주장을 좁히지 못하자 임시정부의 위상은 크게 추락하였다. 이후 많은 독립운동가가 임시정부를 이탈했다. 무장투쟁파는 만주로

---

22 이배용,「중국상해 애국부인회와 독립운동」,『해외 한국여성의 항일독립운동』, 3·1여성동지회, p.9.

떠나고 외교와 실력양성을 주장하던 이승만과 안창호는 미국으로 떠났다. 이때부터 이승만은 구미위원부를 조직하였고, 신채호 등 일부는 무정부주의 운동에 관심을 두었다. 김창숙 등은 사회주의를 수용하고 중국 공산당과 함께 항일독립투쟁에 헌신하였다.

이렇게 임시정부 주요 인물들이 뿔뿔이 흩어진 상황에서 임시정부의 위상은 더욱 위축되었고, 독립운동의 중추기관으로서 역할을 수행하기 어려워졌다. 국민대표회의는 대통령 중심제를 버리고 국무령 중심제로 바꾸고, 다시 독립운동가들의 참여를 유도하기 위해 국무위원 중심집단 지도 체제를 구성했다. 이런 노력을 통해 임시정부를 되살린 중심인물이 김구이다.

국민대표회의 이후 상해임시정부는 재정난과 인력난에 시달리게 되었다. 국내의 항일여성단체들이 와해되면서 재정지원이 끊기게 되었고, 만주의 재정지원을 받을 수 없게 되었다. 〈상해 애국부인회〉는 임정요인의 수발을 들면서 자녀교육에 힘썼다. 인성학교는 한글, 역사, 지리, 전통 문화를 가르치는 임시정부 요인 자녀들의 학교였다.

구여성의 밥상차림 정치

민족의 문제는 곧 가족의 문제였고, 가족의 문제는 여성이 짊어져야 하는 책임이었다. 따라서 가정으로 들어온 민족의 문제는 여성이 짊어져야 했다. 임시정부가 재정난과 인력난으로 허덕이게 되면서 임정 살림을 맡은 여성이 이 문제를 해결하기 위해 두 팔을 걷어붙이고 나섰다. 부엌에서 밥상을 차려야 하는 여성의 역할이 없으면 임시정부의 항일투쟁 또한 지속될 수 없었다. 전통적인 가정생활이 없었던 망명정부 요인들에게 임시정부 청사의 일원이 차려주는 밥상이야말로 독살 위협에서 벗어나 유일하게 믿고 먹을 수 있는 안전한 음식이었다.

임시정부 살림살이가 궁색해지자 정정화(1900~1991)는 독립자금 모금이라는 공식적인 임무를 띠고 여섯 차례나 밀입국했다. 정정화가 상해임시정부 활동에 참여하게 된 것은 남편 김의한과 시아버지 김가진이 1919년 상해로 망명하면서부터 시작되었다.[23] 여성에게 민족수난의 문제는 시댁의 수난이었고, 시댁과 공동운명체였던 정정화에게 독립운동은 여필종부의 삶을 따른 것이다.

여필종부의 삶을 최고의 덕목으로 믿고 살아왔던 여성에게 독립운동은 곧 여필종부였다. 독립운동 참여방식은 임정 요인의 일상생활을 정성을 다해 돌봐주는 것이었다.

정정화는 1920년부터 1946년까지 임정요인들에게 안전한 밥상을 제공했다. 백범 김구를 비롯하여 이동녕, 이시영 등 임정요인들 가운데 정정화가 차린 밥상을 먹지 않은 사람이 없었다. 늘 생명의 위협에 시달린 망명정부 요인들에게 임시정부 청사 여성들이 제공하는 안전한 따뜻한 밥상으로 말미암아 대한민국 상해임시정부가 유지되었다. 따라서 정정화는 밥상차림의 정치를 한 것이다.

---

23   정정화, 『장강일기』, 학민사, 2011, p.47.

정정화는 1900년 8월 3일 서울에서 태어나 11살에 김가진의 3남인 동갑내기 신랑 김의한과 결혼하였다. 1919년 느닷없이 남편 김의한과 시아버지 김가진이 상해로 망명하였다는 소식을 신문을 통해 알게 되었다. 남편도 없고 자식도 없는 시댁에서 시어머니의 혹독한 시집살이는 삶을 무기력하게 만들 뿐이었다. 언제 돌아올지 모르는 남편을 기다리기 보다는 남편의 꿈을 하루빨리 성사되도록 돕는 것이 자신의 임무라고 생각했다.

친정아버지를 만나서 '남편과 시아버지를 뒷바라지하러 상해로 가겠다'고 했다. 친정아버지는 거금 8백 원을 주며 상해까지 안내인을 붙여주었다. 10여 일에 걸려 이른 새벽에 도착한 정정화를 본 시아버지 김가진은 '여기가 어딘 줄 알고 왔느냐'며 나무랐다. '나랏일 하시느라 고생하시는데 저라도 돌봐 드려야 할 것 같아 허락도 없이 찾아왔다'며 친정아버지가 준 독립자금을 전달하였다. 이렇게 해서 정정화는 임시정부 청사의 일원이 되었다.

임시정부 청사 살림살이는 어렵고 궁색했지만, 독립운동에 참여한다는 생각에 스스로가 뿌듯했다. 특히 시아버지 김가진이 임정요인들인 이시영, 이동녕 등 여러 애국지사들에게 며느리를 인사 시켜 줄 때 자신의 존재 의미를 확인하였다. 남편 김의한도 임시정부의 중요한 일이 생기면 늘 의논하거나 정보를 공유하였다. 시아버지와 남편의 이러한 태도는 서울에 있었다면 절대 있을 수 없는 큰 사건이었다.

부엌에서 불을 지피고 물을 끓여 밥상을 차리는 것은 정정화의 일이었고, 구차한 살림살이를 한탄할 수 없는 상황이다보니 친정집에 손을 벌릴 수밖에 없었다. 시아버지의 승낙과 임정의 공식적인 밀명에 따라 1920년 3월 초순 서울에 들어왔다. 20일 정도 서울에 머물면서 독립자금을 전대에 간직하고 4월 상해로 돌아왔다. 첫 번째 임무완수로 정정화는 국내잠입활동에 자신감을 얻었다. 이후 임시정부의 요청으로 1921년 봄 국내 밀입국해서 독립자금을 모았고, 1922년 6월 세 번째로 국내에 들어왔다. 그러나 이번에는 압록강 철교 위에서 일본경찰에게 체포되었고, 결국 신의주 경찰서로 끌려가 신분이 탄로나고 말았다. 서울 종로경찰서로 압송되어 조사를 받았다. 서울역에 도착하니 김태식이라는 고등계 형사가 '왜 입국했느냐' 다그쳤다. 상해에서 살기가 어려워 서울에 돌아왔다고 하자 별일 없이 풀려났다.

집에 도착하니 시아버지 김가진이 세상을 떠났다는 부고장이 기다리고 있었다. 김가진은 1922년 7월 4일 사망했다. 그리하여 장례식 참석 명분을 내세워 다시 상해로 복귀했다. 1929년 7월에 여섯 번째로 밀입국했는데, 일가친척을 찾아다니며 독립자금을 모금하였다. 1931년 다시 상해로 복귀하면서 독립이 되기 전에는 절대 귀국하지 않겠다고 마음먹었다.

어머니의 권위 : 조마리아, 영웅을 낳다

1920년 5월경 안중근의 어머니 조마리아(1862~1927)가 임시정부 청사 일원으로 합류하였다. 정착한 곳은 하비로 전찻길 뒷길로 중국집

2층이었으나 부엌도 없고 수돗물은 아래층에만 나오는 불편한 집이었으나 대가족이 와글거리며 살았다. 이 2층에는 조마리아네 가족 이외에도 김구, 이강, 김붕준 등 여러 독립운동가의 가족들이 세 들어 이웃해 살았다.

조마리아는 러시아와 만주 일대에서 10여 년간 망명생활을 한 것에 비하면 상해생활이 여러 가지로 훨씬 불편하였다. 그러나 애국지사들과 함께 동고동락하면서 정신적 위안을 얻었고, 마음이 더 평안해졌다. 조마리아 가족의 상해 이주는 한인교포뿐만 아니라 항일독립운동가들에게 큰 힘을 주었다. 젊은이들에게 조국 광복의 희망과 꿈을 심어주었다. 조마리아는 임시정부 가족들의 큰 어른으로서 꿋꿋하게 민족독립의 정신을 잃지 않도록 지렛대 역할을 하였다.

조마리아는 상해임시정부에서 김구 어머니 곽낙원을 만났다. 이들은 황해도 신천의 청계동 시절부터 이미 형 아우 하면서 각별하게 지냈다. 아들들이 항일 투사로서의 힘난한 인생을 보낸 지 20여 년 만에 만난 해후였다. 한 지붕 아래 이웃해서 살면서 독립운동가들의 정신적 안식처가 되어주었다. 임시정부의 재정이 어려워지고 그 어느 때 보다 여러 가지 상황이 불리할 때 조마리아는 1927년 7월 15일 사망하였다. 천주교 교민장으로 장례를 치렀고 묘지는 월남인의 묘지에 안장했었는데, 오늘날 그 지역이 개발되면서 조마리아의 무덤은 찾을 수 없게 되었다.

조마리아는 1862년 황해도 해주에서 태어났다. 진사시에 합격하여 안 진사라 불리는 안태훈과 결혼하여 3남 1녀를 두었다. 안중근은 1879년 9월 2일에 태어난 조마리아의 장남이다.

조마리아가 김구의 어머니 곽낙원과 친분을 쌓게 된 것은 동학군 사건과 관련이 있었다. 1894년 동학군이 해주 일대를 휩쓸게 되었을 때 조마리아는 남편 안진사를 도와 동학군의 습격을 대비하였다. 청계동 여성들과 함께 이른 새벽부터 70여 명의 의병군을 지원하였다. 당시 동학군 접주 중에 19세의 김구(창수)가 있었다. 안진사는 김구의 출중함을 알고 밀사를 보냈다. 동학군이 패한 이후 김구가 안진사를 찾아왔고, 김구의 살림 형편이 어려운 사실을 알게 된 안진사는 청계동에 가옥 한 채를 마련하여 김구 부모가 거처하도록 조치하였다. 이렇게 해서 김구의 어머니 곽낙원과 안중근의 어머니 조마리아의 만남이 이루어졌다.

조마리아가 가톨릭을 수용하게 된 것은 동학군을 진압하고 노획한 천여 포대의 곡식을 의병의 군량미로 사용했는데, 이를 안진사 개인이 사용한 것으로 오해한 탁지부가 상환하라는 명을 내렸다. 군량미 상환은 불가능했고, 안진사는 가톨릭 성당에 피신하였다. 성당에 피신해 있는 동안 안진사가 가톨릭 신앙을 받아들이게 되었다.

1896년 10월 군량미 상환 문제가 해결되어 청계동 집으로 돌아오면서 천주교 교리서적을 가지고 오면서 온 마을이 가톨릭 신앙을 받아들이게 되었다. 1897년 1월 빌렘 신부가 청계동을 방문하여 안진사는 베드로, 안중근의 어머니는 마리아라는 세례명을 받았다. 안중근도 이

때 토마스라는 세례명을 받았다. 1906년 안진사가 청계동에서 사망하고 조마리아는 아들 안중근과 함께 삼화항 (진남포)로 이사하였다.

1907년 조마리아는 삼화항 여성들의 국채보상운동을 주도하며 본인의 패물뿐만 아니라 며느리들의 패물도 국채보상 의연금으로 기부하였다. 국채보상운동은 일제의 차관 1천 3백만 원의 채무를 상환하여 주권을 회복하고자 대구의 서상돈이 제안한 국권회복 운동이었다. 국채보상운동은 근대 역사상 처음으로 여성들의 공적 영역 진출과 정치활동의 계기가 되었다.

전국 곳곳에서 여성들의 국채보상운동 단체가 조직되었다. 1907년 3월 14일 삼화항 패물폐지부인회가 조직되었고, 조마리아는 적극적인 활동을 보여주었다. 국채보상운동이 온 나라에 들불처럼 삽시간에 번져나가자 일제의 탄압은 더욱 극심해졌다. 이해에 고종은 이준을 헤이그 평화회의에 밀파하였다. 일제는 그 책임을 고종에게 물어 황위를 빼앗고 순종을 새로이 옹립하고 대한제국 군대를 강제로 해산시켰다.

이때 아들 안중근이 구국활동을 위해 국외망명을 결심하자 조마리아는 집안일은 걱정 말고 최선을 다해 싸우라고 아들을 격려했다. 안중근은 북간도를 거쳐 블라디보스토크로 건너가 교포들에게 애국심을 고취하고 무장투쟁활동 참여를 독려하였다. 애국지사 11명과 단지동맹을 맺고 피로 대한독립(大韓獨立)을 써서 의병을 모아 대한의병참모중장이 되었다. 일본군과 여러 차례 교전을 치르면서 승리를 거두었고, 일본군 포로들을 풀어주었다. 그런데 풀려난 포로들이 의병군의 위치를 알려주면서 일본군의 급습으로 아끼던 부하들이 목숨을 잃었다.

1909년 10월 안중근은 언론을 통해 이토가 하얼빈에 왔다는 소식을 접하고 한국의 원수이며 동양평화를 무너뜨린 원흉을 사살하기로 결심하였다. 1909년 10월 29일 오전 9시 30분 하얼빈 역에 내리는 이토를 사살하였다. 코리아 만세를 세 번 외쳤고, 러시아 헌병장교에 의해 체포되었다. 다음날 우덕순, 조도선, 유동하 등 15명이 체포되었다. 안중근은 자신을 대한의병참모중장이라 소개하고, 이토가 15개의 죄를 범했기 때문에 의병장군의 이름으로 사살했다고 밝혔다. 이토를 죽인 것은 인도에 어긋남이 없다고 했다. 이토가 저지른 15개의 범죄행위는 다음과 같다.

1. 한국의 민황후를 시해한 죄
2. 한국황제를 폐위시킨 죄
3. 5조약과 7조약을 강제로 체결한 죄
4. 무고한 한국인을 살해한 죄
5. 정권을 강제로 빼앗은 죄
6. 철도, 광산, 산림, 천택을 강제로 뺏은 죄
7. 제일은행권 지폐를 강제로 사용한 죄
8. 한국 군대를 해산시킨 죄
9. 교육을 방해한 죄
10. 한국인들의 외국유학을 금지한 죄

11. 교과서를 압수하고 불태운 죄
12. 한국인은 일본인의 보호를 받기 원한다는 거짓말을 퍼뜨린 죄
13. 한일간의 갈등과 살육이 끊이지 않은데 한국사회가 평화롭다고 일본 천황을 속인 죄
14. 동양평화를 깨뜨린 죄
15. 일본 천황폐하의 아버지를 죽인 죄

따라서 이토가 살아 있는 한 너무나 많은 사람이 희생될 뿐만 아니라 전쟁과 폭력으로 고통스러울 것이다. 하루빨리 이토를 죽이는 것이 세계 평화에 도움이 될 것이라 했다. 안중근이라는 개인이 아니라 항일 무장 독립군을 이끄는 대한민국 장군의 이름으로 원흉을 사살한 것이다.[24]

아들의 의거 소식을 들은 조마리아는 변호사 안병찬을 선임하려 했으나 일본은 국선변호사만 허락하였다. 1차 공판에서 사형을 받았다는 사실을 전해 들은 조마리아는 아들 안중근에게 편지를 보냈다. "네가 만일 늙은 어미보다 먼저 죽는 것을 불효라 생각한다면 이 어미는 조소 거리가 된다. 너의 죽음은 너 한 사람의 것이 아니라 한국인 전체의 공분을 짊어진 것이다. 목숨을 구걸하지 마라. 네가 국가를 위하

---

24 박용옥, 「안중근의사 어머니 조마리아 항일구국활동」, 『안중근 및 김구가 여성들의 항일구국활동』, 3·1여성동지회, p.29.

여 죽는 것이니 영광이다. 이 세상에서 모자가 다시 만나지 못하는 심정 어떻게 다 말할 수 있으랴, 천주님께 기원할 따름이다" 아들이 정결하고 품위 있게 수형하기를 기원하여 하얀 명주로 된 옷을 만들어 보냈다. 1910년 3월 26일 안중근은 어머니가 만든 흰 명주옷을 입고 마지막 기도를 올린 뒤 오전 10시경 형장의 이슬로 사라졌다. 조마리아는 일제의 감시가 심해지고 가족의 안전을 보장하기가 어렵자 연해주로 1910년 5월경 이주하였다.

영웅의 아내, 김아려

안중근의 아내, 김아려는 남편의 편지를 받고 하얼빈으로 출발하였다. 그러나 일제의 검문검색에 걸려 경찰서 유치장에 갇혔다. 경찰서 감방에서 남편 안중근의 거사를 들었고, 갑자기 오갈 데 없는 막막한 상태에서 두 아들 분도와 준생을 데리고 한인들이 많이 사는 노령에 자리를 잡았으나 일제의 감시로 생활고에 시달렸다. 그러던 중 큰아들 분도가 일본의 밀정이 건네준 과자를 먹고 그만 독살되었다. 남편과 아들을 잃은 김아려는 정신적 충격과 남은 자식의 생명에 대한 불안으로 일생을 불안 속에서 남아 있는 딸과 아들을 지켜야 했다.

시어머니 조마리아는 모든 가족을 이끌고 길림성 목릉에 터전을 잡았고, 벼농사에 성공해 부농에 가까울 정도로 생활고를 해결하였다. 철로와 교통이 편리한 목릉에 자리했기 때문에 이광수와 이동휘, 김성무 등 수많은 애국지사와 항일운동가들이 잠깐 머물다 떠났다. 김아려는 찾아오는 애국지사들에게 따뜻한 밥상을 대접하거나 편안하게 머물게 했다.

조마리아는 노령 교포들의 어려움을 돌보았고, 특히 독립운동단체에게 도움과 지원을 아끼지 않았다. 1913년 조마리아는 중부 시베리아에 위치한 알래스카 광산 한인노동자와 그곳의 한인농민들을 찾아가 애국심을 고취하고 독립자금 지원을 요청하고자 76일 간 밀림과 험난한 길을 떠나기도 했다. 영웅의 어머니 조마리아는 구국활동의 정신을 지켜내며 해외 교포들에게 정신적 어른역할을 수행하며 생을 마감했다.

반면 조마리아의 대가족 뒷바라지는 오롯이 안중근의 아내 김아려의 몫이었다. 김아려는 호랑이 같은 시어머니의 시집살이와 함께 영웅의 부인으로서 홀로 외로이 살아가야 했다. 젊은 과부에게 맡겨진 삶은 고된 시집살이와 어린 자식의 목숨을 지키는 것이었다. 그러나 큰 아들은 지키지 못했다. 노령에 있을 때부터 일제의 감시와 생활고로 어려움을 겪었지만 상해에서는 안중근의 부인이었다는 소문이 널리 알려지면서 상해교포들로부터 존경을 받았다. 동시에 영웅의 아내라는 신분은 부담이 되기도 했다. 김아려는 노령에서와 마찬가지로 상해에서도 대가족의 집안살림을 도맡아 했을 뿐만 아니라 수시로 드나드는 항일독립군들의 밥상을 차렸다. 늘 새벽시장에 나가 가장 싼 곳을 찾아다니느라 장을 보는일에 많은 시간을 써야 했다.

상해에서 김아려는 젊은 청년들에게 하숙을 치면서 생활비를 벌었다. 3·1만세운동 이후 일제의 탄압을 피해 독일로 유학을 떠나려 상해에 잠깐 머물며 비자를 기다리던 이미륵이 유일하게 안중근의 부인 김아려에 대한 기록을 남겼다.

얼굴도 갸름하고 나이는 사십쯤 되어 보이는 이 부인은 나에게 다가와 먼저 악수를 청했다. 부인은 '얘가 내 딸이에요' 라고 열일곱 살쯤 돼 보이는 중국 옷차림으로 서 있는 여학생을 가리키면서 나에게 소개했다. 아들아이는 소련 옷차림을 하고 있었으며 아주 튼튼하게 생긴 것이 얼굴색은 매우 건강해 보였다. 우리는 식탁에 자리를 잡고 앉게 되었다. 부인은 나에게 나이는 몇 살이고 직업은 무엇이며, 가족들은 어디 있는지 등을 물었다. 내가 나이를 말했더니 '아직 그렇게 어려요?' 라고 말하는데 아주 부드러운 목소리였으나 어딘가 모르게 슬픈 어조였다.[25]

김아려는 딸을 이미륵에게 소개하면서 멀리 유럽으로 떠나는 유학생과 결혼을 시켜 안전한 곳으로 보내고 싶어 했을 것으로 추정된다. 목숨에 대한 위협과 가난으로 고생을 하는 어린 딸의 모습을 어머니로서 더는 보고 싶지 않았을 것이다. 그래서 이미륵에게 딸을 소개하며 나이와 가족들에 관해 물었을 것이다. 딸을 멀리 보내고 싶은 마음은 자식을 안전하게 지키고 싶었기 때문이다. 아들이 독살된 후 나머지 자

---

25   이미륵, 『압록강은 흐른다』, 정규화 옮김, 범우사, 2006(5쇄), p.335. 참조.

식들을 지키는 것이 어머니의 간절한 소망이며 책임이었다. 유럽은 일제의 마수가 뻗지 못하는 안전한 곳으로 믿었다. 이미륵과 혼인을 시키고 싶은 마음에 김아려는 딸을 외간 남자에게 공식적으로 소개했을 것이다. 그러나 이미륵이 김아려의 깊은 속마음을 이해하기에는 너무나 어렸고, 자신의 처지 또한 미래가 불투명하고 불안한 신세였다.

이미륵뿐만 아니라 상해에 머문 수많은 애국지사들이 김아려가 차린 음식을 먹었다. 생활은 형언하기 어려웠을 정도로 힘들었지만 주눅이 들어 살기보다는 늘 솔직하게 자기 생각을 표현하였다. '키가 크고, 얼굴이 갸름하였고 부드러운 말씨에도 개방적인 태도를 보였다'는 작가의 기록에서 엿볼 수 있다. 영웅의 아내는 늘 쓸쓸한 모습으로 먼 곳을 바라는 습관이 있었다. 과부로서 온갖 시련과 삶의 무게가 그녀를 짓누를 때마다 잡념을 잊고 고통을 견디는 습관으로 멍하게 앉아 먼 산을 바라보는 것이 잠시의 휴식이었을 것이다. 일제의 만행이 그녀에게 가져다준 고통을 이렇게 달래며 살아냈다. 김아려의 삶은 고난의 연속이었고 가슴은 새까만 숯이 되었을 것이다.

윤봉길의 홍구공원 거사의 충격으로 일제는 임시정부와 김구를 잡기 위해 혈안이 되었고 국내에 머물던 김구의 어머니 곽낙원과 김구의 아들 김인과 김신은 안전하게 탈출하여 임시정부가 있는 남경에서 합류하였다. 그러나 영웅의 아내 김아려와 준생은 상해를 빠져나가지 못하고 일제의 손아귀에 갇혀버리고 말았다. 유교적인 가부장제 사회에서 여성의 명성은 아들의 사회적 위상에 따른 것이며, 아무리 남편이 영웅이라 하더라도 남편의 명성은 시어머니의 것이 되고, 자기 아들 준생의 인생 행보가 곧 김아려에 대한 역사적 평가가 되었다. 아들 준생이 일제에 붙잡혀 국내로 끌려왔고 일제의 각본에 따라 이토 히로부미 아들에게 사죄하라는 비극적인 연출에 동원되었다.

피난살이를 이끌다

1930년대 임시정부의 위상은 날로 악화되어갔다. 1931년 7월 2일 중국 길림성 장춘현 만보산 지역에서 한인농민과 중국농민이 충돌한 '만보산 사건'이 발생했다. 이어서 1931년 9월 18일 만주 봉천 북쪽에 만주 철도의 선로가 폭파되자 일본군은 중국군의 소행이라 주장하며 만주침략을 단행했다. 중국인들은 한국인이 만주에 들어왔기 때문이라며 동포들에 대한 중국인의 증오와 적대행위가 확산되었다. 일제의 만주점령으로 독립운동의 기지가 뿌리째 와해되었다.

위기에 빠진 임시정부는 1931년 〈한인애국단〉이라는 비밀결사단을 조직하였다. 임시정부의 국무령이던 김구가 중심이 되어 김석, 안공근, 이수봉, 이유필이 애국단의 조직을 운영하고, 단원으로는 이봉창, 윤봉길, 이덕주, 최흥식 그리고 여성으로서는 이화림이 참여하였다. 1932년 1월 8일 〈한인애국단〉 이봉창은 제국의 심장 도쿄에서 천황을 향해서 수류탄을 던졌고, 윤봉길은 1932년 4월 29일 상해에서 일본군 장성들을 향해 도시락 폭탄을 던졌다. 〈한인애국단〉의 민족적인 의거는 한·중 양민 간의 갈등과 대립을 순식간에 불식시켰으나 다른 한편 프랑스 조계지에서 임시정부 요인과 그 가족들은 상해를 탈출해야만 했다. 1932년 4월 30일 임시정부의 이동녕과 이시영이 기차 편으로 가흥으로 피신하였다. 다음날 임정 가족 일행이 가흥에 도착했다. 가흥에서 임시정부가 짐을 푼 곳은 상당히 넓은 2층 목조건물이었는데, 손문의 혁명동지이며 가흥의 부호 저보성과 그의 아들의 소유였다.

이후 임정요인과 가족들은 지하로 숨어들어 중국인으로 변장해 주요 도시로 뿔뿔이 흩어졌다. 임시정부는 중국대륙을 떠돌아 다니게 되었다. 김구는 일본경찰의 현상금까지 걸려 있어 신변의 위협을 받고 있었기 때문에 임정요인들과 함께 머물지 못하고 남호라는 호수 위 배 안에서 머물렀다. 김구는 선낭이 운영하는 배 한 척을 빌려 남호 위에서 은둔하였다.[26]

1937년 7월 7일 일본은 중국대륙을 점령하기 위해 의도적으로 노구교 사건을 일으켰다. 노구교 사건은 중국의 대항일전쟁을 본격화했다. 일본은 파죽지세로 남경을 점령하고 중국대륙을 유린하였다. 중국은 장개석을 중심으로 한 국민당 정부와 모택동을 중심으로 한 공산당이 서로 대립하면서 동시에 항일투쟁을 펼치고 있었다. 우리도 좌익단체와 우익단체가 서로 대립하면서 항일투쟁을 전개하고 있었다. 노구교 사건은 국공 합작을 가져왔다. 우리도 좌우익의 세력을 통합해서 대항일 투쟁을 펼쳐야 한다는 주장이었다.

26　정정화, 『장강일기』, 학민사, 2011, p.114.

1938년 5월 6일 남목청에서 회의가 진행되었다. 회의 진행 중에 이운환이라는 청년이 3당 대표들에게 권총을 발사했다. 김구가 맨 먼저 가슴에 총을 맞았고, 유동열, 이청천은 중경상을 입었고, 현익철은 절명하였다. 이른바 '남목청사건'으로 현익철이 사망하자, 아내 방순희가 남편의 독립운동을 이어받아 대한민국임시정부 의정원 함남 대의원으로 활동하였다. 방순희는 우리나라 최초 여성 국회의원으로 이름을 올렸다.

방순희는 정신여학교를 졸업하고 1919년 3·1만세운동 이후 해외로 망명하여 독립운동을 계속하였다. 남편이 죽은 후 임시정부에 남아 1942년 한국독립당 충칭구당부 간사를 맡았고, 1943년 대한민국애국부인회를 조직할 때 부회장으로 선출되어 여성들의 독립운동을 활성화시켰다.

1903년에 태어나 1911년 여덟 살이던 방순희는 부모를 따라 러시아 블라디보스토크로 이주하여 블라디보스토크 신한촌에 정착하였다. 아버지 방도경은 블라디보스토크에서 물산객주를 차리고 이주 한인들을 상대로 상품 위탁판매와 여관업 등을 운영하였으며 한인학교에 재정지원을 하였다. 방순희는 블라디보스토크에서 초등학교를 졸업하고 한인 기독교 학교인 삼일여학교에 진학하였다. 이곳에서 민족교육을 받으며 민족의식을 키울 수 있었다. 1931년 만주에서 활동하다 일제에 검거되어 신의주형무소에 복역하다 병보석 중에 상해로 탈출한 현익철과 결혼하였다.

일본의 중국대륙 점령으로 임시정부의 피난살이가 시작되었다. 가흥(1932) 진강(1935), 장사(1937), 광동(1938), 유주(1938), 기강(1939) 등지를 떠돌다 1940년 9월 중경에 자리 잡았다.

허겁지겁 쫓겨 다니던 망명정부 피난 시절, 민족 지도자들이 하나 둘씩 사라져 갔다. 1940년 3월 망명정부의 정신적 지도자 이동녕이 사천성 기강현 임시정부 청사 2층 침소에서 71세의 나이로 세상을 떠났다. 이동녕(1869~1940)은 독립협회 가입해 활동하다가 옥고를 치른 후 상동교회에서 활동하였다. 1910년 식민지가 되자 만주로 망명하여 이상설과 서전서숙 설립하였고, 이회영, 이시영 등과 함께 경학사를 조직하였다. 신흥무관학교 초대 교장을 역임했고, 만주의 독립기지 설립에 앞장섰다. 1차대전 후 국제질서에 맞춰 1918년 12월에는 무오독립선언서를 발표하고, 이어 1919년 3·1만세운동 이후 상해로 건너가 임시망명정부 의정원 초대의장, 임시정부 국무총리와 주석을 역임하면서 임시정부를 이끌었다.

곽낙원 : 김구의 정신적 지주

임시정부의 험난한 피난길에 김구의 어머니 곽낙원(1859~1939)이 세상을 떠났다. 곽낙원이 없었다면 김구가 위대한 민족의 지도자로 역사에 큰 발자취를 남길 수 없었다. 곽낙원이 임시정부 청사의 일원이 된 것은 바로 아들 김구를 뒷바라지하기 위해서였다. 대부분의 독립운동가가 그랬듯이 가정 살림은 오롯이 아내 최준례와 어머니 곽낙원이 도맡았다. 아내 최준례는 일찍이 공립학교 교사였으나 김구를 따라 상해임시정부 일원이 되면서 고난의 삶이 시작되었다. 최준례에 대한 기록은 거의 없으나 곽낙원에 대한 기록은 남아있다. 이는 곽낙원이 오래 살았기 때문일 수도 있으나 유교적 가부장제 사회에서 위대한 남성의 아내보다 어머니 칭송에 더 가치를 두었기 때문이다. 유교의 삼종지도에 따라 여성이 가장 큰 영향력을 미칠 수 있는 남성은 아들이다. 공적 영역에서 활동이 차단된 사회에서 여성은 아들을 통해 자신의 존재가치를 찾았다. 따라서 아버지, 남편, 아들의 대의명분은 곧 여성의 삶에 지침이었다. 당시 대부분의 여성에게 자신과 아들의 일은 구분할 수 없는 공동운명체였다.[27] 반일의식과 독립운동은 바로 아들 김구의 소원이지만, 동시에 곽낙원의 소원이기도 했다. 아들 김구는 곽낙원의 존재 이유이며 삶의 희망이었다.

 곽낙원은 1859년 2월 26일 황해도 장연구 목감면에서 태어났다. 14세에 24세의 김순영과 결혼하였으나 남편이 자신의 삶을 조금도 개선하지 못할 것으로 알고 있었기 때문에 아들 김구에게 희망을 품고, 아들 김구가 출세하기를 원했다. 기존 신분차별 질서의 불합리함을 몸소 체득하였고, 김구가 과거공부에 매진하도록 온갖 힘든 일을 마다하지 않으며 아들의 입신양명을 학수고대하였다. 그런데 과거를 보러 간

---

27 윤정란, 「민족운동가 김구 가족의 삶과 민족의식」, 「안중근 및 김구가 여성들의 항일구국활동」, 3·1여성동지회, p.61

김구는 부정부패가 만연한 세상에 더는 희망이 없다는 사실을 깨닫고 새로운 세상을 만들고자 동학운동에 참여하게 된다. 어머니 곽낙원은 아들의 동학운동이 사회적 부조리를 타파할 것으로 믿었다. 곽낙원은 아들이 너무나 자랑스러웠으며 격려와 지지를 아끼지 않았다.

곽낙원이 항일독립운동에 참여하게 된 것은 아들 김구가 치하포에서 일본군을 죽이고 체포되어 감옥생활을 옥바라지하면서부터이다. 김구가 일본인을 죽인 것은 조선의 왕비를 죽였기 때문이며 일본인을 죽이는 것이 애국행위로 알려졌다. 아들의 감옥살이를 돕겠다는 유력 인사들이 많아지자 곽낙원은 아들이 자랑스러웠고 동시에 항일감정이 생겼다. "나는 네가 경기감사를 하는 것보다 더 기쁘다"라며 뿌듯해했다. 아들을 통해 곽낙원의 민족의식과 반일감정이 생겨났다.

1924년경 며느리 최준례가 둘째 손자 김신을 낳은 후 사망하자 김인과 김신의 양육은 곽낙원이 책임졌다. 그 덕분에 김구는 임시정부 활동에 전념할 수 있었다. 특히 김신은 모유를 먹지 못해 병치레가 심했으나 설탕물을 먹이는 것이 고작이었다. 생활이 너무 어려워 중국 보육원에 김신을 맡긴 적도 여러 차례였다.

곽낙원은 쓰레기통을 뒤져 배춧잎을 주워 반찬으로 만들거나 국을 끓였다. 이렇듯 임시정부 재정난이 날로 어려워지자 수많은 독립운동가들이 미국으로 떠나갔다. 곽낙원도 김구에게 미국으로 건너가 독립운동을 계속하자고 했으나 김구는 편안하게 할 수 없다며 거절했다.

1925년 12월 어려운 살림살이 걱정으로 김구가 독립운동에 전념하지 못할 것 같아 두 손자를 데리고 황해도 안악으로 돌아왔다. 김신은 학비면제가 가능한 안신학교에 보냈고, 김구가 무사하기를, 그리고 하루빨리 독립되기를 기도하며 견뎠다. 손자를 키우며 온갖 궂은 일로 모은 돈을 상해에 보내기도 하였다. 어느 날 점쟁이를 찾아갔다. 언제쯤 독립이 될 것 같은지 묻자 점쟁이는 곧 있으면 쌀가마니를 산 위로 끌어올릴 필요 없이 물과 쌀이 있는 곳으로 내려올 것이라 했다. 아들의 희망이 하루빨리 이루어지기를 기도하였다.[28]

정정화의 기록에 따르면 곽낙원은 키가 아주 작았고, 얼굴에는 마마 자국이 있었다. 성격이 강직하고 문자를 깨우치지 못하였으나 상식이 풍부하였다. 최고 연장자로서 어른으로서 모범을 보였다. 팔순생일 준비 비용으로 총을 사서 임시정부에 기부하였고, 독립운동을 하려면 지식도 필요하다며 만년필을 사서 젊은이들에게 나누어 주었다. 이렇듯 곽낙원은 고령에도 불구하고 아들에게 의존하기보다 아들과 손자를 돌봤던 임시정부 청사의 최고 어른이었다.[29] 김구가 민족의 지도자가 될 수 있었던 것은 바로 어머니 곽낙원 덕분이었다. 어린 손자들을 장성시킨 후 1939년 4월 26일 민족의 어머니 곽낙원은 이 세상을 떠났다.

---

28 윤정란, 「민족운동가 김구 가족의 삶과 민족의식」, 『안중근 및 김구가 여성들의 항일구국활동』, 3·1여성동지회, p.67.
29 윤정란, 「민족운동가 김구 가족의 삶과 민족의식」, 『안중근 및 김구가 여성들의 항일구국활동』, 3·1여성동지회, p.67.

1940년 임시정부는 마침내 떠돌이 생활에서 벗어나 중경에 자리를 잡았다. 임시정부 가족들은 25킬로 떨어진 토교에 집 세 채를 빌려 10여 세대가 살았다. 임정요인들은 중경과 토교를 왔다 갔다 했다. 임정을 찾아오는 망명객들은 토교에 거주했다. 토교에서의 생활은 이곳저곳으로 옮겨 다니던 시절에 비하면서 다소 안정되었다. 임정가족들 중에서 경제적으로 여유가 있었던 집은 엄항섭과 연미당 그리고 민필호의 집이었다. 대부분의 가족들은 형편이 어려웠을 뿐만 아니라 간혹 축첩으로 또 다른 괴롭힘에 시달리기도 했다.

경제적으로 가장 고생이 많았던 가족은 오광선의 가족이다. 김구가 만주의 독립기지 재건을 위해 오광선을 비롯한 대원들을 밀파했으나 북경에서 연락이 두절되었다. 오광선의 부인 정정선은 혼자서 어린 딸 희영, 희옥을 돌보느라 살림살이가 늘 쪼들렸다. 사실 임정의 일을 보는 사람들은 공무원이었으나 형편이 어려웠으므로 일상생활용품을 모두 공평하게 나누어 배급을 받았다. 김구는 특별히 정정선 가족의 먹을 것과 교육에 관심을 두었는데, 오희옥은 김구로부터 직접 붓글씨를 배웠다. 장녀 오희영은 광복군에 입대해서 활동하던 중 신송식과 결혼을 했다.

〈대한애국부인회〉 구여성과 신여성의 연대

1940년 9월 대한민국임시정부는 중경에 정착하였다. 중경은 이미 중국의 국민당과 공산당의 주요기관들이 항일투쟁을 위한 연합전선을 형성하고 있었기 때문에 임시정부의 항일투쟁에도 유리하였다. 1940년 5월 한국독립당을 창당하고 9월에는 군사조직으로 한국광복군을 창설하였다. 10월에는 개헌을 단행하여 주석을 중심으로 하는 강력한 단일지도체제를 확립하였다. 이로써 당(한국독립당), 정(임시정부), 군(한국광복군)의 체제가 갖추어졌다.

1940년 6월 16일 중경에서 〈한국혁명여성동맹〉이 창립되었다. 〈한국혁명여성동맹〉은 〈한국광복군〉에 대한 협조와 지원을 아끼지 않고, 국내외 한국여성의 민족정신과 애국심을 일깨워 한국혁명에 동참할 때 민족독립의 날이 더욱 가까워질 것이라 선언하였다. 여성은 혁명여성이며, 조국 독립과 세계 평화실현을 위해 세계여성과 연대투쟁을 선언했다. 한국혁명여성동맹의 집행위원장으로 방순희가 선임되었고 집행위원으로 오광심, 정정화, 김효숙, 김정숙, 최형록, 이순승 등이 참여하였다. 최형록은 1914년 상해 박달학원을 수료하고, 1918년 조소앙과 결혼하면서 임시정부의 일원으로서 독립운동에 헌신했다. 1940년 한국독립당에 가입하였고, 1943년 중경한국애국부인회, 상해 애국부인회 활동에도 참여하였다. 이들 중에 젊은 여성들은 광복군으로 입대해서 항일전쟁에 종군하였다.

이러한 〈한국혁명여성동맹〉을 기반으로 1943년 2월 23일 각 정파 여성들 50여 명은 중경 임시정부 집회실에 모여 〈한국애국부인회〉의 통합 재건을 선언하였다. 〈한국애국부인회〉는 3·1만세운동 이후 국내외는 물론 미주와 상해 등지에서 결성된 애국여성단체의 애국정신을 계승하고 여권신장을 통해 민족통일전선운동에 적극 동참하고자 〈애국부인회〉를 재건하였다. 이 대회에서 김순애(1889년생)는 주석, 방순희(1904년생)는 부주석, 그 밖에 최형록, 연미당, 최선화, 권기옥, 정정화 등이 각부 주임으로 선출되었다. 〈애국부인회〉의 임원들은 임시정부가 설립된 이후 온갖 고난을 함께 해온 임시정부 요인들의 부인들이었다.

1919년에 결성된 〈상해 애국부인회〉 회원들이 20대 여성들이었다면 중경 한국애국부인회의 임원들은 이제 나이가 들어 모두 40대와 50대의 중년이 되었다. 1919년에 조직된 상해애국부인회는 주로 여학교 출신이 다수를 차지했다면, 1943년 〈한국애국부인회〉는 소위 신여성과 구여성이 함께 참여하였다. 질곡의 임시정부 피난시절을 겪으면서 여성들 간의 깊은 우정으로 다양한 차이와 갈등을 극복하였던 것으로 보인다.[30]

새롭게 재정비된 〈애국부인회〉의 특징은 1919년 김순애가 조직한 〈한국애국부인회〉와 이화숙, 김원경이 결성한 〈애국부인회〉과 달리 여성해방을 강조하고 있다. 여성의 자유와 권리를 통해 민족의 해방과 민주적인 정부 수립의 가능성을 뚜렷이 밝히고 있다. 남녀가 평등한 권리가 보장되지 않는다면 조국의 독립과 민족해방의 완성이 어렵고 민

---

30 장영은, 「망명정부의 밀사, 정정화의 독립운동과 자기서사」, 『'젠더'로 보는 3·1운동』, 3·1운동백주년 기념 학술대회, 2019, p.18.

주공화국 건설에 주역이 되기 어렵다. 따라서 질곡의 임시정부의 역사와 함께 했던, 산전수전을 다 겪은 사오십대의 중년의 여성들이 여성해방과 민족해방을 주장하였다. 중국대륙의 동쪽 끝에서 남쪽 끝으로 그리고 서쪽으로 산을 넘고 물을 건너면서 동고동락하면서 여성의식이 일깨워졌고, 그동안 축적된 항일민족의식과 여성의식은 〈한국애국부인회〉로 결집되었다. 출산과 양육의 책임에서 벗어난 중년의 임정 가족 여성 대부분의 정치활동 경력이 〈한국애국부인회〉로 집결하였다.

〈한국애국부인회〉는 '국내외 모든 여성이 총단결하여 민족해방과 여성해방을 실현하는 민주공화국 건설에 앞장서자'는 강령을 발표하였다. 임시정부 청사에 태어나 자란 젊은 20대 여성들이 무장투쟁을 위해 광복군에 입대하였다. 이제 여성은 남성의 지원, 남편에 대한 내조 차원이 아닌 민족해방의 주체적인 전사로서, 그리고 조국 광복과 민주주의 국가 건설의 주체로서 역사적 의무와 책임을 강조하였다. 그러던 중 임시정부 여성들은 광복을 맞이하였고, 1945년 11월 23일 고국 땅을 밟았다.

VII.
여전사, 항일혁명전쟁을 이끌다

전통적으로 여성의 영역은 가정이었고, 가정에서 자녀를 양육하고 부모를 봉양하는 것이 최고 부덕으로 간주되었다. 여전사는 전통적인 가족 생활에서 벗어나 무기를 들고 전쟁에 참여하여 적을 죽이는 전투요원을 의미한다. 여성들이 가정에서 가족을 돌보며 생명을 살리는 역할을 했다면, 가족과 민족을 살리기 위해 이제 목숨을 걸고 적을 죽여야만 했다. 그러나 항일여전사는 전통적인 가족의 구성원으로서 역할뿐만 아니라 전투요원으로서 전쟁에 참여하였다.[1] 따라서 항일여전사들의 결혼과 사랑 그리고 자녀와의 관계는 여성들이 공사 영역에 진출하면서 겪게 되는 갈등과 긴장을 잘 보여준다. 식민지 가부장제 사회에서 전투요원으로 조직적인 훈련을 받지 못한 여성들이 어떠한 동기에서 혁명적인 전투요원으로서 그 정체성을 갖게 되었는지를 살펴보는 것은 여전사에 대한 역사적 위상과 가치관을 밝히는 데 중요하다. 여전사의 항일투쟁은 오랫동안 잊혀 왔으나 최근 여성사의 발전으로 새롭게 항일민족독립운동사 전체를 조망하는데 도움이 된다.

여전사로서의 경력은 1919년 평화적인 3·1만세운동 가두시위에 대한 일제의 무자비한 탄압을 경험한 이후 본격화되었다. 3·1만세운동 이후 일제의 감시는 더욱 살벌해졌고 여성들의 독립을 향한 열정 역시 더욱 뜨거워졌다. 일제의 삼엄한 감시를 뚫고 조국을 빠져나간 애국지사들은 굳게 맹세했다. 민족의 독립이 평화적인 만세시위를 통해서 실현

---

1 박용옥, 『한국여성항일운동사연구』, 지식산업사, 1997, (초판 2쇄), p.153.

되는 것이 아니라는 사실을 모두가 인식하게 되었다. 따라서 수많은 애국지사는 무장투쟁으로 돌아섰다. 1919년 평화적인 만세시위가 피를 뿌리며 산산이 부서져 버렸다. 더는 '민족자결주의'를 이행하라며 애원하지 않을 것이며, 힘으로 독립을 쟁취할 것이라며 항일독립전쟁을 선언하였다. 평화적인 방법이 아니라 무장독립전쟁을 선포하였다. 1919년 2월 〈대한독립여자선언서〉에서 밝혔듯이 만주벌판으로 그리고 러시아의 시베리아와 연해주로 망명하여 무장투쟁의 길을 선택했다.

남성들에게는 일찍이 1911년 6월에 설립된 신흥무관학교라는 조직적인 무장투쟁 전투훈련의 기회가 있었다. 무장투쟁 인재를 양성하기 위한 목적으로 설립된 신흥무관학교는 이회영, 이시영, 이동녕, 이상룡, 등이 중국 지린성, 류허현 삼원포에 설립한 신흥강습소에서 출발하였다. 1919년 3·1만세운동 이후 수많은 청년이 이곳으로 찾아가 군사훈련을 받았다. 일본의 육군사관학교 출신 지청천과 김경천 등도 망명해 신흥학교에 교관으로 참여하였다. 기존의 시설만으로 이들을 수용할 수 없게 되자 신흥학교는 1919년 5월 류허현 고산자로 옮기면서 신흥무관학교로 명칭을 바꾸었다. 신흥무관학교는 1920년까지 약 2천여 명의 졸업생을 배출하는 큰 성과를 이루었다.

훈련을 받은 신흥무관학교 졸업생은 홍범도의 대한의용군, 김좌진의 북로군정서에서 중추적인 역할을 하였다. 1920년 6월 홍범도가 이끄는 군대가 봉오동전투에서 승리를 거두고, 지청천이 이끄는 3백여 명의 신흥무관학교 졸업생 그리고 김좌진과 이범석이 이끄는 북로군정서가 1920년 10월 청산리전투에서 큰 성과를 냈다. 이들 병사에게 음식과 옷을 제공한 것은 여성들이다. 옥수수가루와 콩가루로 만든 전병을 군사들에게 먹인 것도 여성들이고, 치마폭을 찢어 부상병의 상처를 치료하거나, 탄환을 한 아름 안고 날라주었던 것도 여성들이었다. 여성들의 헌신과 보살핌이 청산리전투의 대승을 가져온 원동력이었다.[2]

항일무장세력이 날로 확대되자, 일제는 중국 동삼성 당국에 압력을 가해 항일독립군을 사살하고 토벌군 조직을 요구하였다. 이에 중국은 독립군이 길림성을 떠날 것을 요구하였다. 신흥무관학교 교관과 학생들이 모두 중국대륙과 시베리아, 연해주 일대의 다양한 지역으로 흩어졌다. 항일무장투쟁 단체와 의열단이 곳곳에서 새롭게 조직되었다.

일제의 탄압이 강해질수록 여성들도 무장투쟁 참여 의지가 더욱 강해졌다. 무장투쟁의 훈련을 받지는 못했지만 열정은 남성 못지않았다. 항일무장여전사들이 개인적인 차원에서 혹은 조직적인 차원에서 만주를 비롯한 중국대륙 곳곳에서 등장하였다.

1. 남자현-만주벌판을 누빈 의병

항일민족독립운동사에 최고의 여전사는 바로 남자현이다. 조직적이고 체계적인 군사훈련을 받지 못했지만 누구보다 항일무장투쟁에

---

[2] 최은희, 『한국근대여성사 (하), 1905~1945, 조국을 찾기까지』, 조광, 2003(2쇄), p.311.

앞장섰다. 만주벌판을 누비며 행동하는 여전사로서 최고의 권위를 지니고 있다. 1933년 2월 27일 만주의 괴뢰정부 건국기념일 행사기념식에 참석하는 만주국 일본대사를 처단하기 위해 무기와 폭탄을 몸에 지니고 중국인 거지로 변장했다. 무사히 하얼빈에 도착했으나 그만 일본 경찰에 체포되었다. 감옥에서 단식투쟁하다 순국하였다.[3]

남자현(1872~1933)은 1910년 경술국치 이전에 태어났기 때문에 편의상 1세대 항일여전사로 부르고자 한다. 1세대의 독립운동가들은 대한제국의 전통과 자긍심이 스며들어 있었고 일제의 식민화 과정을 고스란히 목격했기 때문에 일제의 모든 통치행위를 거부한, 철저한 항일 민족주의 혁명가이다. 전통적인 유교 명문가에서 태어난 남자현이 항일투쟁에 적극적으로 참여하게 된 동기는 남편이 이룩하지 못한 정치적 대의명분을 완성하기 위한 것이었다.

남자현은 경북 영양군 출생으로 어머니 진성 이씨는 퇴계 이황의 후손이며, 어머니로부터 한글을 깨우쳤다. 아버지 남정한은 통정대부를 지낸 영남의 석학으로 휘하에 70여 명의 제자를 둔 의병장이었다. 19세에 의성 김씨 김영주에게 시집갔으나 1895년 을미사변 때 의병을 일으켰다가 전사한다.

임신 중에 남편을 잃고 과부가 된 남자현은 유복자 김성삼을 낳아 길렀다. 전통적인 유교질서에 따라 홀로된 시어머니를 봉양하며 현모

---

3   최은희, 『한국근대여성사 (하), 1905~1945, 조국을 찾기까지』, 조광, 2003(2쇄), pp.246~251.

효부의 역할을 잘 수행하여 효부상을 받기도 하였다. 아들이 장성하자 남편의 한을 풀고자 중국 만주로 건너갔다. 여성의 항일무장투쟁 역사는 윤희순(1860~1935)의 의병활동에서 시작되었다. 윤희순의 의병활동은 남자현에게 직간접적으로 영향을 주었다. 윤희순이 남편과 가문을 지키기 위해 의병활동에 참여하였듯이, 남자현 역시 남편이 못다 이룬 항일독립을 완성하고자 만주로 건너갔다.

만주에는 가문의 일원이며 남자현의 정신적 지주인 이상룡과 김동삼이 있었다. 이상룡, 김동삼, 지청천이 이끄는 서로군정서에서 활동했다. 서로군정서는 1919년 5월 임시정부 서간도 군기관으로 국내외 일제기관을 폭파하고 친일파를 처단하였다. 만주벌판에서 풍찬노숙의 무장투쟁에 참여할 수 있었던 것은 남자현이 전통적인 여성의 역할에서 해방된 50대의 중년 과부였기 때문이었다.

남자현의 뛰어난 설득력과 변장술은 항일투쟁에서 유용한 무기였다.[4] 남자현은 만주 일대의 교포단체와 농촌지역을 누비며 독립정신을 고취하였다. 열두개 교회를 세워 특히 여성교육 계몽에 힘썼다. 만주 일대의 농촌지역은 젊은 한인교포 과부들이 살아가기에는 너무나 힘난하였다. 젊은 과부들이 보쌈을 당하기도 하였는데, 어떤 과부는 보쌈을 당하느니 죽기를 각오하고 탈출하려다 늪에 빠져버렸다. 소리를 지르는 과부의 외침에 놀란 동네 사람이 횃불을 들고 늪에 빠져 허우적

---

4 최은희,『한국근대여성사 (하), 1905~1945, 조국을 찾기까지』, 조광, 2003(2쇄), p.248.

거리는 젊은 과부를 건져냈다. 보쌈했던 남정네들은 처벌을 받았다. 과부 보쌈은 여성의 인권을 무시하는 처사이며 여성교육은 자신을 지키는 무기라고 했다. 남자현은 여성교육을 위해 겨울이나 여름이나 헌 신을 신고 만주 일대를 누볐다. 이집 저집을 찾아다니며 개별적으로 여성을 찾아다니거나, 한곳에 모아놓고 계몽 교육을 펼치기도 했다. 그러나 여성들의 반응은 냉담했고, '회의가 있으니, 모이라' 통고하면, '회라니, 무슨 회요? 생선회요, 육회요'라며 비아냥거렸다. 그럼에도 남자현은 아랑곳하지 않고 '여성들이 문자를 깨우쳐야 한다'고 했다. '우리가 왜 고향을 버리고 이곳 만주에서 마적 떼에 시달리고 일본경찰에게 쫓기는지를 알아야 한다'며 외쳤다.[5]

어느 날 남만주에서 북만주로 가는 도중 체포되었다. 남자현은 홍순사에게 '오늘 밤도 어두워졌으니 당신 집에서 하룻밤만 묵게 해주시오'라며 청했다. 홍순사는 자신의 집으로 데리고 갔다. 남자현이 홍순사의 손을 잡고 '홍순사가 항일독립운동에 참여하게 해달라'며 간절히 기도했다. 남자현의 강한 독립의지에 감동한 홍순사는 닭을 잡아 후하게 음식 대접을 한 후 남자현이 무사히 안전한 기지로 돌아갈 수 있도록 길 안내까지 해주었다.

1928년 안창호가 길림에서 독립운동의식을 고취했다는 이유로 체포되었다. 남자현은 중국 당국을 찾아가 안창호가 중국의 땅에서 독립

---

5 지복영, 『민들레의 비상』, 이준식 정리, 민족문제연구소, 2013, pp.45~46. 참조.

운동을 하는 것은 불법이 아니라며 석방을 요구하였다. 남자현의 노력으로 안창호는 한인 47명과 함께 석방되었다. 안창호의 석방을 기념하여 남자현이 사진을 찍었다. 남자현은 자신의 모습이 알려지면 항일독립운동에 해가 될까 해서 사진찍기를 거부하였다. 당시 많은 독립운동가들은 사진찍기를 꺼렸고, 자신이 살아있다는 모습을 가족들에게 알리기 위해 먼 곳에서 이미지만 찍었다. '독립군이 무슨 사진이냐?'며 사진을 찍을 때마다 원본을 회수했다. 그러나 어떻게 일본경찰의 수중에 들어갔는지 이때 찍은 사진이 널리 배포되었다.

1929년 남자현은 가난한 노파로 변장하고 사이토 총독 암살을 기획해 국내로 잠입하였다. 비록 사이토 암살은 실패했지만 삼엄한 경계망을 뚫고 만주로 무사히 돌아갈 만큼 변장술에 뛰어났다.

1932년 일본의 만주침략 조사를 위해 국제연맹의 리튼조사단이 하얼빈에 왔다. 이 소식을 들은 남자현은 왼손 넷째 손가락인 일명 무명지로 '조선독립원(朝鮮獨立願)'이라는 혈서를 한자로 쓰고 손가락 두 마디를 거기 싸서 보냈다. 독립을 향한 굳건한 결의를 할 때마다 매번 손가락을 하나씩 잘라 혈서를 썼다. 남자현의 결연한 항일의지는 남편에 대한 원수를 갚는 것이며 남편의 구국의지를 실현하는 것이었다. 그 때문에 온전한 손가락이 남아 있지 않았을 정도로 온몸으로 항일투쟁에 앞장섰다.

일본의 조선점령뿐만 아니라 만주점령의 부당함을 널리 알린 남자현의 조선독립원 혈서는 유엔의 리튼조사단이 만주에서 일본군 철수를 요구하는 결정을 내리는 데 기여했다. 그러나 일본은 유엔연맹의 결정을 거부하고 급기야 유엔연맹에서 탈퇴하였다. 이제 일본은 국제사회에서 아시아를 무단합병을 강행한 깡패집단국가로 전락하였으나, 남자현 체포에 더욱 혈안이 되었다. 남자현은 임기응변과 변장술로 일제의 끈질긴 추적을 따돌리며, 만주 벌판을 휘젓고 다녔다.

 1930년 10월 김동삼이 하얼빈에서 체포되어 일본 영사관에 수감되었다. 국내로 이송될 때를 노려 김동삼 구출작전을 기획하였으나, 실패했다. 김동삼(1878~1937)은 경성감옥에 수감되어 옥중 순국했다. 남자현의 정신적 지주였던 이상룡(1858~1932)은 망국의 한을 풀지 못한 채 1932년 이 세상을 떠나고 없었다. 남편에 대한 복수뿐만 아니라 김동삼, 이상룡이 못다 한 원한을 풀어주고자 폭탄투척을 기획하였다. 1933년 3월 만주국 건국 기념식이 개최된다는 소식을 듣고 기념식에 폭탄을 던지고자 준비하였다. 하얼빈에 도착했으나 검문에서 체포되었고, 일본 영사관 감옥에 수감되었다. 영사관 감옥에서 단식에 돌입했다. 단식투쟁은 감옥에서의 항일운동이었다. 단식은 일제의 모든 통치행위에 대한 불복종이었다. 일제는 남자현에게 강제로 음식을 투여하였다. 강제적인 음식 투여는 남자현의 정치적 저항을 굴복시키려는 또 다른 폭력이었다. 남자현이 강제로 음식을 투여하려는 일본경찰의 머리카락을 잡아채서 바닥에 내동댕이쳤다.

 혼수상태에서 깨어난 남자현은 병원에서 30대의 장년이 된 아들을 만났다. 아들에게 옷 저고리 안 깃 속을 뜯어 현금 2백48원 80전을 꺼

내며 유언을 남겼다. 2백 원은 우리나라가 독립하는 날 축하금으로 정부에 바치고, 40원은 손자 대학 학비로 쓰고, 8원 80전은 고아로 떠돌아다니는 친정의 손자들을 돌보라 했다. 남자현은 망국의 한과 독립의 희망을 품고 이 세상을 떠났다.

　이처럼 남자현이 만주로 건너가서 독립운동에 투신한 것은 남편의 못다 한 구국의 뜻을 완성하기 위한 것이었다. 남편의 대의명분을 실현하기 위해 전통적인 젠더 역할에 머물러 있지 않고 공적 영역에서 여전사로서의 가치를 찾았다. 그러나 남자현은 전통적인 젠더 역할에도 충실하였다. 식민지 가부장제 사회에서 자녀의 교육과 시부모 돌봄 역시 여성 책임이었고, 남편의 뜻을 받드는 것이 아내의 길이었다. 남자현의 민족독립운동은 젠더 경계와 공간의 경계를 넘나들며 활동범위를 확대시켰다. 임기응변과 변장술은 항일투쟁에서 흔히 나타나는 생존비법이었다. 노파 혹은 거지로의 변장은 개인이 위기의 포위망을 뚫는 데 유용한 항일투쟁 전술이었다.

　남자현의 항일무장투쟁 활동은 훗날 지복영에게 본보기가 되었으며 여성광복군 입대의 동기가 되었다. 만주에서 어린 시절을 보낸 지복영은 만주벌판을 용감하게 누비고 다니는 남자현의 활동을 직접 목격하고 자신감을 얻었다. 윤희순의 의병활동이 남자현에게 항일무장투쟁 참여 의지를 주었다면, 남자현의 활동은 이후 항일독립군 2세대들에게 무장투쟁 혁명의식을 고취시켰다. 그뿐만 아니라 민족독립운동사에서 여성의 무장투쟁 활동을 밝히는 데 중요한 의미를 지닌다. 남자현 장례식은 하얼빈 한인거류민 장으로 거행되었다. 남자현의 유언에 따라 1946년 3·1일 경축식 때 아들 김성삼이 광복 축하금 이백 원을 김구에게 전달했다.[6]

2. 안경신-임산부 의열단

여성독립운동사에서 안경신은 남자현과 마찬가지로 항일여전사 1세대로서 분류될 수 있으며, 의열투쟁은 가장 독보적인 항일투쟁방식이었다. 의열투쟁은 주로 남성들의 전유물로 인식됐다. 의열투쟁에 가담하거나 직접 행동할 기회가 없었을 뿐이지 여성도 기회가 주어졌다면 안경신처럼 의열투쟁에 직접 참여한 여성들이 많았을 것이다. 사실 세계 곳곳에서 의열투쟁이 있을 때마다 여성들은 치마와 장옷 속에서 무기를 운반하였다는 사례가 많다. 안경신도 치마 속에서 무기를 숨겨 평양까지 무사히 운반하였다. 임신한 상태의 안경신이 운반한 바로 그 폭탄으로 일제의 식민지 통치기관에 투척하였다.

민족독립운동사에서 안경신의 의열투쟁은 젠더 역할의 패러다임을 바꿔놓았다. 임신한 몸이지만 여성으로서 평남도청과 평양경찰서 폭파 거사에 성공했다. 이후 여성들에게 무장투쟁 혁명가로서의 활동 가능성을 열어놓았다.

---

6 최은희, 『한국근대여성사 (하), 1905~1945, 조국을 찾기까지』, 조광, 2003(2쇄), p.251.

의열투쟁 방식은 정규전이 불가능한 악조건에서 가장 적은 희생으로 가장 큰 효과를 낼 수 있는 투쟁 방식이었다. 의열은 일제의 불법적인 침탈과 점령에 대한 정의의 폭력이었고, 특히 억압과 좌절 그리고 무기력에 대한 강한 반발이다. 수단과 방법, 시간과 장소, 인물과 기관을 가리지 않고 무력투쟁의 방식으로 전개되었다. 일제를 비롯한 제국주의자들은 이를 테러라 불렀고, 식민지 민족주의자들은 의열이라 불렀다. 노예화된 민족의 젊은이들은 무기력하고 억울한 현실적 모순을 해결하기 위한 수단으로 총, 칼, 폭탄을 잡았다. 총, 칼, 폭탄은 정의로운 세상을 만들기 위한 정의의 무기로 간주되었다. 3·1만세운동 이후 젊은이들은 의열투쟁에 열광하였다.

1919년에서 1924년까지 의열활동이 가장 두드러졌는데 일제에 대한 국내 테러가 3백여 건이 되었다. 대규모 계획은 실패했지만 작은 규모의 계획은 성공했다. 작은 규모였지만 성공한 의열투쟁은 안경신이 가담한 평남도청과 평양경찰서 폭파 투척사건이었다. 작은 성공이었지만 일제에 공포심을 주기에는 충분하였고, 젊은이들에게는 자부심과 희망을 주었다.

특히 젊은 여성들에게 안경신은 무장투쟁 혁명가로서 전설적인 인물이 되었다. 안경신의 의열투쟁 방식을 본받아 국내 젊은이들에게 널리 확산될 것이 두려웠던 일제는 안경신의 폭탄투척 거사 사실을 6개월이나 비밀에 부쳤다.

당시 일제의 가장 두려운 대상은 바로 의열단의 폭탄거사였다. 의열단 체포에 혈안이 되어 있었고, 1920년부터 1927년까지 3백여 명 이상이 사형선고를 받았다. 그러나 안경신은 10년을 받았다. 대부분의 공식적인 징역 형기를 마친 의열단들은 출옥하자마자 일제에 의해 비밀리에 살해되었다. 이렇게 살해된 의열단원 수가 1924년까지 2백여 명이 넘었다.[7] 출옥 후 안경신의 행적 역시 알려지지 않았다. 일제가 출옥한 의열단원들을 살해할 때 안경신만 그냥 살려두었을 리 만무하다.

임신한 몸을 이끌고 일제의 식민통치기관에 폭탄을 들고 들어갈 수 있는 용기와 담대함은 어디에서 왔는가? 직접적인 계기는 평화적인 3·1만세운동의 결과에 대한 실망과 좌절이었다. 평양의 〈대한애국부인회〉 동지는 안경신을 다음과 같이 기억하고 있다.

"나는 3·1만세운동에도 참여하였지만 그때는 큰 효과를 내지 못하였다. 그것은 우리 국민의 단결과 힘이 그에 미치지 못하였기 때문이다. 일제침략자를 놀라게 해서 그들을 섬나라로 철수시킬 방법은 곧 무력적인 응징이다."[8]

안경선은 일제를 몰아낼 수 있는 유일한 방법이 무력적인 응징이라고 시종일관 굳게 믿었다. 안경신의 항일민족의식은 다른 여성독립운동가처럼 가족의 문제에서 출발한 것이 아니라, 기독교 정신과 평양이라는 지역적인 특징에서 비롯된 것으로 보인다. 하나님 앞에서는 누구

---

7 님 웨일즈. 김산, 『아리랑』, 동녘, 1990(개정3판), pp.160~164.
8 윤정란, '여성 독립운동가 재조명, https://ko.wikipedia.org/, 2019/09/10/접속.

나 평등하다는 기독교 정신은 민족적 차이와 성차별 그리고 계급차별을 극복하는 데 필요한 인류 해방사상이었다. 차별과 불의에 침묵할 것이 아니라 말보다는 행동으로 자유와 해방을 쟁취한다고 믿었다. 기독교를 일찍이 받아들인 평양은 한국 근대 민족국가 형성의 메카였다. 평양은 근대민족국가에 대한 강렬한 열망을 담은 온상지였다. 근대민족국가에서 여성은 가문의 일원이 아니라 사회적인 구성원으로서 하나의 독립된 주체였다. 이러한 사상과 분위기는 평양 모든 학교의 교육과정에 녹아들었다. 1888년에 태어난 안경신이 기독교이면서 소학교 2년을 다녔다는 것은 1910년 경술국치 이후 1919년까지 대한제국 주권에 대한 아련한 기억들이 있었고 식민지 현실을 더욱 암울하게 느꼈다는 것을 알 수 있다. 기독교 정신과 평양의 지역적 특징 그리고 주권국가 대한제국에 대한 따스한 집단적인 기억들이 안경신을 무장독립의열단원으로 만들었다. 따라서 안경선은 제1 세대 항일여성혁명전사로 분류된다.

1920년 당시 민족독립운동은 크게 네 가지 흐름 속에 전개되었다. 첫째는 임시정부 중심의 평화적 방법인 외교적인 노력이었다. 파리강화회의에서 기대를 걸었던 민족자결주의 원칙이 무산되자 젊은이들은 무척 실망했다. 게다가 임시정부 초대 대통령 이승만은 일정 기간 조선을 열강의 위임통치에 두자는 안을 미국에 제안하였다. 이에 임시정부 요인들을 크게 분노하였고, 초대 대통령 이승만은 탄핵되었다. 또 다른 진영은 바로 안창호를 중심으로 한 독립준비론이었다. 인재를 양성하여 실력을 쌓아 독립을 이룩하자는 것이다. 그러나 일제의 영토침탈과 경제적 착취로 후진을 양성할 경제력도 학교를 세울 영토도 없는데 어떻게 인재를 양성하고 실력을 키울 수 있는가. 이는 시대착오적 발상이며 현실적 모순이 가득한 전략이라고 보았다. 셋째 신채호와 김원봉을 비롯한 무장투쟁론은 민족의 자유와 독립을 강대국에 호소하거나 구걸하는 것이 아니라 당당하게 무력적인 응징을 통해 이룩하자는 주장이다. 게다가 실력을 양성한 이후가 아니라 지금 당장 독립을 쟁취할 것을 주장하였다. 이러한 흐름 속에서 안경신의 무장투쟁 방법은 의열단 가입자 투쟁방식이었다.

안경신은 1888년 평양에서 태어났다. 독실한 기독교인이며, 평양여자고등보통학교를 2년간 다녔다. 1919년 3·1만세운동이 일어나자 평양 서소문 지역에 참여하였다가 일본경찰에 체포되어 29일간 구금되었다. 투옥의 경험은 항일독립투쟁 의지를 더욱 강화시켰다. 더 이상 평화적인 방법이 아니라 무장투쟁만이 민족의 독립이 가능할 것이라 믿었다.

3·1만세운동의 경험과 투옥은 새로운 투쟁방법을 모색하게 만들었다. 언제나 그렇듯 여성은 추상적인 이론과 논리적 추론보다 실질적인 삶의 체험과 경험을 바탕으로 인식의 변화를 가져왔다. 뼈저린 실패의 경험은 현실적이며 보편적인 대안을 찾게 되는데 그것이 무력투쟁의 의열단 가입이었다.

안경신은 3·1만세운동의 실패 원인을 하나로 통일된 조직력과 지도자의 부족이라 인식하였다. 석방되자마자 평양의 대표적인 여성항일단체인 〈대한애국부인회〉에 가입하고 여성들과 연대하였다. 일제의 거대권력조직에 맞서기 위해서 개인 차원의 행동은 무가치한 것이며, 개인의 자그마한 행동이 거대한 항일무장투쟁의 힘으로 모일 수 있는 방법은 곧 여성항일정치단체 활동이었다. 안경신은 평양 〈대한애국부인회〉에서 상해임시정부에 군자금 전달책을 맡았다. 〈대한애국부인회〉가 모금한 군자금 2천 4백여 원을 임시정부에 직접 전달하였다.

〈대한애국부인회〉 조직이 발각되어 동지들이 투옥되자 안경신은 상해임시정부가 있는 중국 상해로 피신했다. 안경신은 1920년에 조직된 대한광복군총영에 가입하였다. 대한광복군총영은 상해임시정부의 군사기관으로, 무력항쟁을 위해 대한광복군총영에 가담하였다.[9]

상해임시정부는 1920년을 '독립전쟁의 해'로 선포하고 전쟁준비에 나섰다. 광복군사령부는 독립전쟁을 대규모로 수행하는 상해임시정부 직속 정규군의 총지휘부이며, 광복군총영은 적의 통치기관 건축물 파괴, 친일배신자 암살, 적의 행정기관 마비를 목표로 하였다.

상해임시정부에서는 1920년 7~8월 중에 미국의원시찰단이 중국, 일본 등을 시찰 방문한다는 소식을 듣고 이를 기회로 세계여론에 한국의 독립을 호소하고자 했다. 상해임시정부는 외교적인 노력을 전개하는 한편, 국내에서는 대대적인 민중시위를 이끌어내어 한국의 독립의

---

9 윤정란, '여성 독립운동가 재조명, https://ko.wikipedia.org/, 2019/09/10/

지를 세계만방에 알리고자 했다. 광복군총영은 서울, 평양, 신의주 세 도시의 주요 건물을 폭파하기로 하였다. 안경신은 평양지역 폭탄거사를 맡은 제2 결사대에 포함되었다. 안경신은 평양까지 폭탄을 비밀리에 반입하였다. 의열투쟁의 당위성을 알리는 경고문이 평양 시내 곳곳에 붙었다. 친일유력인사, 일제기관 및 관계자들에게 곧 목숨이 위험할 것이며, 의열투쟁은 정의의 투쟁이라고 경고한 것이다.

8월 3일 밤 9시 30분경 안경신 의열단은 평양 시내에 폭탄을 터뜨렸다. 제1조의 목표물은 평남도청이었다. 폭탄을 던지자 평남경찰의 담장이 무너지고 유리창이 부서져 버렸으며, 경찰 2명이 그 자리에서 사망하였다.

평양 폭탄거사에 성공한 이후 대원들은 중국으로 도피하였다. 그러나 안경신은 임신한 상태였기 때문에 대원들과 함께 도피하지 못하고 가까운 참외밭에서 하룻밤을 지내고 이튿날 일본경찰의 삼엄한 경비를 뚫고 함경남도 최용주 집으로 몸을 숨겼다. 숨어다니면서 출산을 하였으나 산후조리도 제대로 못 하고 1921년 3월 20일 체포됐다. 태어난 지 2주도 못된 어린 아기를 품에 안고 평양검사국으로 호송되었고, 평양지방법원 재판정에서 사형선고를 받았다.

상해임시정부는 "평남도청 폭탄사건은 광복군 사령관 결사대장 장덕진이 투탄한 것이며, 안경신은 전혀 무관하니 방면하라"는 내용의 투서를 총독부로 보냈다. 언론에서는 안경신을 '여자폭탄범'이라 대대적으로 보도하면서 악의 괴물로 만들었다.

안경신은 징역 10년형을 선고받았다. 1927년 감옥살이 6년 만에 가출옥하여 오빠 안세균을 찾아갔다. 그런데 집에서는 슬픔과 고통의 소식만이 기다리고 있었다. 안경신이 감옥에 갇힌 지 3개월 후 어머니가 세상을 떠났고, 출산 직후 감옥에서 함께 했던 어린 아들은 영양부족으로 실명하여 시각장애를 앓고 있었다. 게다가 평양경찰서 폭파거사에 함께 했던 동지 장덕진도 사망했다.

안경신의 그때의 심정을 남겼다. "어머니는 돌아가셨고 자식은 병신이 되었고, 모든 것이 슬프고 고통스러운데, 장덕진 동지의 비명은 눈물이 앞을 가리어 세상이 모두 원수 같다."

평양 〈대한애국부인회〉 동료이면서 동지였던 최매지는 안경신에 대해 "몸집이 작은 평범한 여자이지만 외유내강의 대범한 무장투쟁혁명가였다"라고 말했다. 임신한 몸으로 어려운 폭파투척에 목숨을 바친 것이다.

출산한 지 2주도 채 못된 허약한 몸으로 핏덩이 어린 아들을 품에 안고 차디찬 일제의 형무소로 끌려가는 모습은 민족의 수난이 여성에게 별개의 문제가 아니라 민족의 문제가 곧 여성의 고통이었음을 잘 보여주는 여성독립운동사이다.

3. 이화림-의열단에서 조선의용군으로

이화림의 삶의 에너지는 꿈과 희망이었다. 모든 인간의 평등을 믿었다. 식민지 현실은 긴 역사의 흐름 속에서 일시적인 결정이며, 역사적 결정을 바꾸는 것은 인간 의지에 달려있다. 인간해방과 평등한 사회를 창조할 것이라는 희망찬 의지가 이화림을 행동하는 혁명가로 만들었다.

이화림이 어떠한 이유로 항일혁명투쟁에 참여하게 되었는가? 김구는 왜 그리고 무엇 때문에 의열단원 이화림의 역할과 존재를 언급하지 않았을까? 항일혁명가에게 사랑과 결혼은 무엇을 의미했는가? 이러한 질문은 일제강점기 이화림이 근대적인 여성으로서 그리고 혁명가로서의 정체성을 어떻게 형성해 갔는지를 이해하는 데 도움이 된다.

이화림은 1905년 1월 6일 평양의 대동강변에 위치한, 가난한 초가집 가정의 2남 2녀 중 막내로 태어났다. 본명은 춘실이며, 신분을 감추기 위해 이화림으로 개명하였다. 이화림의 삶에서 가장 큰 영향을 준 사람은 어머니였다.

어머니 김인봉은 기독교로 교회에서 일하거나 미국인 선교사 집에서 식모로 일했다. 큰오빠 이춘성은 숭실중학교에 재학하던 중 가정형편으로 자퇴하였고 돈을 벌었다. 작은오빠 춘식은 학교 문턱에도 못 가고 큰오빠 춘성에게서 글을 익혔다. 언니는 15세 때 일찍 시집을 갔다.

미국인 선교사 집 식모였던 어머니 덕분에 이화림은 평양 숭현소학교에 입학할 수 있었다. 학비와 잡비 3전을 모두 면제받았다. 학생은 얼마 되지 않았으나 모두가 기독교 집안의 여자아이들이었다.

3·1만세운동 참여는 이화림에게 항일정치경력의 시작이었다. 3월에

시작된 만세운동은 6월까지 진행되었고, 전국 2백 여 개의 시와 군에서 약 2천여 차례 만세시위가 있었다. 그러나 일제는 '대한독립만세'를 외치며 평화적인 가두시위에 참여한 일반 민중들을 향해 무자비한 폭력과 탄압을 자행하였다. 7천 5백여 명이 사살되거나, 1만 6천여 명이 부상을 당했고, 4만 7천여 명이 감옥에 갇혔다. 어머니와 오빠도 만세시위 운동에 가담하였다.

1920년 일본경찰은 매일 오빠를 감시하였고, 어머니는 군자금을 모금하러 다녔다. 어느날 오빠와 함께 인쇄물을 접고 있는데, 경찰이 방문을 박차고 들어왔다. 전단지를 보자기에 숨기고, 옆에 있는 조카를 꼬집어 일부러 울렸다. 포대기에 인쇄물을 숨겨 조카를 업고 나왔다. 경찰이 온 집안을 뒤졌으나 전단지를 찾지 못하고 허탕 쳤다. 어머니와 오빠는 '춘실이 덕분에 위기를 넘겼다'며 칭찬했다. 그 후 인쇄물을 전달하거나 뿌리는 일에 동참하게 되었다. 이것이 점차 단련되어 혁명가로서 일생을 헌신하는데 결정적인 역할을 하였다.

가정형편으로 중학교 진학이 어려웠으나 어머니의 도움으로 1923년 숭의여중 유아교육반에 진학하였다. 반나절은 자수일을 하고 나머지 반나절은 유아교육을 받았다. 유아교육을 선택한 것은 졸업 후 취직하기 쉬웠기 때문이다.

숭의여중 시절 이화림의 정신세계에 큰 각인을 찍은 것은 〈역사문학연구회〉 활동이었다. 인민이 행복할 수 있는 사회를 만들기 위해서는 혁명투쟁이 필요하다고 믿었다. 이화림의 가슴은 새로운 희망과 뜨거운 열정으로 가득 찼다. 〈역사문학연구회〉 활동을 통해 알게 된 수많은 동지들은 이화림의 항일투쟁 인적 네트워크가 되었다.

숭의여중 유아교육을 졸업하고 1927년 전라북도 군산 기독교 유아원에 부임했다가 1927년 8월 함경북도 청진으로 부임하였다. 이곳에서 〈역사문학연구회〉의 동지를 통해 조선공산당에 가입하게 되었다. 유아원 교사를 그만두고 본격적인 조선의 독립과 일본제국주의를 몰아내기로 결심하였다. 추위와 굶주림 속에서 전국을 돌아다니며 비밀 문건을 전달하는 연락책 역할을 맡았다.

일본경찰은 수시로 찾아와 감시와 탄압을 일삼았다. 이화림은 중국으로 건너가 구국 활동을 하고자 어머니와 언니에게 상의하였다. 항일투쟁을 하려는 딸을 멀리 중국으로 보내는 것은 모성애가 아니라 자매애였다. 어머니의 자매애가 이화림에게 교육의 기회를 제공하였고, 항일민족의식을 고취시켜 항일여전사로서 세상으로 나아가게 했다. 어머니 김인봉은 평양을 떠나는 이화림에게 고려의 충신 정몽주의 단심가가 지닌 뜻을 들려주었다.

"나는 죽을지언정 굴복하지 않고

영원히 앞으로 나아가리라.

비록 내가 죽을지라도

나의 영혼은 영원히 인간 세상에 존재할 것이다.

내가 조국을 위해 죽는다면

일백 번이라도 죽을 수 있다.

백골은 땅에 묻혀도 영혼은 항시 존재하기에

일편단심으로 그 뜻은 변치 않으리."

어머니의 구국정신이 딸을 강인한 항일투쟁 혁명가로 성장시켰다. 〈역사문학연구회〉 동지 김문국이 상해로 가게 되면 김두봉을 찾아가라는 편지를 써주었고, 동지들은 여행 경비를 마련해주었다.

기차를 타고 신의주에 도착했으나 사복경찰이 뒤쫓고 있었기 때문에 압록강을 건너지 못하고 인천으로 향했다. 인천에서 배를 타고 중국으로 건너가려 했으나 그곳에 신의주에서 만난 사복경찰이 있었다. 이화림은 즉시 변장을 하고 인력거를 타고 천주교 성당을 찾아갔다. 성당에는 어머니 소개로 만난 적이 있었던 신부가 있었다. 신부의 도움으로 무사히 압록강을 건너 중국 심양까지 갔다. 천진에서 배를 타고 상해로 향했다. 1930년 3월 상해에 도착해서 김두봉을 만나 조국의 독립운동에 목숨을 바칠 결심을 보였다. 대부분의 중국 거주 여성독립운동가들은 상해임시정부 요인의 가족이거나 가족과의 연결고리를 갖고 있었다. 그러나 이화림은 철저하게 혼자였다.

값싼 다락방을 구해서 거처를 마련한 이화림은 어머니에게서 배운 장아찌를 만들어 거리에서 팔았다. 굶어 죽지는 않게 되었다. 그러나 장아찌와 채소를 팔면서 인생을 허비할 수 없었다. 하루빨리 항일구국 활동에 참여하고 싶었으나, 혼자서 애국단체를 찾아갈 수도 없었다. 중국어를 구사하지 못할 뿐만 아니라 여성이 혼자서 갑자기 상해에 나타나 항일단체를 찾아가면 국내에서 보낸 밀정으로 오해받았다. 이화림이 가장 두려워했던 것은 밀정으로 오인되어 애국지사들로부터 척살당하는 것이었다.

1931년 어느 날 김두봉의 소개로 김구를 만났다. 김구는 냉정하고 차가운 인상을 갖고 있다. 〈한인애국단〉에 가입하고 싶다고 했으나 아무 대답이 없었다. 그 후 몇 차례를 만났으나 구국의 동지로 받아들이지 않았다.

그러던 어느 날 김구가 먼저 이화림을 찾아와 "너의 조국이 어디냐?"고 물었다. 이화림은 "저의 조국은 조선이고, 평양에서 태어나 자랐으며 상해에 온 것은 일본 제국주의를 몰아내기 위한 것"이라고 했다.

김구의 〈한인애국단〉은 여성을 받아들이지 않았으나 김두봉의 추천도 있고 이화림의 애국활동 경력을 참작하여 〈한인애국단〉으로 받아들였다. 김구는 가장 먼저 이름을 이동해로 바꾸라 했다. 그리고 조용하고 외딴곳에 방 한 칸을 얻어 신분 노출에 주의하라고 했다. 생계는 자수로 유지했고, 주요 임무는 일제가 보낸 여성 스파이를 탐색하거나 친일변절자들과 비밀요원을 색출하는 일을 맡았다.

어느 날 김구가 손님을 데리고 왔다. 중간키의 남자는 이화림을 위아래로 훑어보면서 곧장 형수님이라 불렀다. 그 사내가 "고명하신 독신자 김구 선생께서 이렇게 젊고 예쁜 정부가 있을 줄이야, 이런 미인을 숨겨두셨네요"라고 하자, 김구는 "아니오, 아니오"라며 강하게 부인했다.

사내에게 '물 한잔 드릴 테니 천천히 말해 보라'고 했다. 고개를 들어 물을 마실 때, 김구가 갑자기 준비해온 끈으로 그의 목을 묶었다. 이화림은 얼른 그 남자의 양다리를 눌러서 움직이지 못하게 했다. 잠시 후 그 사람의 입에서 거품이 나왔다. 김구는 그의 정강이를 걷어차면서 침을 뱉었다. 당시 김구는 50세였는데 동작이 아주 민첩하였다. 저녁에 사람들이 와서 시체를 처리할 것이니 아무 걱정하지 말고 손을 씻고 이곳을 떠나라 했다.

이후 김구로부터 여러 가지 조언을 들었다. 낯선 사람이 문을 두드리면 문을 열어 줄 때, 문 뒤에 숨지 말라고 했다. 방문자가 고의로 방문을 힘주어 밀어붙이면 크게 다칠 수 있다는 것이었다. 또한 인력거를 타고 먼 길을 떠날 때 길을 잃을 것 같으면 미리 준비해둔 한글 쪽지를 길에 뿌려 놓으면 그것이 돌아오는 길의 표시가 된다는 것이었다. 〈한인애국단〉 활동을 하면서 많은 성과를 내기도 했지만, 일제의 비밀 스파이 소굴에 끌려가 목숨을 잃을 뻔하기도 했다. 상해는 너무나 큰 대도시였기에 쥐도 새도 모르게 목숨을 잃을 수 있었다. 그러나 혁명가들이 숨기에도 그리고 비밀작업을 하기에는 좋았다. 어두운 밤길에 잘 나서지도 못했던 20대의 처녀가 상해의 밤거리를 동분서주하며 혁명가로 근육을 키워갔다. 마침내 이화림은 혁명가로서 항일독립활동에 공헌하고 있다는 사실에 자긍심을 느끼게 되었다.

1931년 7월 1일 만주 길림에서 만보산 사건이 발생하였다.[10] 이어서 1931년 9월 18일에는 만주사변이 일어났다. 만주사변은 일본이 만주 지역을 침략하여 일으킨 전쟁이다. 일본 관동군이 철도를 폭파해 놓고 이를 트집 잡아 만주를 점령하였다. 〈한인애국단〉 단원들은 과거 투쟁 방식을 둘러싼 논의를 진지하게 했다. 그리고 이제부터 일본의 군수뇌부와 고위관료들을 척살하는 방식으로 바꾸었다.

어느 날 의열단 이봉창이 찾아왔다. 일본 도쿄에서 일본천황을 사살하겠다며 도와달라는 것이다. 당시 상해에서 활동하고 있던 의열단은 대략 20여 명이었다.

항일의열단의 역사는 1919년 11월 김원봉을 포함해 13명으로 구성된 길림성 항일무력 단체에서 시작되었다. 제국주의자들은 의열활동을 테러행위로 규정하였고, 반면 식민지인들은 민족의 독립과 자유를 주장하는 정의의 의열단이라 불렀다. 김원봉의 의열활동은 일제의 강력한 파시즘 군사력과 권력에 대한 식민지인의 강한 반발이었다. 좌절감과 허무감에서 벗어나고자 하는 젊은이들은 의열단 활동에 열광하였다.

의열단원들은 대체로 근대교육을 받았던 20대 남성들이었다. 여성

---

10 만보산 사건은 만주지역으로 이주해간 조선의 농민들이 쌀농사를 지었다. 벼농사 물을 가두기 위해 제방을 쌓았다. 그러나 중국인들은 홍수가 날까 봐 7월 1일 조선 농민이 쌓아놓은 수로 제방을 허물었다. 7월 2일 조선인 농민은 다시 제방을 쌓았고, 중국인들이 방해하면서 충돌이 발생했다. 만주의 일본경찰은 식민지 조선인을 보호한다는 명분으로 중국인을 향해 총을 쏘았고, 사상자 대부분은 중국인이었다. 이 사실이 중국 전역에 알려지면서 조선인에 대한 중국인 태도는 적대적이었다.

들과 염문을 뿌리며, 최상의 정신적·육체적 상태를 유지하기 위해 자기 관리에 많은 시간을 보냈다. 독서와 운동을 병행하며 심리적 안정 상태를 추구하였다. 상해의 프랑스 조계지 공원에서 의열단의 모습을 볼 수 있었다. 그들은 외모를 가꾸는데도 많은 시간을 보냈다. 멋진 양복을 입고, 올백의 헤어스타일을 즐겼다. 특히 사진찍기를 아주 좋아했는데 이는 죽기 전의 마지막 사진이라 생각했다.[11] 이봉창은 전형적인 의열단이었다.

이봉창은 1901년 수원에서 태어났다. 1930년 상하이에 도착해서 악기점에서 일했다. 그의 말과 행동, 외모는 일본인과 비슷할 뿐만 아니라 일본 이름을 사용하고 있었다. 다양한 악기를 연주할 수 있을 만큼 음악에도 조예가 깊었다. 짙은 눈썹으로 잘 생기고 키도 훤칠했으며, 도쿄 표준어를 썼다. 누구나 일본인으로 착각했고, 젊은 일본여성에게 인기가 많았다.[12]

일황을 척살하겠다는 이봉창의 결심을 확인한 김구는 이화림에게 이봉창의 팬티에 천을 덧대어 아랫도리 사이에 폭탄이 들어가도록 바느질을 부탁했다. 김구와 이봉창은 이화림의 바느질 솜씨에 만족하며 폭탄을 팬티 속 비밀 주머니에 넣어 도쿄로 향했다.

1931년 12월 13일 이봉창은 상하이 〈한인애국단〉 본부 안공근의

---

11 님 웨일즈, 김산, 『아리랑』, 동녘, 2018, p.165.
12 이화림 구술, 장촨제 순징리 엮음, 『이화림 회고록』, 박경철 이선경 옮김, 차이나하우스, 2015, pp.128~129

집에서 양손에 수류탄을 들고 태극기 앞에서 선서하고 기념사진을 찍었다. 1932년 1월 9일 폭탄 소리가 도쿄에 울려 퍼졌고, 공포에 질린 천황은 경호를 받으며 급히 자리를 떠났다. 일황 저격에는 실패했으나 이봉창의 폭탄투척으로 조선독립의지를 전 세계에 알렸다. 이후 〈한인애국단〉에 가입하려는 애국청년들이 줄을 이었다.

이때 찾아온 인물 중에 윤봉길이 있었다. 1908년에 태어난 윤봉길은 충남 예산 출신이다. 항일투쟁을 결심하고 상해로 떠나면서 어린 두 아들과 노부모를 젊은 아내 배용순에게 맡겼다. 윤봉길은 홍구 시장에서 채소가게를 운영하며 4월 26일 〈한인애국단〉에 가입했다. 이화림은 김구, 이동녕, 그리고 윤봉길과 함께 이봉창이 실패했던 불발 폭탄을 고려하여 여러 차례 실험을 했고, 완성도 높은 특별 주문 도시락 폭탄과 물병 폭탄이 완성되었다.

김구와 이동녕은 거사일을 1932년 4월 29일로 정했다. 이날 홍구공원에서 일제 군수뇌부와 고위관리들이 모여 일왕의 생일을 기념하는 천장절 행사가 개최될 예정이었다. 이화림은 윤봉길과 부부로 위장하여 도시락 폭탄과 물병 폭탄을 투척하기로 하고 공원을 사전 답사했다. 만반의 준비를 하고 있을 때 김구가 찾아와 이번 거사에서 이화림은 빠지고 윤봉길 혼자서 임무를 수행하기로 결정되었다고 했다. 윤봉길은 일본어를 매우 유창하게 구사했으며 넓은 이마와 튀어나온 광대뼈, 짙은 눈썹, 올백 헤어스타일, 키 170센티 이상의 건장한 체구를 가진 멋진 남성이었다. 양복을 입으면 전형적인 일본인으로 보였다. 천장절 3일 전인 1932년 4월 26일 태극기 아래서 왼손에는 수류탄을, 오른손에는 권총을 들고 선서했다. 선서를 마친 후 윤봉길은 동지들과 함께 사진을 찍었다. 1932년 4월 29일 김구와 윤봉길은 함께 홍구공원에 갔으며 구천에서 다시 만나자며 굳게 손을 잡았다. 윤봉길은 자신의 귀중한 손목시계를 김구의 헌 손목시계와 바꾸었다. 이화림은 윤봉길이 무사히 공원으로 들어가는 모습을 보고 돌아왔다. 이어서 홍구공원은 폭발로 진동하였다. 일제의 군수뇌부와 외교관리들이 목숨을 잃었다. 이 거사로 중국인들의 한인들에 대한 태도 변화를 가져왔다. 중국에서 항일투쟁을 펼치는데 여러 가지로 도움이 되었다. 이제 비굴한 망국민이 아니라 영웅들의 민족으로 인식되었다. 전설적인 영웅 안중근, 윤봉길, 이봉창을 낳은, 영혼이 살아있는 민족으로 알려졌다.

 일제는 윤봉길 의거에 대한 보복으로 가장 먼저 당시 상해에 머물고 있던 안창호를 체포하였다. 일생을 민족주의 혁명가로 보냈던 안창호는 1878년에 평안남도에서 태어났다. 스무살에 미국으로 건너가 서양문물을 접했으며, 타고난 언변과 설득력으로 항일민족의식을 고취하였다. 미주지역 민족주의 단체 〈국민회〉를 결성하였고, 청년교육을 위해 흥사단을 창립하기도 했다. 안창호의 발길이 머무는 곳에는 늘 항일민족단체가 조직되었고, 항일혁명에 몸담은 사람치고 안창호에게 영향을 받지 않은 사람이 없을 정도로 그의 존재감을 실로 대단하였다. 타고난 친화력으로 사람들과 긴밀한 관계를 유지했으며, 찬송가를 부르며 식민지인의 서러움과 울분을 삼켰다. 안창호의 체포 소식으로 이화림은 큰 충격을 받았고, 의열단 활동을 접고 두문불출하였다.

이화림은 2년간 〈한인애국단〉의 유일한 여성단원으로서 열정적인 삶을 살았다. 그러나 백범일지에는 이화림에 대한 어떠한 언급도 없다. 왜 그랬을까? 그 이유는 첫째, 남성영웅들의 가치 중심의 단체에서 활동하였다.[13] 둘째, 가부장적 여성관이다. 김구에게 이상적인 여성은 현모양처였다. 아들을 잘 키운 어머니와 남편에게 순종적이며 가정에서 자녀양육에 최선을 다하는 여성이었다. 이화림은 주변적인 혹은 보조적인 역할을 수행하는 의열단원으로 간주되었다. 민족수난기 여성은 전통적인 젠더 역할을 수행하면서 동시에 항일독립운동에 참여하는 이중적인 임무를 수행했다. 김구 역시 가부장적인 여성관을 가지고 있었기에 이화림의 존재적 가치를 거부하였던 것으로 추측된다. 셋째, 당대의 대표적인 항일혁명이념은 민족주의와 공산주의 노선의 혁명방식이 있었다. 이화림이 공산주의자였기 때문이다. 이들의 공통적인 목표는 일본제국주의를 무찌르고 한국의 독립을 쟁취하는 것이었다. 민족주의와 공산주의는 해방 이후 남과 북으로 나뉘었고, 이어서 한국전쟁을 가져왔다. 이화림은 공산주의자였고 한국전쟁 당시 중국인민지원군으로 참여했다. 이러한 이유로 이화림은 불굴의 항일혁명전사였음에도 불구하고, 남쪽에서는 오랫동안 잊힌 인물이 되었다. 이화림 은폐는

---

13 이화림 구술, 장촨제 순징리 엮음, 『이화림 회고록』, 박경철 이선경 옮김, 차이나하우스, 2015, p.179.

식민지 유산인 이데올로기가 낳은 비극이며 동시에 가부장적인 여성관을 반영한 결과였다.

항일혁명가 중에 특히 기혼여성일 경우 대부분 혁명활동을 지지하고 후원하는 남편이 있었다. 남편의 지원과 승인 없이 지속적으로 항일혁명활동을 하는 것은 불가능했다. 민족해방운동가로서 여성해방운동가로서 여성 중심의 주체적인 삶을 살았던 여성지도자들은 적절한 짝을 만나 행복한 결혼생활을 지탱하기 어려웠다.

과부이거나 독신을 선택한 여성들은 항일혁명투쟁에서 중요한 업적을 냈다. 이화림이 이루어낸 항일혁명투쟁의 성과는 바로 독신을 선택한 결과이다. 이화림은 여성의 자유와 해방은 곧 공적 영역으로의 진출이었고, 항일혁명활동을 통해서 여성의식이 실현된다고 믿었다.

이화림은 의열단 활동에 대한 깊은 회의를 하게 되었다. 의열단 활동은 억울함과 좌절감 그리고 허무감 속에서 젊은이들의 자유에 대한 열망을 담아낸 것이다. 민족의 고통과 불의에 대해 총, 칼, 그리고 폭탄을 잡고 투쟁했다. 그 결과 개인적인 영웅을 만들어냈지만, 대중적인 지지와 연대가 부족하였다. 대중들과 함께 항일혁명투쟁을 하고 싶었던 그녀는 광저우로 향했다.[14]

광저우에 도착하자 이름을 이화림으로 바꿨다. 김두봉의 편지 한

---

14 이화림 구술, 장촨제 순징리 엮음, 『이화림 회고록』, 박경철 이선경 옮김, 차이나하우스, 2015, p.192.

장을 들고 광저우에 있는 이두산을 찾아갔다. 이두산의 도움으로 중산대학에서 의과대학부속병원 간호사 과정에 입학하였다.

1933년 봄 이화림은 중산대학에서 법학을 공부하고 있던 김창국과 연애결혼을 하였다. 김창국과 이화림은 항일독립혁명 투쟁정신을 공유하였다. 당시 중산대학에는 80여 명의 한국인 학생들이 있었는데 대부분 가깝게 지냈으며, 특히 설 추석 명절이 되면 다 함께 음식을 즐기거나 고향을 생각하였다. 일부는 자본주의 국가를 만들겠다거나, 다른 어떤 이는 공산주의 국가를 건설해야겠다거나, 또는 무정부주의를 주장하기도 했다. 서로 다른 이념과 파벌로 얼굴을 붉히기도 했지만, 이들의 공동 목표는 항일혁명운동이었다. 이화림은 결혼 후 적극적으로 항일혁명에 참여하면서 삶의 의미와 활력을 찾았다.

그런데 남편 김창국은 이화림에게 가정주부로서의 역할을 강요하였다. 이화림에게 인생의 가치는 항일혁명이었다. 아이가 태어나면서 양육과 가사분담을 둘러싸고 부부간의 갈등은 점차 심해졌다. 남성동료는 많았으나 혁명활동가와 아내로서의 균형 잡힌 삶을 살아가는 데 필요한 조언이나 경험담을 공유할 여성동료 혹은 선배들이 없었다. 이화림에게 결혼이란 남편과 함께 혁명의 횃불을 들고 전진하는 것이지, 남편 옆에서 등불을 들고 있는 것은 아니었다.

천신만고 끝에 이화림은 '중국에 온 것은 결혼하러 온 것이 아니라 항일하러 온 것이다. 개인의 행복을 원했다면, 평양을 떠나지 않았을 것이고, 가족이 있는 고향에서 결혼하고 자식을 낳아 가정을 꾸렸을 것이다. 어머니를 떠나온 것도 항일혁명 투쟁을 위한 것이다'라며 항일혁명투쟁을 위해 독신을 선택했다. 한 살 된 아들은 남편이 키우기로 했다. 아이와 이별은 이화림의 가슴 찢어지는 고통이었다. 아이를 보내면서 자식이 살아갈 미래 사회는 반드시 민족의 자유와 개인의 자유가 보장되어야 할 것이며, 자신의 자식뿐만 아니라 더 많은 자식들의 미래를 위해 항일혁명투쟁에 적극적으로 참여하였다.

이화림은 1935년 7월 난징에서 설립된 〈조선민족혁명당〉에 참여하게 되었다. 〈조선민족혁명당〉은 〈한국독립당〉, 〈조선의열단〉, 〈조선독립당〉, 〈신한독립당〉, 그리고 〈미주대한인독립당〉이 연합하여 결성된 것이다. 이화림이 〈조선민족혁명당〉의 부름을 받았다.

〈조선민족혁명당〉의 기본이념은 민족의 자유, 정치참여의 자유, 경제활동의 자유, 사상의 자유였고, 4대 자유를 기반으로 새로운 한국의 민주공화국을 건설하는 것이 목표였다. 당의 주석은 김규식, 총서기는 김원봉이었고, 중앙위원 김두봉을 위시한 걸출한 15명의 인재는 일생을 민족독립운동에 헌신한 지도자들이었다. 김규식(1881~1950)은 일찍 미국 프린스턴대학에서 법학과를 졸업했고 1919년 파리강화회의에 한국대표로 참여한, 대한민국임시정부 외무총장이었다. 김원봉(1898~1958)은 황푸군관학교의 4기 졸업생으로 일찍이 조선의열단 단장을 맡았고, 조선의용대 대장과 한국광복군 부사령관을 맡았다.

〈조선민족혁명당〉이 매력적인 것은 여성의 참정권과 경제권이었다. 여성의 권익증진을 위해 부녀국을 따로 설립하였다. 국장은 임철애로 알려진 박차정(1910~1944)이었고, 박차정은 김원봉의 부인이었다. 위원은 정문주로 알려진 허정숙(1908~1991)이었다. 허정숙은 항일혁명가이면서 동시에 사회주의 페미니스트로서 이론과 실천을 동시에 추구하였다. 허정숙은 식민지 가부장제 질서 속에서 아버지 허헌(1884~1951)의 후광으로 성장하였다. 아버지의 인맥과 후원은 허정숙이 항일운동의 지도자로서 그리고 여성운동 지도자로 성장하는데 발판이 되었다. 일생을 가부장제 질서와 투쟁하며 살았던 페미니스트 이론가였고, 여성의 경제적 독립을 추구하면서 섹슈얼리티 자유를 실천적으로 옮겼다.[15]

박차정은 남편 김원봉의 지원과 후원으로 부녀국의 지도자로 우뚝 섰다. 박차정과 허정숙은 일찍이 근우회에서 함께 일을 한 경험이 있었기 때문에, 여성권익 증진을 위한 여성단체의 지원과 동료애의 중요성을 알고 있었다. 그 결과 조선민족혁명당 조직 내에 부녀국을 설립하게 되었다.

이화림은 박차정, 허정숙과 함께 여권의식을 발전시켰고, 특히 허정숙과 중국 전역을 돌면서 조선민족혁명당에 여성 참여를 이끌어냈다. 여성의 조선민족혁명당 활동이 새로운 국가에서 여성의 권리와 자유를 보장할 것이라 믿었다. 부녀국의 활동으로 분주한 가운데 이화림은 이집중과 결혼했다. 혁명활동에 위안이 될 것으로 믿고 결혼했으나 역

---

15 신영숙, 『여성이 여성을 노래하다』, 늘품플러스, 2015, p.162~164.

시 아니었다. 6개월도 채 못되어 또다시 독신을 선택했다.

이화림은 늘 중국대륙을 누비며 항일군사투쟁을 하고 싶었는데 마침내 조선의용대 소속 부녀의용대로 배치되었다. 조선의용대는 1938년 10월 10일 한커우에서 결성되었는데 총 3백여 명으로, 대부분 지식수준이 높은 20대의 혈기왕성한 항일혁명전사들이었다. 중국국민당 정부와 공산당 정부 모두 관심이 있었다. 국민당 장개석 정부가 조선의용대 재정을 지원하였다. 김원봉은 조선의용군 명칭을 원했으나 국민당의 반대로 한 단계 낮은 의용대로 결성되었다. 총대장은 김원봉이었고 부대장은 신악이었다. 조선의용대 창립 경축만찬회에 7백여 명이 참여하였고, 중국정부 대표로 주은래, 곽말약, 진성 등이 참석하였다. 축하노래로 중국민요와 한국민요를 불렀고, 특히 아리랑은 조선의용대의 사기와 긍지를 드높여주었다. 조선의용대는 한중합작의 연합특수부대였다.

1939년 2월 부녀의용대가 중경에서 결성되었는데, 약 22명으로, 주요대원은 박차정, 장수연, 장위근, 김위, 이화림 등이었다. 대장은 당시 박철애로 불렸던 박차정이었고, 부대장은 이화림이었다. 그러나 중국 장개석정부는 항일전에는 소극적이며 중국 내 공산당 소탕에만 적극적이었다. 장개석은 동북지역의 일본 점령을 승인하였다. 이러한 결정은 한국의 혁명전사들에게 큰 실망을 주었다.

중국공산당 군대는 여전히 항일에 우선을 두었다. 이화림을 비롯한 공산주의 계열의 젊은 의용대원들은 화북지역으로 떠나 중국 공산당

팔로군과 연합해서 결사항전을 위해 태항산으로 출발했다. 이후 조선의용대는 조선의용군으로 개칭하여 항일투쟁에 참여하였다.

이화림은 태항산의 조선의용군에서 의료활동을 주로 맡았고 부녀국 대장이 되었다. 이곳에서 허정숙과 다시 상봉했다. 부녀국 대원들의 주요 임무는 음식 장만이었다. 태항산은 개간하기 좋아서 오곡을 심었고, 감자와 옥수수 등 여러 가지 야채 농사도 지었다. 부녀국 대원들은 조선의용군의 농사일과 항일투쟁을 동시에 진행했다.

1943년 12월 태항산 생활을 청산하고 2백여 명의 조선의용군은 팔로군과 함께 연안으로 향했다. 1944년 4월 초 중국혁명의 근거지 연안 바오타산에 도착했다. 태항산을 출발한지 5개월 만이었다. 연안성에 들어가니 많은 항일투쟁가들이 열렬히 환영해주었다. 이화림은 이곳에서 연안대학 의학을 공부할 기회를 갖게 되었다.

연안에 머물면서 연안송을 부르며 혁명전사로서 긍지와 중국 인민에 무한한 감사를 느꼈다. 연안송은 정율성(1918년~1976)이 1938년에 작곡한 혁명음악이다. 정율성은 광주 출신으로 김원봉이 1932년 남경에서 설립 운영하였던 조선혁명군사정치학교 2기 졸업생이다.

이화림은 연안에서 1945년 8월 15일 일본의 항복을 들었다. 조선의용군은 모두 밖으로 나와 춤을 추었고, 누가 먼저라 할 것 없이 "항일전쟁 승리 만세, 대한독립만세!"를 외쳤다. 모두가 고향으로 돌아갈 생각으로 아리랑 노래를 불렀다.

4. 박차정-이론가에서 혁명군으로

박차정(1910~1944)은 식민지 가부장제 사회에서 항일독립혁명의 전사로서 여성해방과 민족해방 이론가로서 뜨거운 삶을 짧게 살았다.[16] 박차정의 민족주의와 페미니즘은 그 시대 정신을 고스란히 반영한 것이다. 그러나 박차정에 대한 평가는 남편 김원봉이 차지하는 위상과 권위에 밀렸고, 박차정의 지도자적 위상은 김원봉의 후광 덕분으로 알려졌다. 그러나 박차정은 결혼하기 전부터 항일독립운동과 여성운동 지도자로서 두각을 나타냈다. 문학적 재능과 언어적 능력은 오히려 김원봉의 항일혁명 홍보전략에 활용되었다.

박차정이 항일혁명에 참여하게 된 계기는 남편 김원봉이 아니라 이미 아버지와 어머니, 오빠 등 가족들의 영향이 직접적이었다. 1910년 부산 동래에서 태어났으며, 아버지 박용한은 경술국치와 일제의 식민지 강압통치에 대한 분노로 1918년 자살하였다. 어머니 김맹련은 한글학자 김두봉과 사촌이다. 과부가 된 어머니는 3남 2녀를 삯바느질을 하며 키웠다.

동래 일신여학교에 진학하면서 시인으로서 작가로서 자신의 목소리를 공식적으로 표현하였다. 일신여학교는 박차정 개인의 경험과 감정을 묘사하고 표현할 수 있는 장이었다. 글 쓰는 재능과 표현 능력을 시험하면서 작가로서 권위를 쌓아갔다. 전형적인 여성작가로서의 보편

---

16 신영숙, 『여성이 여성을 노래하다』, 늘품플러스, 2015, p.171

적인 특징, 즉 자신의 경험과 감정을 표현하는데 타고난 재능을 보여주었다.

남성 작가들이 역사적인 큰 사건의 중심에서 자신의 영웅적인 행위를 강조했다면, 여성작가는 가족의 죽음과 자신의 삶에 대한 애도 형식이 강했다. 박차정 역시 여성의 삶과 죽음에 대한 애도를 통해서 가부장제 사회모순을 묘사하였다. 언니의 죽음에 대한 슬픈 감정을「개구리 소리」라는 제목으로 교우지『일신』에 실었다.

일신여학교에서는 수필과 소설을 많이 썼는데, 자서전적 소설「철야」를 발표하였다. 항일독립운동가 집안의 딸과 아들이 겪은 춥고 배고픈 현실을 담아냈다. 주인공 철애는 학교 수업료를 내지 못해 불안한 나날을 보내야 했고, 집에서는 어린 동생과 함께 추운 겨울 배고픔을 달래야 했다. 독립운동가 집안의 어린 자식들이 겪어야 하는 잔인한 현실을 주인공의 개인적인 문제가 아니라, 제국주의 시대에 모든 식민지 민족이 겪어야 하는 세계사적인 고난의 상징으로 묘사하였다.「철야」의 발표로 문학적 재능을 높이 산 담임선생님이 박차정의 수업료를 대신 내주었다. 박차정은 작가로서의 명성을 얻었을 뿐만 아니라 경제적 도움도 받았다.

이어서 일본어로 수필「가을 아침」을 발표하였다. 일본어로 식민지인의 일상생활에서 느끼는 감정과 풍경을 유려하게 표현하였다. 이른 아침 거리의 집들과 바다의 풍경을 잘 표현하였다. 왜 일본어로 썼을까? 조선어 문학은 독자층이 식민지인들로 국한되었겠지만 일본어 문학은 일본제국주의 주류사회 독자층을 확보하고, 나아가 문학적 영향력을 발휘하는 데 유리하였다.

일신여학교에서 글 쓰는 재능을 유감없이 발휘하였고, 학교 밖에서도 작가로서 재능이 널리 알려졌다. 우리나라 최초 서양화가 나혜석이 직접 찾아와 글 쓰는 재능을 칭찬하였다. 작가로서 문단에 등단하여 훌륭한 작가가 되기를 격려하였다. 글 쓰는 재능은 다른 사람에게 영향을 미칠 수 있었을 뿐만 아니라 박차정 자신의 좌절감과 무기력감을 극복하는데 도움이 되었다.

따라서 일신여학교는 박차정에게 작가로서의 훈련장이었을 뿐만 아니라 작가로서 권위를 인정받고 경제적 도움을 받았던 사회적 공간이었다. 문학창작을 통해 민족의식과 여성의식을 공식적으로 표현하였다.

다른 한편, 일신여학교는 일본 제국주의 횡포를 실질적으로 경험한 식민지 체험공간이었다. 식민지 소녀에게 상실감과 좌절감을 주었다. 일본말을 국어라 불렀고, 우리말은 조선어라 불러야 했다. 교과과정은 일본을 찬양하는 친일 양산에 맞추어져 있었고 매일 아침 태극기 대신에 일장기를 향해 경례하고, 매주 조회시간에 일본의 기미가요를 불러야 했다. 일장기와 기미가요는 학생들에게 정체성의 혼란과 내적 갈등을 불러일으켰고 동시에 자신이 식민지 조선인이라는 사실을 뼈저리게

체험하게 했다.[17]

저 멀리 국경선 넘어 일본 강도를 처단하고 있는 의열단 영웅들의 이야기는 박차정의 가슴을 뜨겁게 했다. 3학년이 되면서 실천적인 민족주의운동에 참여하고자 〈동래청년동맹〉에 가입하였다. 박차정은 할머니로 변장하고 "식민지 교육철폐", "민족차별 중지"가 적힌 격문지를 뿌리면서 동맹휴학을 주도하였다.

1929년 3월 일신여학교 졸업 후 박차정은 여성운동단체 〈근우회〉 동래 지부에서 활동하였다. 동래지역 대표로 〈근우회〉 전국대회에 참석하여 중앙집행위원으로 선출되었다. 근우회에서 중앙의 핵심 지도자로 활동하면서 허정숙을 비롯한 여성운동 지도자들과 교류하게 되었다. 근우회는 〈신간회〉 자매단체로서 모든 여성의 단결을 목적으로 1927년에 창립되었으나, 일제의 탄압으로 1931년 해산되었다.

박차정은 근우회에서 민족해방운동과 여성해방운동이라는 반제국주의 페미니스트로서 성장해갔다. 반제국주의 페미니즘의 성공은 바로 모든 여성의 단결과 여성의식의 대중화에 있다고 믿었다.

1929년 10월 광주학생운동 소식이 전국을 휩쓸자 근우회는 광주학생운동 진상조사단을 꾸렸다. 진상조사단에 박차정과 허정숙이 참여하였다.

광주학생운동은 등굣길 기차간에서 일본 남학생이 조선 여학생 댕

---

17 박미경, 『조선의용대 부녀복무단장, 박차정』, 호밀밭, 2019, p.21.

기머리를 잡아당기면서 성희롱을 했고, 이를 목격한 그 여학생의 사촌인 남학생이 일본 남학생에게 주먹을 한 대 갈기면서 시작되었다. 일본학생과 조선학생 간의 싸움으로 번졌고, 경찰은 일본학생에게는 조용히 귀가 조처했지만, 조선학생에게는 폭력을 사용해 강제 해산시켰다. 이 사건은 11월경 신문을 통해 전국적으로 알려졌다.

박차정은 정칠성(1897~1958), 허정숙과 함께 광주학생운동을 전국적인 항일운동으로 발전시키고자 했다. 그러나 이 사건으로 신간회 지도자들이 체포되면서 근우회 지도자 정칠성, 허정숙, 박차정 등 30여 명에 대한 일제의 체포 압박이 가해졌다. 박차정은 부산 동래로 피신하였으나 곧 체포되어 서울로 압송되었다.[18]

추운 겨울 차가운 바닥의 유치장에서 배후조종자를 대라며 혹독한 고문을 당했다. 박차정은 성고문을 당했으나 누구의 이름도 대지 않았다. 고문이라는 육체적 고통은 뜻밖에도 정신적 강인함을 가져다주었고, 항일독립 혁명전사로서 거듭 태어나는 훈련이 되었다. 서대문형무소에서 육체가 부서져 갔지만, 항일의식은 더욱 강하게 단련되었다. 감옥의 추위와 굶주림 그리고 잔인한 고문으로 목숨을 잃을 위기에 놓였다. 이 소식을 들은 큰오빠 박문희의 노력으로 박차정은 서대문형무소 수감 3개월 만에 병보석으로 석방되었다.

어머니의 지극한 정성과 간호로 어느 정도 몸이 완쾌되었지만, 성고

---

18 박용옥, 『한국여성항일운동사연구』, 지식산업사, 1996, p.262~263.

문과 자궁테러 후유증으로 임신할 수 없는 몸이 되었다. 당시 여성에게 불임은 결혼할 수 없다는 의미이며, 여성으로서 삶이 끝났다는 것을 의미했다. 항일여성혁명가들의 불임은 일제의 치밀한 계획에 따른 고문의 결과이며, 민족의 미래가 사라지는 것이었다. 따라서 민족의 비극은 여성의 비극이었고, 여성의 비극은 민족의 미래 비극이었다.

일제치하의 산송장으로 살아가기보다 해외로 탈출하여 인간성이 살아있는 혁명전사가 되고 싶었던 박차정은 1930년 일제의 삼엄한 감시를 뚫고 상해로 탈출하였다.

중국 상해에 무사히 도착하자 둘째오빠 박문호가 기다리고 있었다. 오빠와 외가 쪽의 가까운 친척인 한글학자 김두봉의 도움으로 박차정은 북경 화북대학교 학생으로 입학하였다. 학생 신분이 중국에서 항일운동을 펼치는데 편리한 안전장치였다. 대부분의 항일망명객은 가장 먼저 대학교 학생으로 등록했다. 대학생 신분은 안전을 확보하고 중국어를 효과적으로 습득할 수 있는 방안이었다.

국내에서 항일운동의 공로를 인정받은 박차정은 북경에서 여성독립운동의 지도자로 부상했다. 조선공산당 재건동맹 중앙위원으로 참여하면서 중국에서 본격적인 항일운동을 펼쳤다. 당시 북경에는 의열단의 본거지가 있었는데, 김원봉은 안광천(1897~?)과 함께 레닌군사정치학교를 설립하였다. 레닌군사정치학교는 1930년 4월에 개설하여 1931년 2월에 해체되었는데 2기에 걸쳐 총 21명의 항일투사를 육성하였다. 박차정은 레닌군사정치학교에서 지도위원으로 활동하면서 김원봉을 만났다. 김원봉은 1898년 경남 밀양에서 태어났으며, 호는 약산이다. 1918년 11월 중국길림성에서 의열단을 창설하고 항일무장투쟁을 벌였고, 1938년에는 조선의용대를 창설하는 등 항일무장투쟁 혁명가였다.

박차정에게 김원봉은 어릴 때부터 들었던 전설적인 영웅이었다. 반면 김원봉에게 박차정은 투철한 항일민족의식을 지닌 거침없는 언변가이면서 동시에 뚜렷한 철학을 지닌 항일투쟁의 이론가였다. 김원봉은 항일운동의 대중화를 강조했는데, 박차정의 페미니즘이 여성대중들을 항일혁명투쟁으로 끌어낼 수 있다고 보았다. 김원봉은 부부가 함께 항일투쟁을 벌인다면 훨씬 더 큰 성과를 낼 것이라며 박차정에게 청혼했다.

김원봉의 청혼에 박차정은 머뭇거렸다. 여성에게 결혼은 임신과 출산을 의미했다. 고문 후유증으로 자식을 낳을 수 없었기 때문이다. 김원봉은 '아이를 원하는 것이 아니라 항일혁명을 함께할 배우자를 원한다'고 했다. 1931년 3월 북경에서 21세의 박차정과 34세의 김원봉이 결혼하였다. 결혼 후 박차정은 항일독립운동과 여성해방운동의 지도자로 우뚝 서게 되었으며, 김원봉은 반제국주의 국제연대의 무장투쟁 혁명지도자로 거듭났다.

박차정의 문학적 재능은 김원봉의 지도력을 강화하는 한편 항일선전활동의 유익한 필봉이었다. 게다가 박차정의 반제국주의 페미니즘은 김원봉이 이끄는 여성의 항일무장투쟁 참여를 가져오는데 사상적 기반이 되었다.

　1931년 9월 만주사변으로 만주 일대는 일제가 점령하였고, 중국 전역에 항일의식이 고조되었다. 이러한 국제정세를 이용하여 김원봉은 중국국민당 지원을 끌어내는데 성공하였고, 마침내 〈조선혁명군사 정치간부학교〉를 설립하게 되었다. 국내외에서 학생 모집을 위해 박차정은 국내 혈연 네트워트를 이용했다. 박차정은 임철애 혹은 임철산 등의 가명을 사용하며 여자 교관으로 활동했다.

　임철애라는 가명은 단순히 밀정과 일제의 경찰의 감시망을 피하기 위한 수단이기도 했지만, 항일독립운동가의 숫자를 부풀리는 효과를 보기도 했다. 임철애, 임철산이라는 가명은 박차정처럼 유능하고 뛰어난 혁명지도자가 두 명이나 더 있다는 메시지로 전해졌다. 일제가 혁명지도자들을 체포하고 제거해도 민족독립이 이루어질 때까지 항일투쟁은 계속될 것이라는 메시지였다.

　임철애는 군사교관으로 학생들을 보살피거나 식생활을 책임졌다. 1932년 10월에서 1935년 9월까지 3년 동안 1기생 26명, 2기생 55명, 3기생 44명으로 총 125명의 항일독립혁명군을 양성하였다. 이들 졸업생들은 1930년대 이후 항일독립 혁명운동의 인적기반이 되었다. 졸업생 중에는 이육사와 같은 위대한 민족 시인뿐만 아니라 정율성이라는 위대한 혁명음악가도 있었다. 정율성의 본명은 정부은이었다. 전남 광주 출신으로 15세 때 의열단 간부 박건웅과 결혼한 누나와 함께 목포에서 배를 타고 중국 상해로 왔다. 정율성은 유대진이라는 이름으로 남경의 조선혁명간부학교에 제2기생으로 입학한 최연소 학생이었다. 졸업 후 혁명운동에 뛰어들었고, 1937년 중국공산당에 가입하여 연안행을 감행하였다. 1938년 봄 세계 음악사에 길이 남을 〈연안송〉을 작곡하였다.

1935년 7월 남경에서 김원봉이 이끄는 〈조선민족혁명당〉이 결성되자 임철애는 여성들을 〈조선민족혁명당〉 참여로 이끌었다. 지청천 장군의 부인 이성실 등 조선민족혁명당원 여성가족들을 조직하여 〈남경조선부녀회〉를 결성하였다. 〈남경조선부녀회〉의 선언문은 페미니즘을 고스란히 담고 있다. 가부장제의 무게와 식민지의 무게가 여성의 어깨를 이중으로 짓누르고 있으며, 이를 변혁시키기 위한 페미니즘 투쟁을 명확히 밝히고 있다.

"우리 조선의 여성은 오랫동안 전통적 속박으로 인권이 유린당하여 왔고, 다시 일본제국주의에 의해 생존권을 박탈당함으로써 전통적 속박에 의한 가정의 노예일 뿐만 아니라 일본 제국주의 약탈시장의 상품으로 임금 노동의 노예가 되었다. 현재 봉건적 노예제도 아래에 속박하고 있는 것도 일본제국주의이고, 또 민족적으로 박해하고 있는 것도 일본제국주의이다. 일본제국주의를 타도하지 않는다면 우리 부녀는 봉건제도의 속박과 식민지적 박해로부터 해방되지 못한다. 또 일본제국주의가 타도된다고 하더라도 조선의 혁명이 정치 경제 사회 등 진정한 자유 평등의 혁명이 아니라면 우리 부녀는 해방을 얻지 못한다."[19] 간결하면서도 대담한 언어를 통해 페미니즘의 목표를 드러냈다.

 1937년 7월 7일 일제는 노구교 사건을 일으켜 중국대륙 침략을 감행했다. 중일전쟁은 항일독립전쟁의 기회였다. 효과적인 항일전쟁을 펼치기 위하여 1937년 12월 남경에서 조선민족연합전선연맹이 결성되었다. 이는 〈조선민족혁명당〉, 〈조선민족해방자동맹〉, 〈조선혁명자연맹〉, 〈조선청년전위동맹〉 등 4개 단체가 통합한 것이다.

 일본의 폭격기가 남경의 하늘을 뒤덮었다. 박차정은 70여 명의 대가족을 이끌고 남경 탈출을 감행했다. 중국 측이 제공한 목선 7척에 나누어 타고 장강을 따라 중국정부가 있는 한구에 자리를 잡았다. 가족들은 기선을 타고 중경에 정착했다. 박차정은 한구에서 개최된 만국부녀대회 한국대표로 참석하였으며, 또한 장사에 머물고 있던 조선민족전선 특사로 파견되어 항일라디오 방송을 시작했다. "일본제국주의는 중국과 조선 내지 일본 민중의 적이며, 이 때문에 우리는 반드시 긴밀하게 연합하여 공동의 적을 타도하고 진정한 동아시아의 평화를 건설해야 합니다!"

 조선민족전선 기관지 「조선민족전선」을 통해 모든 여성의 단결과 여성의 항일투쟁 참여가 여성해방을 가져올 것이라며 반제국주의 페미니즘을 외쳤다.

---

19 박미경, 『조선의용대 부녀복무단장, 박차정』, 호밀밭, 2019, pp.70~71.

1938년 10월 10일 한구에서 김원봉이 조선의용대를 창설하였다. 조선의용대 창설은 중일전쟁 발발 후 중국 측의 재정적인 지원에 힘입었다. 중일전쟁은 그동안 군사 훈련과 교육으로 실력을 쌓아온 김원봉에게 군사조직 창설의 기회였다. 마침내 조선의용대가 창설되었다.

의용대 창설식은 1백여 명의 대원과 중국 정치지도자들이 참석한 가운데 한구 중화기독교청년회관에서 결성되었다. 태극기와 군기를 앞세우고 대장 김원봉이 의용대의 창설을 발표하고, 주은래와 곽말약이 축사를 하였다. 대원 150여 명이 군복을 입고 국내외 귀빈을 포함해서 2백여 명이 모였다. 의용대 대원들은 대부분 이미 군사훈련을 받은 경험이 있는 20대의 청년이며 중국어와 일본어에 능숙한, 기량과 재능이 출중한 인재들로 구성되었다.

조선의용대의 본부는 계림이었고, 항전활동은 중국정부의 지휘를 받았다. 일본군 9개 사단 30만 병력이 무한을 공격해 중국정부와 치열한 공방전이 벌어지고 있는 상황에서 창설되었다. 중국은 한국청년의 지원이 절실하게 필요했다. 그러나 조선의용대는 중국정부로부터 재정적인 지원을 받는 상황이라 항일무장활동에 제한이 많았다. 의용대 활동은 중국군사당국의 인준을 받아야 하며, 대원들은 매월 식비 20원과 공작비 10원씩을 중국 측으로부터 받았기 때문에 중국 군사당국의 통제를 받았다.

조선의용대 창설은 국제정세에 큰 영향을 미쳤다. 인도, 베트남, 대만 등 식민지 국가들의 군사조직 창설에 직접적인 동기가 되었다. 무엇보다도 김구가 이끈 임시정부의 〈광복군〉 창설에 결정적인 영향을 미쳤다. 남성성의 상징인 군사조직에 여성의 진출을 가져왔고 물론 군사력의 부족으로 전략적 필요성에 따라 여성의 군조직 진입을 허락한 것이라 하더라도 여성이 정규군으로서 항일무장 투쟁에 참여하였다는 것은 항일독립운동사뿐만 아니라 여성사에서도 의미가 있다.

조선의용대 산하에 부녀복무단이라는 이름으로 여성군사조직이 구성되었다. 전쟁이라는 위급한 상황이 여성의 군조직 참여를 가져왔다. 여성의용대는 1939년 2월 중경에서 결성되었는데, 대원 대부분은 조선의용대 남성대원의 아내 혹은 딸 등 가까운 가족들이었다.

여성의용대는 남경에서 결성된 〈조선민족혁명당〉 부녀국과 〈남경 조선부녀회〉가 그 기반이었다. 중경으로 옮겨오면서 남경 조선부녀회는 중경 조선부녀회로 바뀌었다. 중경부녀회는 전쟁이라는 소용돌이 속에서 군사훈련반을 개설하여 여성의용대원을 양성하였다. 2개월가량 집체훈련을 받은 후 계림으로 보냈다. 22명으로 구성된 여성의용대 대원에는 장수연(남편은 조선의용대 제1구 대장 박효삼), 장위근(남편은 조선의용대 간부 양민산), 김위(남편 김창만), 허정숙(남편 김창익), 이화림 등이 있었고, 대장에 박차정, 부대장에 이화림이었다.[20]

평균 25세의 고등교육을 받은 젊은 여성이었고, 남편 혹은 연인이 조선의용대 소속의 간부였다. 3·1만세운동에 참여하였거나 광주학생

---

20   김삼웅, 『약산 김원봉 평전』, 시대의 창, 2019, pp.419~420.

의거에 참여한 경험이 있었다. 국내외에서의 항일투쟁 경험은 여성을 혁명전사로서 더욱 발전시켰다. 조선의용대는 체계적이고 전문적인 군사훈련과 경험의 기회를 가져다주었을 뿐만 아니라 항일전투 대원이라는 자긍심을 심어주었다.

여성의용대 활동과 업적은 조선의용대 기관지「조선의용대통신(43기부터는 조선의용대로 변경)」에 실려 있다. 여성의용대 대장 박차정은 조선의용대 기관지를 통해 자신의 글 쓰는 재능을 발휘하여 조선의용대의 업적과 위상을 대대적으로 홍보했다. 조선의용대는 재정적인 어려움에도 불구하고 기관지와 통신을 발행하였는데, 중국 한인교포들의 항전지원과 전쟁참여를 이끌어내는데 도움이 되었다. 그뿐만 아니라 대원들의 교육자료로써 활용되거나, 대원들 간의 정보교환과 통신 수단이 되기도 했다. 조선의용대 기관지를 통해 여성의용대는 항일선전활동가로 활동했다.

여성대원들은 한국어, 중국어, 일본어에 능숙한 엘리트들이었고, 3개국어로 된 전단지를 뿌려 일본병사들의 투항을 유도하거나 전쟁사기를 저하시켰다. 국제정세와 일본군의 만행을 전단에 실어 수십만 장 뿌렸다. 일본군이 투항할 때 신변보호용 통행증을 만들어 살포하기도 했다. 강제로 일본군에 끌려온 조선인에게 탈출을 유도하는 작전을 펼쳤다.

박차정 대장의 주요 임무는 대원들의 급식을 책임지는 것이었다. 식량이 늘 부족한 상태에서 부대장 이화림을 비롯한 여성대원들은 산나

물을 캐서 음식을 만들었다. 독이 든 나물도 많았는데 먹을 수 있는 나물을 잘 가려낼 수 있는 것은 여성들이었다. 감자밭을 일구거나 도토리를 주워 가루로 만든 다음 묵을 만들어 대원을 먹였다.[21]

조선의용대와 중국군 연합 항전에 불구하고 일본의 세력에 밀렸다. 그런데도 장개석 정부는 항일전쟁보다 중국 내 공산당 제거에 열을 올렸다. 장개석은 한인교포와 독립운동의 기지였던 동북지역에 일본군 점령을 승인하는 등 일본제국주의에 양보와 타협을 해왔다. 이러한 결정은 젊은 조선의용대 혁명전사들에게 큰 실망감과 좌절감을 안겨주었다. 조선의용대 창설목적은 항일독립전쟁이었다. 반공보다 항일이 우선이었던 의용대원과 공산주의 계열의 대원들은 중국 공산당 군대에 합류하였다. 허정숙, 이화림, 장수연, 김위는 남편과 가족들이 중국 공산당 화북 팔로군에 합류하면서 화북지역으로 옮겨갔다. 이후 이들은 조선의용대가 아니라 조선의용군이라는 이름으로 항일전쟁에 참여하였다.

그러나 조선의용대가 장개석 국민당 정부의 재정적 지원으로 창설되었기 때문에 조선의용대 대장 김원봉은 대원들 가족의 생계와 안정을 고려하여 국민당과의 관계를 쉽게 끊을 수 없었다. 이리하여 중국의 국민당과 공산당 분열하였듯이 조선의용대 역시 분열하였다. 조선의용

---

21 이화림 구술, 정찬제 순정리 엮음, 박영철.이선경 옮김, 『이화림 회고록』, 차이나 하우스, 2015, pp.292~293.

대 주력부대가 중국 공산당 홍군에 합류하였고, 김원봉을 비롯한 조선의용대 일부는 중국국민당에 남았다.

박차정과 허정숙은 근우회 시절부터 여성해방과 민족해방을 위해 함께 투쟁했으나 각자의 방식으로 노선을 달리했다. 허정숙은 남편 최창익과 함께 중국 공산군에 합류하였고, 박차정은 남편 김원봉의 결정에 따라 조선의용대에 남았다. 역사는 이들을 국민당과 공산당에 따른 분열이라 부르지만, 중국내 다양한 성격의 항일연대 세력확장으로 재평가할 필요가 있다.

물밀듯이 밀려오는 일본군을 물리치고자 김원봉은 조선의용대 화북진출을 결정했다. 일본군 후방지역인 화북에 진출하여 일본군과 격전을 벌인다는 것이다. 화북지역과 만주지역에는 120만 명의 한인교포들이 거주하고 있었다. 이들을 조선의용대로 조직하여 일본과 싸우려는 계획이었다. 그러나 화북지역으로 진출하기 위해서는 일본군 전선을 뚫어야 했다. 박차정은 화북진출에 참전하였다. 1939년 2월 강소성 곤륜산 계곡에서 일본군과 마주쳤다. 폭탄과 총알이 날아오자 박차정은 메가폰을 들어 "일본군은 들어라, 총을 버리고 투항하라, 일본제국주의는 반드시 망한다"며 대일방송을 하였다. 일본군은 메가폰 소리가 나는 곳을 향해 총격을 퍼부었다. 이때 날아든 총을 맞고 쓰러진 박차정은 응급치료를 받은 후 후방으로 옮겨졌다. 제대로 된 치료를 받지 못하고 그 후유증으로 34세의 젊은 나이에 1944년 5월 27일 중경에서 사망하였다. 임시정부의 조소앙은 중국 신문에 추도문을 썼다. 해방 이후 김원봉은 박차정의 피 묻은 군복과 군모를 가족들에게 전달했고, 그녀의 유골은 김원봉의 고향 선산에 묻혔다.

5. 오광심-만주 유격대에서 한국광복군으로

  1940년 9월 17일 이른 새벽 6시에 중경의 가릉빈관에서 한국광복군 총사령부 창립식이 거행되었다. 새벽 6시에 창립식을 하게 된 것은 일본의 공습을 피하기 위해서였다. 가릉빈관은 연합국의 중국주재 서방 기자들이 활동하던 프레스센터였다. 이날 행사에는 내외 귀빈 2백여 명이 참석한 가운데 한중연합군의 상징으로서 태극기와 중국기가 교차로 세워져 있었다. 김구는 광복군 창립 선언문을 발표하였다. 광복군은 1919년 임시정부 군사조직령에 의거하여 창립하였고, 중국영토에서 군사조직을 성립하는 형국이라 중국정부 장개석의 승인을 받아야 했다. 광복군은 한중합작 연합군의 일원이었다.

  30여 명으로 구성된 광복군 총사령부는 대부분이 정식군사교육을 받은 장교들로 사병은 없었다. 여군의 숫자는 더욱 미미하였다. 김정숙, 지복영, 조순옥은 군복을 입었고, 신순호와 민영주도 광복군에 등록했다. 이날 건군행사에서 김정숙은 광복군 창설 치경문을 낭독하였다.

  1932년 이후 중국대륙을 떠돌던 임시정부는 1940년 중경에 자리를 잡았다. 당시 중경에는 중국국민당 본부와 중국공산당의 본부가 항일투쟁을 지휘하고 있었다. 그뿐만 아니라 아시아의 식민지, 베트남,

인도, 타이완 등이 반제국주의 투쟁을 벌이며, 민족의 독립투쟁을 펼치고 있었다.

중경에 자리 잡은 임시정부는 중일전쟁의 소용돌이 속에서 광복군을 창설하였다. 중국국민당 장개석의 적극적인 요청으로 설립되었다. 장개석 부인 송미령이 광복군 설립비용으로 거액을 후원하였다. 이러한 공로를 인정받아 송미령은 우리나라 여성독립운동가 누구도 받지 못했던 1등급인 훈장 대한민국 건국훈장을 받기도 했다.

어렵게 광복군을 창설했지만, 병력이 부족하였다. 중경에는 한인들의 그림자도 찾을 수 없었다. 한인들이 없으니 병력을 모집할 수 없었다. 이러한 상황에서 광복군이 될 만한 인력은 바로 여성이었다. 이들 여성은 임시정부 요인의 가족이었다. 김붕준의 딸 김정숙, 지청천의 딸 지복영, 민필호의 딸 민영주, 신건식의 딸 신순호, 조시원의 딸 조순옥 그리고 김학규의 부인 오광심, 오광선 장군의 딸 오희영, 오희옥 등이 광복군에 입대했다. 이들이 초기 여성광복군이다.[22]

초기 여성광복군 오광심(1910~1976)은 여성광복군을 대표한다. 오광심의 활동은 곧 여성광복군의 역사를 잘 보여준다. 오광심의 항일여전사 경력은 1931년 만주사변에서 시작되었다. 일본군이 만주를 점령하자 교직을 떠나 독립운동에 전념했다.

오광심은 1910년 3월 15일 평안북도 선천군 신부면 용건동에서 태

22　장삼열, 「한국여성광복군의 활약상」, 『군사저널』, 2017, vol. 140, 2017, pp.82~86. 참조.

어났다. 어린 시절 부모를 따라 서간도로 이주하여 화흥중학 사범학교에 입학하였다. 화흥중학은 1927년 독립운동단체 정의부가 설립한 민족학교였다. 1929년 화흥학교를 졸업하고, 오광심은 1930년 배달초등학교에서 교편을 잡았다. 배달학교는 남만주의 독립운동기관인 한족회가 설립한 민족주의 학교였다. 이듬해 1931년 동명중학으로 옮겨 여학생 교육에 힘썼다. 그런데 1931년 만주사변으로 일본군이 만주를 점령하자 항일투쟁 여전사가 되었다. 처음에는 조선혁명당 산하 조선혁명군사령부 군수처에서 비밀연락책으로 활동하다가 유격대로서 활동하였다. 1930년대 만주에는 여성유격대들이 만주벌판을 누비며 항일무장투쟁을 격렬하게 펼치고 있었다.[23]

이 시기에 평생의 혁명동지 김학규를 만나 결혼하였다. 결혼할 무렵은 오광심은 21세이며, 김학규는 31세였다. 오광심은 결혼으로 항일투쟁 활동의 지도자로 성장했다. 남편 김학규는 항일혁명가로서 굳건한 결의를 지니고 있었다. 오광심의 비밀연락책 활동경력은 김학규의 항일투쟁을 더욱 빛내주었다. 오광심과 김학규는 삶의 궤적이 비슷하였다. 남편 김학규는 1900년 평안남도 평원군에서 태어났으나 1910년 부모를 따라 만주로 이주하였다. 1919년 신흥무관학교 속성과를 졸업하고, 1929년 동명중학교 교원과 교장을 역임하다가 독립운동에 전념하기 위해 교사직을 그만두었다.

---

23 박용옥, 「한국여성항일운동사 연구」, 지식산업사, 1997, pp.151~203. 참조.

결혼 후 오광심 부부에게 전달된 항일혁명 사업은 남경임시정부로의 파견이었다. 만주의 조선혁명군사령부는 오광심과 김학규에게 남경 임시정부로 가서 일본군의 만주지역 점령에도 지속적인 항일투쟁을 전개하기 위한 인적·물적 지원을 받아오라고 했다. 중국인 농부로 변장하여 안동, 청도, 천진, 북경을 거쳐 1934년 5월 남경에 도착했다. 오광심은 만주에서 남경까지 임시정부를 찾아가는 험난한 여정을 '님 찾아가는 길'이라는 노래를 불렀다.

님 찾아가는 길
비바람 세차고 눈보라 쌓여도
님 향한 굳은 마음은 변할 길 없어라
님 향한 굳은 마음은 변할 길 없어라
어두운 밤길에 준령을 넘으며
님 찾아가는 이 길은 멀기만 하여라
님 찾아가는 이 길은 멀기만 하여라
험난한 세파에 괴로움 많아도
님 맞을 그 날 위하여 끝까지 가리라
님 맞을 그 날 위하여 끝까지 가리라[24]

---

24 신영숙, 『여성이 여성을 노래하다』, 늘품플러스, 2015, p.175. 인용.

민족의 '님'을 찾아 풍찬노숙하며 마침내 남경에 도착하였다. 남경 중앙군관학교와 낙양군관학교에서 한인청년들이 군사훈련을 받는 모습을 보고 너무나 감격해서 눈물을 흘리기도 했다. 중국 내에 임시정부를 비롯하여 의열단, 신한독립당, 조선혁명당 등 통일전선 등 다양한 항일단체들이 있었다. 이러한 사실을 만주의 조선혁명당 본부에 보고하고자 남편 김학규가 보고서를 작성하고 전달은 오광심이 맡았다. 그러나 보고서를 몸에 지니고 만주로 간다는 것은 너무나 위험한 일이었다. 언제, 어디서 일제의 밀정과 경찰을 만날지 모르는 상황에서 보고서가 일제의 손에 들어가면 큰일이었다. 그래서 오광심은 이 보고서를 통째로 외웠다. 1934년 7월 15일 오광심은 홀로 만주로 향했다. 남편 김학규는 아내 오광심이 가장 믿을 수 있는 동지이며 위기와 난국을 잘 극복하리라 믿었다. 김학규에게 오광심은 혁명의 동지이며 투쟁의 원동력이었다.

만주에 도착한 오광심은 조선혁명당 본부에서 남경 항일투쟁 단체와 활동현황을 구두 보고했다. 만주의 조선혁명당 간부들이 오광심이 전달한 답변서를 작성하던 중 불이 났다. 큰 화상을 입고 오광심은 만주벌판 외딴 곳에서 응급치료를 받은 후 남경으로 향했다. 남경에서는 오광심의 답변을 기다리고 있었다. 오광심의 남경도착으로 조선혁명당, 한국독립당, 의열단 및 미주 대한인독립단의 통일전선이 형성되었고, 마침내 1935년 7월 4일 〈민족혁명당〉이 창설되었다. 오광심은 민족혁명당 부녀부 차장으로, 남편 김학규는 민족혁명당 중앙집행위원에 선임되었다. 만주에서 활동하던 오광심과 김학규는 중국 본토로 일컬어지는 관내로 들어와 항일활동을 하였다. 여성무장투쟁의 역사는 만주에서 시작하여 임시정부 한국광복군으로 결집되었다.[25] 여성광복군의 뿌리는 만주의 항일유격대에 두고있다.

    1937년 7월 중일전쟁이 발발하였다. 오광심은 만주의 조선혁명당이 임시정부의 군사위원회 설치활동에 가담하면서 임시정부와 생사고락을 함께하기 시작했다. 임시정부가 대일항전을 본격적으로 준비하기 위해 항일운동단체 정당을 연합하기 시작했다. 만주지역 출신 김학규, 이청천, 유동열이 이끄는 조선혁명당, 김구의 한국국민당, 조소앙의 한국독립당이 연합하여 한국광복운동단체연합회(광복진선)를 결성하였다. 1937년 11월 남경도 더 이상 일본의 공격으로부터 안전한 지역이 아니었다. 임시정부는 남경을 떠나야 했고, 오광심 부부도 임시정부와 함께 피난길에 올랐다. 중국 국민당 정부의 이동과 함께 임시정부는 호북성 한구를 거쳐, 그 이듬해 2월에 호남성 장사로 옮겨졌다.

    장사에서 오광심을 비롯한 임시정부 가족들이 다 모였다. 이로써 오광심은 임시정부의 핵심 군사전략가로서 본격적인 활동을 전개하였다. 일본군의 침공으로 위협을 받게 되자, 7월에 다시 광동성 광주로 이동하였다. 일본군이 광주를 위협하자 광서성 유주에 도착하였다. 1939년 유주에 도착한 오광심은 〈한국광복진선 청년공작대〉 대원으로 활동

---

25   김광재, 『독립전쟁에 일생을 바친 군인 김학규』, 역사공간, 2016, pp.92~94.

하였다. 청년공작대의 대장은 고운기였다. 대원 총수는 34명이었으나, 여성대원은 11명이었다. 여성대원 대부분은 광복진선을 구성한 3당 〈한국독립당〉, 〈한국국민당〉, 〈조선혁명당〉 당원들의 부인이거나 딸들이었다.

오광심은 다른 여성대원들과 달리 이미 만주에서 조선혁명당 당원으로서 5년간의 유격대 경험이 있었다. 〈청년공작대〉는 유주지역 중국인들에게 항일의식을 심어주고 대일항전을 촉구하였다. 1940년 중경에 도착했다. 임시정부는 중경에서 마침내 꿈에 그리던 〈한국광복군〉을 창설하기에 이르렀다. 서안 총사령부는 광복군 기관지를 발행하였다. 광복군 기관지 총책임자는 조경한이었고, 편집장은 김광이 담당하였다. 그러나 실질적인 일은 주로 여성대원 즉 오광심, 지복영, 조순옥이 맡았다. 광복군 기관지는 1941년 2월 1일 자로 『광복』이라는 이름으로 창간되었다. 한국어본과 중국어본의 두 종류로 간행되었다. 중국어본은 현지 중국인들을 대상으로 한 것이었고, 한국어본은 국내외 한인들을 대상으로 하였다.

창간호 한국어판에는 김구 주석을 비롯하여 광복군 총사령부 이청천, 황학수, 이복원, 김광 등이 국내외 동포들의 항전의식을 고취하는 글들을 실었다. 특히 김학규는 항일혁명의 역사는 일찍이 만주지역에서 시작되었고, 대일항전의 역사는 30여 년이 되었으니 이제 광복군으로 집결하여 대일 항전 승리를 결의하자고 하였다.

창간호에 오광심은 「한국여성동지들에게 일언」이란 글에서 여성의 창조적 능력을 부각시켰는데, 민족의 독립과 미래는 여성에게 달려 있다며 여성의 광복군 입대를 촉구하였다. 1910년 이후 30년 동안 항일투쟁을 벌였으나 아직 조국광복을 쟁취하지 못한 것은 여성의 참여가 부족하기 때문이며, 이제 여성의 능력으로 민족의 해방과 여성의 해방을 쟁취하자고 했다.

오광심은 지복영, 조순옥 등과 함께 광복군 모집을 위해 1942년 2월 시안에서 산둥반도로 향했다. 산둥반도는 중국화북지역의 요충지이며 국내와 만주지역의 교포들과 상호연락이 용이한 지역이었다. 그런데 산둥반도는 이미 일본군이 점령하였다. 오광심 일행은 안휘성 부양에 자리잡고, 〈한국광복군 초모위원회〉라는 간판을 내걸고 광복군 병력모집에 나섰다.

여성광복군의 주요 업적중에 광복군 모집은 큰 성과이다. 광복군의 역할이 확대되면서 연합군의 지원요청을 받았다. 영국군의 요청으로 인도·버마전선에서 영국군과 대일전쟁을 펼쳤다. 영국군은 일본어를 구사할 수 있는 전투요원이 필요했다. 광복군에는 일본어와 중국어에 능통한 대원들이 많았다. 여성광복군은 일어방송, 문서번역, 전단작성 등 선전과 심리전으로 대일 작전을 수행했다. 1940년 11월 중경 국제방송국과 심리작전실은 주로 여성광복군이 맡았으며 일본군 사기를 떨어뜨리는 심리전에 투입되었다. 매일 저녁 밤을 새워가며 하루에 1백여 통씩 전단을 썼다. '보고 싶다, 빨리 돌아와다오' 하는 어머니의 간절한 편지와 '죽으면 안돼요. 살아서 만나야 해요' 하는 연인의 편지도 썼다.

여성광복군은 심리전과 광복군 활동소식을 전달하는 역할을 맡았다.

　오광심은 남편과 함께 미국의 OSS(Office of Strategic Services, 전략정보국)와 연합으로 대일전에 참전했다. OSS는 운남성 곤명에 본부를 두고 있었는데, 정보수집, 유격대활동, 적후방교란 등의 임무를 수행하는데, 한미연합작전으로 국내진공작전을 준비하였다. 1944년 8월 중국군사위원회가 한국광복군의 군사활동 규제를 해제하면서 대한민국 임시정부가 광복군의 통수권을 회복하게 되면서 OSS와 합동작전을 준비하였다. 광복군 제2지대장 이범석과 제3지대장 김학규는 OSS 독수리작전 훈련을 실시하였다. OSS의 독수리작전은 60명을 선발해 3개월 동안 정보수집과 보고, 통신훈련을 실시한 뒤 그중 45명의 적격자를 선발하여 1945년 초여름쯤 잠수함과 낙하산을 이용해 서울, 부산, 평양, 신의주, 청진 등 5개 지역의 전략지점에 침투시킬 계획이었다.

　오광심은 김학규와 함께 특수공작반(OSS)을 설치하여 국내진공작전을 준비하던 중 광복을 맞이했다. 1945년 8·15광복 뒤에 상해에서 교포의 생명과 재산을 보호하였으며, 3만여 명의 교포를 안전하게 귀국시켰다. 김학규는 김구의 살인교사범으로 몰려 군법회의에서 징역 15년형을 선고받고 복역하는 등 시련을 겪기도 했다. 오광심은 국립 현충원 애국지사묘역의 남편과 합장되었다.

6. 지복영-태극기를 휘날리며 행군하다

　　초기 여성광복군 지복영은 1919년 대한독립만세 소리가 삼천리 방방곡곡에 울려퍼지고 있을 무렵 4월 11일 서울에서 아버지 지청천, 어머니 윤용자 사이에 태어났다. 1924년 여름 어머니와 함께 만주로 갔다. 아버지 지청천은 1913년 일본사관학교를 졸업하고, 일본군 군인으로 복무 중에 만주로 망명하였다. 만주신흥무관학교에서 교관으로 활동하면서 1920년 만주 서로군정서 간부가 되었고, 1940년 광복군 총사령부 사령관으로 항일투쟁에 앞장섰다.

　　길림에서 만난 아버지는 다른 여성과 살림을 차리고 있었다. 홀아비로 알고 결혼한 신씨부인은 만주와 노령지역을 다니며 모피장수로서 경제력이 있었다. 첫 대면에서 신씨부인은 어머니에게 이혼을 요구했고, 어머니는 거절했다. 아버지는 조강지처를 버릴 수 없다며 밤새도록 얘기를 했으나 뚜렷한 묘책이 없었다. 누구도 다치지 않은 상태에서 모두가 짊어지고 가야 할 팔자소관으로 여기며 신씨의 집에서 그럭저럭 머물렀다.

　　더 이상 함께 살 수 없다고 판단한 어머니는 한인들이 많이 사는 길림성 액목현에서 농사를 짓기로 했다. 옆집에 오광선 장군의 가족들이 살고 있었고, 오광선의 부인은 농사일의 대가였다. 어느 날 오광선의 부인이 농사일에 너무 바쁜 나머지 소에게 여물을 주다가 마구간에서 첫 딸을 낳았는데 그 딸이 훗날 광복군 오희영이다.

　　지복영은 길림 시절에 만주벌판의 여걸로 알려진 남자현을 만났는데, 남자현의 여성계몽운동과 항일투쟁에서 깊은 감동을 받았다.

1931년 만주사변으로 일본군이 만주를 점령하면서, 독립군 가족들은 일본군을 피해 1년에 무려 열세 번이나 주거지를 옮겨다녀야만 했다. 1933년 겨울 산해관을 지나 중국본토 중국관내로 들어와서는 중국인 행세를 하며 하루에 한 끼, 소금을 반찬으로 밥을 먹으면서 가슴에 한이 쌓여갔다. 지복영은 가슴의 한을 풀고자 열심히 공부하였다. 그러나 아버지는 늘 딸자식이라는 이유로 학교 보내기를 반대하였으나, 어머니의 열성적인 지원으로 조성환(1875~1948)의 표준중국어 과외를 받아가며 북경에서 소학교에 진학하였다.[26]

북경에서 학비를 들이지 않고 중학교 진학이 가능해졌는데, 남경으로 오라는 아버지의 편지가 도착했다. 북경에서 학교생활이 안정되어 갈 무렵 또 옮겨가야 했다.

남경에 도착하니 독립군들이 많았다. 이번에도 어머니의 도움으로 지복영은 계속 공부할 수 있었다. 등록금 18원과 교복 2원을 마련하는 대신 경제권을 쥐고 있던 작은어머니 집에서 함께 살기로 했다. 지복영과 어머니, 그리고 작은어머니는 한집에 살면서 첨예한 갈등 속에서 미운 정 고운 정을 쌓아갔다. 일본군이 남경마저 점령하자 또 보따리를 싸서 머리에 이고 남경을 탈출해야 했다.

1937년 중일전쟁 발발하자 임시정부 가족들과 함께 피난을 떠났

---

26 지복영 지음, 이준식 정리, 『민들레의 비상』, 민족문제연구소, 2019, p.152.

고, 1940년 중경에 정착하였다. 1940년 9월 17일 중국 중경에서 한국 광복군 총사령부가 설립되자, 지복영은 광복군에 입대했다. 광복군은 매달 월급으로 중국돈 5원을 받았다.[27]

광복군 총사령부가 서안으로 이동하자 지복영도 오광심, 조순옥과 함께 서안으로 갔다. 한국광복군 총사령부 간판을 걸고 태극기를 게양하였다. 광복군 모집에 나섰다. 동시에 광복군 기관지 『광복』만드는 데 많은 시간을 할애했다. 『광복』 창간호에서 지복영은 '한국 여성 동지들이여 활약하자'라는 글을 실었다. 광복군 활동을 통해서 그동안 억압적인 가부장제에서 벗어나 여성도 인간으로서 자유를 획득할 것이다. 봉건적 가부장제의 굴레에서 벗어나 여성이 해방되고 남녀평등 국가가 건설될 것이다.'라고 주장했다.[28]

1944년 말경 여성 대원들은 지대별로 30여 명씩 배치될 정도로 숫자가 늘어났다. 그러나 군인으로서 훈련을 받은 대원은 여전히 오광심 뿐이었다. 오광심은 여성광복군의 큰 언니였다. 여성광복군의 총인원수는 정확하게 밝혀져 있지 않지만, 1977년 '광복회'에서 조사한 바로는 전체 광복군의 숫자는 755명이었다.

여성광복군의 평균 연령은 10대 20대 여성이 다수를 차지하고 있다. 이들은 대부분은 항일독립군 2세들이었고, 1910년 이후에 태어난

---

27 지복영 지음, 이준식 정리, 『민들레의 비상』, 민족문제연구소, 2019, p.221.
28 『광복』 제1권, pp.22~23.

미혼들이 많았다. 임시정부 관계자나 민족독립운동가 집안의 딸 또는 부인들이었다.[29] 그들에게 항일투쟁은 가족의 문제이며 생존의 문제였다. 아버지, 어머니 시댁 부모, 남편이 이미 민족의 독립무장투쟁에 가담하고 하고 있었다. 따라서 광복군이 된 주요 요인은 가족의 영향이었다. 부모 세대의 항일투쟁의 경험이 자식 세대로 전승되었는데, 특히 조직적이고 체계적인 군사력에 대한 절실한 필요성이 이들 젊은 여성들로 하여금 광복군 입대를 가져왔다. 망명한 독립운동가 부모를 따라 중국대륙을 떠돌면서 굶주림 속에서도 근대교육을 받았고, 가부장적인 가족구조의 모순과 갈등 속에서 여성의식과 민족의식은 누구보다도 투철하였다. 망국의 상황에서도 일부 독립군들은 부인을 여럿 두어 아내와 딸들에게 깊은 상처를 주기도 했다. 식민지 가부장적인 사회에서 민족독립과 여성의 독립의식은 더욱 강했다.

남편들 역시 독립운동을 하는 가정에서 태어난 항일투쟁가 집안의 아들들이었다. 독립운동가 집안 자녀들끼리의 결혼을 동지결혼이라 하였는데, 동지결혼이 많았다. 동지결혼이 많았다는 것은 독립운동이 그만큼 위험하다는 것을 의미한다. 자신의 목숨뿐만 아니라 가족의 목숨도 걸어야 했다. 밀정과 일제의 감시를 피해 지속해서 항일투쟁을 펼치기 위해서는 비밀유지와 상호신뢰가 절대적이었다. 서로를 믿을 수 있는 독립운동가 집안들 간의 결합이 곧 동지결혼이었고, 동지결혼은 독

---

29 정운현, 『조선의 딸, 총을 들다』, 인문서원, 2016, p.212.

립운동가 집안의 견고한 인적네트워크의 확산을 가져왔다.

부모세대의 항일투쟁과 민족의식은 다음 세대로 전승되었다. 한국여성광복군에는 항일독립군의 자녀인 독립군 2세들이 많았다. 독립군 2세들은 군사기밀과 재정 담당 역할을 맡을 정도로 신뢰할 수 있는 군인들이었다. 곳곳에 밀정과 함정이 도사리고 있는 상황에서 언제 어떻게 변절자가 생겨 광복군 투쟁에 큰 타격을 줄지 모르기 때문에 총사령부에서는 신뢰와 믿음이 검증된 여성광복군에게 위험한 공작을 맡겼다. 어린 나이이지만 독립군 2세들은 위험한 비밀공작을 수행하거나 광복군 재정과 출납을 맡았다. 몇 개월씩 후방 공작을 떠날 때면 거금을 주었다.

어느 날 신구섭이라는 대원이 공작금 2백 원을 지니고 적후방 공작을 떠났는데 다시는 돌아오지 않았다. 당시로써는 거액을 들고 튄 것이다. 지복영은 너무나 원통해서 며칠간 밥도 먹지 못했고 잠도 못잤다. 변절자들이 생기면 인간에 대한 회의와 의심병으로 광복군 동료들에게 상처를 주기도 한다. 급박하게 돌아가는 전시상황에서 인간성 문제를 고민하고 있을 수 없었고 다양한 임무를 떠안았다.[30]

여성광복군의 주요업적은 병역모집 활동이었다. 어렵게 창설된 광복군은 병력이 부족하였기 때문에 여성대원들은 병력모집 즉 초모활동에 투입되었다. 광복군 총사령부가 출범되었지만, 대부분이 지휘관

---

30 지복영 지음, 이준식 정리, 『민들레의 비상』, 민족문제연구소, 2019, pp.247~248

이름	출생연도	가족관계	광복군 입대	경력
김정숙	1916	김붕준의 딸	창설요원	
민영주	1926	민필오의 딸	창설요원	
신순호	1922	신건식의 딸	창설요원	
오광심	1910	김학규 부인	창설요원	
오희영	1924	오광선 딸	창설요원	
조순옥	1923	조시원의 딸	창설요원	
지복영	1920	지청천의 딸	창설요원	
김상엽		김두봉의 첫째 딸		조선의용대
김효숙	1915	김붕준 딸		
박기은	1925	이원하부인		
오희옥	1926	오광선의 둘째 딸		
조계림	1925	조소앙의 딸		
유상현				
유증영				
이월봉	1915			
임소녀	1908			
장경숙	1904			
최동선		최석형의 딸		

〈여성광복군〉

급이었고 사병이 없었다. 광복군 모집을 담당하는 징모분처가 설치되었다.[31] 여성광복군의 선전과 홍보를 통해 모집을 전개하였는데, 대상은 일본군 점령지역에 거주하고 있는 한인교포 청년들과 일본군에 징집된 학도병이었다. 여성광복군은 방송을 통해 학도병들이 최전방에서 탈출하는 길을 안내하였다. 학도병 탈출은 일본군 위안부의 역할도 컸다. 일본군 위안부 출신 김영실은 8명의 학도병을 탈출시켜 광복군에 인도하였다. 신변이 위험해지자 탈출하여 광복군 3지대 여자대원으로

---

31 한시준, 「광복군의 지대별 편성과 활동」, 『백범과 민족운동연구2』, 백범학술원, 2004, p.110~111

입대하였다.

　1944년 국내에서 학도병으로 끌려나갔던 대학생 50여 명이 집단탈출하여 중경 임시정부로 입성했다. 이는 여성광복군의 병력모집 활동 덕분이다. 탈출한 학도병들이 광복군에 입대하면서 광복군 지원병이 점차 증가하자 부양 근처 중국 육군군관학교에 한국광복군훈련반을 설치하였다. 일정한 군사교육과 훈련을 마친 후 광복군에 편입시켰다.[32]

　탈출한 학도병은 광복군으로 입대하는 환영회가 열렸는데, 이들은 아리랑을 부르거나 광복군가를 불렀다.

　광복군가
　신대한의 광복군의 백만용사야.
　조국의 부르심을 네가 아느냐.
　삼천리 삼천만의 우리 동포를
　건질 이 너와 나로다.
　나가 나가 싸우러 나가.
　나가 나가 싸우러 나가.
　독립군의 자유종이 울릴 때까지
　싸우러 나가세.

32　김학규, 「백파 자서전」, 『한국독립운동사연구2』. 1988, p.600.

지복영은 탈출한 학도병과 청년군인들을 이끌고 부양에서 중경까지의 행군하였다. 광복군의 사기는 하늘을 찌를 듯 치솟았다. 지복영은 태극기를 휘날리며 남녀가 평등한 국가 건설을 꿈꾸었다. 행군 내내 밀가루와 수숫가루로 만든 빵으로 끼니를 이어가고 숲 속에서 노숙을 하며 강행군을 해도 희망으로 가득 찼다. 곳곳에 일본군이 진을 치고 있었기 때문에 언제 습격을 받을지 모르는 상황에서 암호는 생존수단이었다. 광복군의 암호는 광복이었다. 어두운 곳에서 인적이 들리면, 한쪽에서 '광!'하고 외쳤다. 그것을 맞받아 '복!'이라고 대답하지 않으면 죽음이었다.

광복군은 남녀를 불문하고 함께 숙식하고 훈련과 행군을 함께했다. 주로 밤에 이동하고 낮에는 마구간에서 잠을 잤다. 여성대원들은 행군에서 뒤쳐질까 봐 노심초사하며 악착같이 걸었다. 강행군으로 가장 고통스러운 것은 발바닥에 물집이 생겨 부르트는 것이었다. 하루에 60~70리밖에 못 걸었다. 비가 오면 진흙탕을 밟으며 행군을 했다. 독립군들 사이에 발이 부르트면 치료하는 방법이 만주에서부터 전해졌다. 독립군들은 비누와 바늘을 늘 휴대하고 다녔다. 잠시라도 휴식을 취할 때면 비누로 발을 깨끗이 씻고, 휴대한 바늘로 촛불에 소독한 다음 물집을 찔러 고인 물을 다 빼냈다. 세균 침투방지를 위해 촛불로 소독한 바늘로 다시 물집 잡힌 곳을 지진 후 두꺼운 면양말을 신었다. 이런 치료는 행군 내내 매일 계속되었다.

젊은 남녀가 오랜 시간을 같이 보내다 보니 연애사건도 터졌다. 중국인 남성과 연분이 나면 한국인 남성들이 몰려와서 와서 우리 민족의 남정네도 있는데 왜 하필 중국인이냐며 따지기도 했다. 청혼을 받은 여성대원은 지금은 때가 아니라며 거절하기도 했으나, 광복군끼리 결혼하기도 했다.

행군하는 동안 농촌지역을 지나갈 때면 농촌의 중국소녀들이 광복군에 합류하고 싶어했다. 어린 소녀들에게 여성광복군은 자유와 꿈을 이룬 롤 모델로 보였다. 소녀들도 집을 떠나 군복을 입고 총을 들고 일본군과 싸우고 싶어했다. 행군하는 여성광복군은 민족해방의 전사로서뿐만 아니라 수많은 여성들에게 꿈과 희망을 심어주기도 했다.

이와같이 의병에서 광복군에 이르기까지 여전사들의 탄생은 다양한 동기에서 시작되었다. 대부분의 여전사는 가족으로부터 영향을 많이 받았다. 젠더별 역할을 강요하던 가부장적인 가족제도에 대한 도전이었고, 제국주의 일본에 대한 도전이었다. 여전사는 전통적인 젠더 역할에서 벗어나 남성성의 고유영역으로의 진출을 의미할 뿐만 아니라 여성의 활동영역 확대를 가져왔다. 여전사들은 항일무장 투쟁을 통해 민족의 해방과 여성해방을 쟁취할 것이며, 남녀가 평등한 국가 건설이 실현될 것이라 믿었다. 민족독립 혁명참여는 민족의 구성원으로서 의무이며 책임이었다. 여전사의 탄생은 식민지 가부장제에 대한 강력한 정치적 불복종이었다.

| 결론 |

여성독립운동가들이 대한민국을 탄생시키다

대한민국 탄생은 식민지 가부장제에 대한 여성들의 불복종 운동에서 시작되었다. 불복종은 정치적 저항의 권리였다. 로마제국에 대한 불복종이 그리스도교 탄생을 가져왔듯이, 가톨릭에 대한 루터의 불복종이 기독교 탄생을 가져왔다. 따라서 일본제국에 대한 불복종은 오늘날 대한민국 탄생을 가져왔다. 대한민국은 역사속 그 어느 시대보다도 여성의 자유와 평등을 실현하고자 했다.

민족을 위해 투쟁하였던 여성들이 새로운 국가건설에 남녀평등권을 주창하며 1945년 8월 17일 〈대한여자국민당〉을 창당하였다. 이어서 1948년 5월 10일 여성들이 참정권을 행사했다. 그러나 해방 이후 여성해방은 기대만큼 큰 성과를 내지 못했다. 민족의 다른 긴급한 문제로 여성문제 해결은 후순위로 밀려났다. 해방된 공간에서 여성들은 좌우 이데올로기 논쟁과 분단, 전쟁의 소용돌이 속으로 휘말려 들어갔다. 분단의 고통은 여성의 삶을 찢어놓았다. 남편은 북으로 아들은 남으로 흩어졌고, 남편과 아들을 기다리는 신세가 되었다. 남편을 바라보면 공산주의 부역자로, 아들을 바라보면 제국주의 부역자로 분류되었다. 친일부역자들은 좌우 논쟁과 대립 속에서 특히 하나의 사회적 정치적 세력으로서 급성장했다. 친일협력 경찰은 해방공간에서 이제 공산주의자를 때려잡는 반공주의자로 변신했다. 과거청산을 제 때 하지 못한 우리에게 프랑스는 과거청산의 모범적인 사례이다. 프랑스는 1940년부터 1944년까지 단 4년간 나치 점령을 당했다. 해방 이후 프랑스는 1944년부터 2004년까지 60년간 과거청산을 했다. 프랑스 임시정부를 이끌었던 드골은 나치 부역자 6천여 명을 사형에 처하고 2만 6천여 명을 징역형에 처하였다. 특히 나치에 협력한 지도자와 엘리트 지식인에 대한 처벌은 더욱 가혹했다. 드골은 민족의 반역자를 처벌하지 않으면, 매국행위자들이 또 다시 득세할 것이며, 이들이 나라를 혼란에 빠뜨릴 것이라 했다. 나치부역자들은 프랑스 주권을 팔아먹은 매국역적이지만 공산주의는 단지 국가의 운영과 관리방식을 달리할 뿐이라 했다. 이러한 프랑스의 과거청산 역사는 우리에게 역사의 울림을 주고 있다.

최근, 친일부역자가 죽었다. 그의 무덤은 독립운동가들이 잠들어 있는 대전 현충원으로 갔다. 친일부역자와 나란히 누워있으면 '항일독립군들이 억울해서 무덤에서 뛰쳐나올 것'이라며 독립운동가 후손들이 반대하였다. 이러한 혼란과 비극적인 장면은 과거청산의 시기를 놓친 결과이다.

친일협력자들은 일본제국주의에 대해 복종했으나 항일독립운동가들은 불복종운동을 전개했다. 대한민국은 민족독립운동가들이 탄생시킨 것이다. 일제에 대한 민족해방과 여성해방을 꿈꾸었던 식민지 여성들은 제국주의와 민족주의의 경계에서 페미니즘을 적극 수용하였다. 페미니즘은 식민지 여성에게 식민지 가부장제의 굴레에서 벗어나는 특효약으로 간주되었다. 페미니즘은 민족주의와 사회주의와 연대를 통해 여성해방을 이룩할 것으로 믿었다. 제국주의를 극복하는 새로운 이데올로기로서 페미니즘은 기독교 여성들에게 특히 교육받은 젊은 여성들에게 희망의 횃불이 되었다. 식민지 가부장제에 대한 불복종을 선언하였고 민족해방과 여성해방이라는 두 마리 토끼를 쫓았다.

위에서 보았듯이 민족해방과 여성해방 참여동기는 다양하지만 가족들로부터 직접적인 영향을 많이 받았다. 남편의 적극적인 협력이 없이 여성의 독립혁명 활동은 지속하기 어려웠다. 반면 독신여성들은 혁명가로서 삶을 지속할 수 있었고, 삶에 의미와 만족도 또한 높았다. 무엇보다도 민족독립과 여성해방은 자신의 노력과 투쟁으로 언젠가 이루어질 것으로 믿고 확신하였다. 따라서 여성독립운동가에게 결혼과 사랑은 디딤돌이면서 동시에 걸림돌이 되기도 했다.

여성독립운동가들은 엘리트 여성만이 아니라 다양한 계층의 여성들이었다. 또한 공적영역에서 뿐만 아니라 가정의 영역에서도 여성들은 독립운동을 펼쳤다. 독립운동은 공적영역에서의 정치투쟁이었고, 여성에게 이것은 완전히 새로운 분야의 도전이었다. 가정의 영역에서도 전통적인 삶의 방식이 아니었다. 이제 가정의 영역은 민족주의 정신의 온상지이며, 일제에 대한 불복종 운동의 터전이었고, 민족독립운동의 학습장이었다. 명망가 집안의 여성들은 가정의 안주인으로서 가정과 민족의 문제를 동시에 감당하였다. 사람을 동원하여 거리로 나가 만세를 부르거나 무기를 나르며 의병활동에 참여하였다. 여성들은 처음으로 집안 남성의 관리 감독에서 벗어나 스스로 여성들만의 연대와 조직 활동이 가능하다는 사실을 깨달았다. 여성들은 공사영역을 넘나들며 자신의 존재감을 확실히 드러냈고, 자유와 평등이라는 새로운 삶의 가치를 느끼게 되었다.

그러나 여성들은 결혼으로 가사일과 자녀양육으로 공식적인 항일활동을 중단하기도 했다. 가정에 머물면서 생계의 책임자로서 자녀교육의 책임자로 그리고 독립자금 모금에 나섰다. 독립운동과 여성해방운동은 결코 중단한 적이 없었으며 후퇴한 적도 없었다. 독립의식이 높을수록 여성해방 의식도 높았다. 대부분의 여성들이 자녀출산, 양육의 책임을 맡기 때문에 공적영역에서 정치활동 참여는 어려웠다. 그러나 자녀출산과 양육은 가문의 유지하고 민족의 미래세대를 양성하는 것으로 간주되었다.

여성독립운동가는 수준 높은 정치의식을 지니고 있었다. 민족주의 담론에 따라 독립운동에 참여하였고, 민족의 구성원으로서 책임과 의무를 다하는 것으로 믿었다. 민족해방이 곧 여성해방으로 간주되었다. 다양한 동기와 배경으로 독립운동에 참여했다. 근대적인 신여성으로서 민족에 대한 의무와 책임감으로 참여하기도 했지만 대부분의 여성은 집안 남성에게 힘을 실어주기 위해 혹은 가족의 고통을 함께 하기 위해 독립운동에 참여했다.

가부장제 전통이 강한 사회에서 여성은 가족을 지키기 위해 공적영역으로 진출하였다. 집안의 남성을 돕기 위해 참여하였지만, 혁명운동 과정에서 여성의 재능과 능력이 발견되기도 했으며, 가문의 일원에서 벗어나 민족의 일원으로서 정체성을 발전시켜나갔다. 전통적인 젠더역할보다 혁명가로서 삶에 대한 자긍심과 자부심을 더욱 크게 느꼈다. 자신들의 능력과 노력으로 민족의 비극이 곧 끝날 것이라 믿었으며, 민족의 자유가 정치적 경제적 자유도 가져다줄 것이라 믿었다. 미래 또한 자신들이 원하는 방식으로 변화시킬 수 있다는 희망으로 가득 찼다. 항일운동에 참여한 여성들은 스스로의 노력으로 미래를 만들 수 있다는 그 희망을 품고 있었다. 그 희망은 일제의 끊임없는 탄압에도 불구하고 독립운동가들이 풍찬노숙을 견뎌내는 원동력이었다.